新时代行政违法行为检察制度研究

XINSHIDAI XINGZHENG WEIFA XINGWEI
JIANCHA ZHIDU YANJIU

梁春程◎著

中国政法大学出版社

2024·北京

图书在版编目（ＣＩＰ）数据

新时代行政违法行为检察制度研究 / 梁春程著. -- 北京 ： 中国政法大学出版社，2024. 7. -- ISBN 978-7-5764-1672-5

Ⅰ. D922.104

中国国家版本馆 CIP 数据核字第 2024EY2901 号

出　版　者　　中国政法大学出版社

地　　　址　　北京市海淀区西土城路 25 号

邮寄地址　　北京 100088 信箱 8034 分箱　邮编 100088

网　　　址　　http://www.cuplpress.com (网络实名：中国政法大学出版社)

电　　　话　　010-58908285(总编室) 58908433 （编辑部）58908334(邮购部)

承　　　印　　固安华明印业有限公司

开　　　本　　720mm×960mm　1/16

印　　　张　　17.25

字　　　数　　280 千字

版　　　次　　2024 年 7 月第 1 版

印　　　次　　2024 年 7 月第 1 次印刷

定　　　价　　79.00 元

上海政法学院学术著作编审委员会

总 序 FOREWORD

　　四秩芳华，似锦繁花。幸蒙改革开放的春风，上海政法学院与时代同进步，与法治同发展。如今，这所佘山北麓的高等政法学府正以稳健铿锵的步伐在新时代新征程上砥砺奋进。建校 40 年来，学校始终坚持"立足政法、服务上海、面向全国、放眼世界"的办学理念，秉承"刻苦求实、开拓创新"的校训精神，走"以需育特、以特促强"的创新发展之路，努力培养德法兼修、全面发展，具有宽厚基础、实践能力、创新思维和全球视野的高素质复合型应用型人才。四十载初心如磐，奋楫笃行，上海政法学院在中国特色社会主义法治建设的征程中书写了浓墨重彩的一笔。

　　上政之四十载，是蓬勃发展之四十载。全体上政人同心同德，上下协力，实现了办学规模、办学层次和办学水平的飞跃。步入新时代，实现新突破，上政始终以敢于争先的勇气奋力向前，学校不仅是全国为数不多获批教育部、司法部法律硕士（涉外律师）培养项目和法律硕士（国际仲裁）培养项目的高校之一；法学学科亦在"2022 软科中国最好学科排名"中跻身全国前列（前 9%）；监狱学、社区矫正专业更是在"2023 软科中国大学专业排名"中获评 A+，位居全国第一。

　　上政之四十载，是立德树人之四十载。四十年春风化雨、桃李芬芳。莘莘学子在上政校园勤学苦读，修身博识，尽显青春风采。走出上政校门，他们用出色的表现展示上政形象，和千千万万普通劳动者一起，绘就了社会主义现代化国家建设新征程上的绚丽风景。须臾之间，日积月累，学校的办学成效赢得了上政学子的认同。根据 2023 软科中国大学生满意度调查结果，在本科生关注前 20 的项目上，上政 9 次上榜，位居全国同类高校首位。

　　上政之四十载，是胸怀家国之四十载。学校始终坚持以服务国家和社会需要为己任，锐意进取，勇担使命。我们不会忘记，2013年9月13日，习近平主席在上海合作组织比什凯克峰会上宣布，"中方将在上海政法学院设立中国—上海合作组织国际司法交流合作培训基地，愿意利用这一平台为其他成员国培训司法人才。"十余年间，学校依托中国—上合基地，推动上合组织国家司法、执法和人文交流，为服务国家安全和外交战略、维护地区和平稳定作出上政贡献，为推进国家治理体系和治理能力现代化提供上政智慧。

历经四十载开拓奋进，学校学科门类从单一性向多元化发展，形成了以法学为主干，多学科协调发展之学科体系，学科布局日益完善，学科交叉日趋合理。历史坚定信仰，岁月见证初心。建校四十周年系列丛书的出版，不仅是上政教师展现其学术风采、阐述其学术思想的集体亮相，更是彰显上政四十年发展历程的学术标识。

著名教育家梅贻琦先生曾言，"所谓大学者，有大师之谓也，非谓有大楼之谓也。"在过去的四十年里，一代代上政人勤学不辍、笃行不息，传递教书育人、著书立说的接力棒。讲台上，他们是传道授业解惑的师者；书桌前，他们是理论研究创新的学者。《礼记·大学》曰："古之欲明明德于天下者，先治其国"。本系列丛书充分体现了上政学人想国家之所想的高度责任心与使命感，体现了上政学人把自己植根于国家、把事业做到人民心中、把论文写在祖国大地上的学术品格。激扬文字间，不同的观点和理论如繁星、似皓月，各自独立，又相互辉映，形成了一幅波澜壮阔的学术画卷。

吾辈之源，无悠长之水；校园之草，亦仅绿数十载。然四十载青葱岁月光阴荏苒。其间，上政人品尝过成功的甘甜，也品味过挫折的苦涩。展望未来，如何把握历史机遇，实现新的跨越，将上海政法学院建成具有鲜明政法特色的一流应用型大学，为国家的法治建设和繁荣富强作出新的贡献，是所有上政人努力的目标和方向。

四十年，上政人竖起了一方里程碑。未来的事业，依然任重道远。今天，借建校四十周年之际，将著书立说作为上政一个阶段之学术结晶，是为了激励上政学人在学术追求上续写新的篇章，亦是为了激励全体上政人为学校的发展事业共创新的辉煌。

党委书记　葛卫华教授

校　　长　刘晓红教授

2024年1月16日

前 言 /PREFACE

　　法律是治国之重器，法治是国家治理体系和治理能力的重要依托。党的十八大以来，党中央对全面依法治国多次作出重要部署，坚持依法治国、依法执政、依法行政共同推进，坚持法治国家、法治政府、法治社会一体建设，全面推进科学立法、严格执法、公正司法、全民守法，全面推进国家各方面工作法治化。党的十九大报告指出，"中国特色社会主义进入了新时代"。在新时代这一重大科学判断和理论创新的指导下，党和国家对于建设中国特色社会主义法治体系、建设社会主义法治国家提出新的更高要求，全面依法治国也必然要与时俱进、不断发展，即要构建"决策科学、执行坚决、监督有力的权力运行机制"。其中法治政府建设是全面依法治国的重点任务和主体工程。随着国家政治、经济、社会、科技的不断发展，政府在宏观调控、市场监管、社会管理、公共服务、环境保护等领域承担越来越多的重要职责，政府依法行政和治理的能力水平，是影响国家治理体系和治理能力现代化的关键因素。扎实推进依法行政，加快构建职责明确、依法行政的政府治理体系，把政府工作全面纳入法治轨道，切实提高政府治理效能，成为建设"法治中国"的最重要的一环。

　　经过多年努力，我国法治政府建设取得重大进展，但与新时代新任务相比仍有差距。一方面，数字产业、人工智能科技、平台经济等重点领域、新兴领域的发展，对传统政府公共治理的监管政策和行权模式带来巨大挑战，政府应当如何履职推动规范发展而不过多干预、扼制创新，需要健全规则制度，凝聚多方合力；另一方面，在土地动迁、环境保护、警察执法等传统行政法治领域，由于因为行政机关不作为或者乱作为而引发的问题依然十分突出，而人民群众的民主意识、权利意识、法治意识越来越强，对公正司法、依法行政的要求也越来越高。诸如行政复议、行政诉讼、信访监察等传统行政法制监督制度对行政权控制存在一定的空白和局限，需要完善权力监督制约体系，革除原有体制机制弊端，加强监督合力和实效。

检察机关是国家的法律监督机关，行政检察发轫于新中国成立初期的一般监督权，是新时代"四大检察"法律监督格局重要组成部分，是检察机关十项业务职能之一，但受制于各种因素，理论研究欠缺，认识不够统一，长期未得到足够重视和充分发展。2014年党的十八届四中全会提出要加强司法监督制度建设，并提出三项具体要求："完善对涉及公民人身、财产权益的行政强制措施实行司法监督制度"；"检察机关在履行职责中发现行政机关违法行使职权或者不行使职权的行为，应该督促其纠正"；"探索建立检察机关提起公益诉讼制度"。此后十年，检察公益诉讼作为一项全新的制度，经历顶层设计、法律授权、试点先行、立法保障、全面推进等五个阶段，成为新时代依法全面深化改革的样板，检察机关作为公益代表人，通过诉前程序整改、提起公益诉讼等方式履行职权，工作成效突出，总体保持较好的发展势头。[1]在此期间，为加强党对反腐败工作的统一领导，推动反腐败斗争向纵深发展，党和国家推行监察体制改革试点，全面深化国家机构改革，通过整合行政监察、预防腐败以及检察机关查处贪污贿赂、失职渎职和预防职务犯罪等反腐败和行政法制工作力量，探索组建国家监察机关，强化对所有行使公权力的公职人员的外部监督。各地检察机关也曾积极探索其他两项检察改革，并取得一定成效，但由于监察体制改革同时涉及相关行政监督职权的调整，《中华人民共和国人民检察院组织法》《中华人民共和国行政处罚法》等法律修改时尚不能予以明确，行政违法行为检察试点工作一时陷入停滞。

当前"四大检察""十大业务"的中国特色社会主义检察监督制度已经得到完善和发展，新一轮国家机构改革职能调整也基本完成，行政检察"一手托两家"，既维护司法公正，又促进依法行政，其职能、范围、方式、手段和作用领域等均发生了较大的变化。做实行政检察既是适应新时代人民群众新需求、构建科学严密的行政监督体系的必然选择，也成为全面履行法律监

---

〔1〕 参见王冶国等：《深入贯彻党的十九大精神全面深化司法改革　坚定不移走中国特色社会主义法治道路》，载《检察日报》2017年11月2日，第1版。

督职能、实现"四大检察"全面协调充分发展的重要一环，重新推进落实行政检察这项党的十八届四中全会提出的重要改革任务，正当其时。2021年《中共中央关于加强新时代检察机关法律监督工作的意见》要求，检察机关"在履行法律监督职责中发现行政机关违法行使职权或者不行使职权的，可以依照法律规定制发检察建议等督促其纠正"，为行政违法行为检察监督奠定了坚实的政治基础。行政违法行为检察作为一项新的行政法制监督制度，兼具法律监督和司法监督的属性，具有实证法依据和法理支撑。行政违法行为检察虽然与职务违法犯罪调查、行政诉讼监督、行政公益诉讼等制度密切相关，但在目的功能、对象范围、程序方式、效果责任等方面不完全相同。从监察体制改革后的实践看，监察机关专责反腐，监察对象限于公职人员而不包括机关组织，职能调整后的行政监察机制衔接配套明显不足，对行政机关依法行权的法制监督存在固有缺陷和盲区，引发行政违法行为监督弱化等问题。检察机关在党的领导下和人民代表大会制度中探索行政检察制度，在填补和整合行政法制监督体系、保护国家和社会公共利益、保障公民基本权利等方面具有独特优势，对于构建民事检察、刑事检察、行政检察、公益诉讼"四位一体"的检察监督体系，修复检察制度在国家治理体系中的应有地位，也具有重要的理论与现实意义。

我们应该立足于检察机关的重复地位，从法律监督的逻辑体系和发展前瞻角度，重新认识和完善行政检察制度。除了传统的行政诉讼检察外，新时代行政检察制度体系还应当包括行政违法行为检察、行政抽象命令抗告程序、正反双向"两法衔接"机制等制度，功能上以维护宪法法律统一正确实施为根本目标，以权力监督主要目的，兼顾公民权利保障，对象范围包括所有行政主体实施的公共行政活动，方式、程序、结果遵循程序监控、事后审查、建议协商、责任追究的权力运行规则。

实践中，各级检察机关通过参与"两法衔接"、行政诉讼纠纷实质性化解、行政公益诉讼、社会管理创新等方式对行政机关的不作为、乱作为的现象展开监督，探索创新线索发现、审查处理、保障监督等工作机制，不仅督促纠正具体行政行为，还督促纠正抽象行政行为，有助于行政管理机制制度完善和行政违法风险预防，取得了良好的整治效果和社会效果。当然，由于缺乏权威立法保障，部分行政检察制度还存在直接依据不充足、对象范围不清晰、方式程序不规范、责任后果不明确、外部衔接不健全等困境和问题。

对此，在理论上应从权力决断能力和权力规训能力角度强化行政检察的权力配置。在权力运行的原则和规则上，应当遵循职权法定、公益优位、司法谦抑、检察一体、程序正当等原则。在监督对象上对事为主、对人为辅。在监督范围上具体行政行为为主、抽象行政行为为辅，合法性为主、合理性为辅。在程序方式依据案件化办理的形式规范开展，建立案件线索移送、受理审查、调查核实、提出建议、监督回复、保障救济等一系列措施制度。

在权力界分上，做好行政违法行为检察监督与人大法律监督、国家监察监督、法院审判监督、行政复议监督、社会舆论监督的衔接，把握好权力边界，实现行政法制监督制度的整合互通。检察机关在履行行政违法行为法律监督职责时，应主动向党委、人大、政协机关报告并接受监督，积极配合建构内外结合、上下配套、纵横交错的多格局的行政法制监督体系。检察机关也应清晰地认清检察权是一种程序性、建议性监督权，因此，不能享有终局性的处罚权，这种请求权型的"公诉权"监督模式必然依附于行政权、裁判权、人大监督权才能实现监督价值。本书除绪论和结语以外，共分为五章。

第一章为"行政违法行为检察的概念界定"，共分为四节。第一节，从行政检察的实践观察，检察机关对行政活动监督存在一般监督、职务犯罪监督、诉讼监督、社会治理监督、公共利益监督等五个阶段，体现了监督范围不断扬弃、逐步优化的发展过程。第二节，从最高人民检察院的官方话语体系观察，行政检察概念经历有下列变化：民事行政检察——行政诉讼检察——行政诉讼检察、行政公益诉讼、行政违法行为检察——行政诉讼检察、行政非诉执行检察行政诉讼检察、行政非诉执行检察和对违法行政行为的检察监督。第三节，行政检察的功能存在行政法秩序监督论、行政审判监督论这两种学说等不同定位，根据对行政检察的客体的认识不同，行政检察的概念上也有多种界定。第四节，经过比较分析，提出行政违法行为检察本质上属于行政监督而非诉讼监督，更不是行政诉讼制度，功能上以维护宪法法律统一正确实施为根本目标、以权力监督和权利保障为主要目的，对象范围包括所有行政主体实施的公共行政活动，方式、程序、结果则遵循程序监控、事后审查、建议协商、责任追究的权力运行规则。

第二章为"行政检察制度的理论基础与实定法依据"，共分为两节。第一节，从权力制衡理论、法律监督理论和监督行政理论论证行政违法行为检察具有法理基础。第二节，从宪法、检察院组织法、部门法律、行政法规规章、司法解释及其他规范性文件、党和国家政策中可见行政违法行为检察具有实证法依据，从检察制度的权威性、独立性、积极性、程序性、专门性等角度，论证行政违法行为检察具有制度优势。

第三章为"行政违法行为检察制度的内部需求与外部机遇"，共分为四节。第一节从党内监督、人大监督、民主监督不具体，行政机关内部监督存在同体监督悖论，司法监督救济存在界限困扰，社会和舆论监督常态化法治化程度不高等方面分析了传统行政法制监督制度的不足；第二节从行政违法导致社会矛盾和纠纷频发、行政违法损害国家和社会公共利益、行政违法妨害国家法律统一正确实施等角度揭示了当前行政法治领域的突出问题。第三节指出国家机构改革的背景下，国家监察机关对行政违法事项监督不足，行政监察机构执法和效能监督功能缺陷，政府法制部门复议和规范审查实效存疑，需要完善行政法制监督制度的衔接。第四节在梳理行政公益诉讼发展脉络的基础上，指出该制度存在监督范围有限、监督方式单一等固有缺陷，认为行政公益诉讼的功能定位主要在于保护公益，当前行政公益诉讼无法完全实现行政检察目的，在行政公益诉讼之外研究行政违法行为检察具有必要性。

第四章为"行政违法行为检察的实证分析"，共分五节。第一节，以上海检察机关行政检察工作为例，总结上海行政检察在信息共享、督促起诉、参与诉讼、检察建议、类案监督、专门机构等方面的经验；第二节，从检察机关对行政机关以罚代刑、不履行职责、行政乱作为、抽象行政行为违法等方面的监督以及参与社会综合治理、诉源治理和反向两法衔接的实践归纳行政违法行为检察的实践模式。第三节，从学理上对行政违法行为相关概念进行辨析，并区分违法不作为和违法行使职权两种情形予以详细阐述。第四节，从线索发现、审查处理、保障监督等方面总结行政违法行为检察的实践机制。第五节，检视行政违法行为检察的实践问题，总体来看，行政检察具有一定实证法依据，但较为原则、抽象，存在法律规范体系松散、直接法律依据不足、运行规则程序缺乏、配套衔接制度疏漏等问题和困境，需要予以建构完善。

第五章为"行政违法行为检察的制度建构"，共分为九个层次。第一层次，根据权力决断能力和权力规训能力理论，提出行政违法行为检察的权力配置建议。第二层次，在权力运行的原则上，设定职权法定、公益优位、司法谦抑、检察一体、程序正当等原则。第三到第八层次，在权力运行的规则方面，设定监督对象上对事为主、对人为辅。在监督范围上具体行政行为为主、抽象行政行为为辅，合法性为主、合理性为辅。在程序方式以案件化办理的形式规范开展，建立案件线索移送、受理审查、调查核实、提出建议、监督回复、保障救济等一系列措施制度。提出在立法上，应当以《人民检察院组织法》为中心，以《行政程序法》为支撑，以《警察法》《行政处罚法》《行政强制法》等部门法为着力点，以《监察法》《行政诉讼法》《行政复议法》为连接，以《人民检察院行政违法行为监督规则》为操作细则，构建多层次、系统化的制度设计和法律规范。最后，在权力界分上，做好行政违法行为检察与人大法律监督、国家监察监督、法院审判监督、行政复议监督、社会舆论监督的衔接，把握好权力边界，实现行政法制监督制度的整合互通。

检察机关应当理性地对待和接受监督功能的有限性，检察制约机制下的请求权得以成功，贵在检察监督的专业、理性、文明，符合法治精神，符合人民追求背后所呈现出的对"善"的表达，而不再是对监督权的盲从。套用一位检察长对"检察建议"的效力依据的论述，行政违法行为检察的效力，不是基于法律强制，而是来源于检察机关查明行政机关的违法事实而形成的真相的力量、正确指出违法行为性质的法律的力量、深入分析违法行为产生原因的理性的力量、依法提出切实可行的消除违法行为及其原因、根源的意见建议而表现出来的行动的力量、协商的力量。[1]

---

〔1〕 参见牛学理：《用好检察建议 提升监督效能》，载《检察日报》2012年10月19日，第3版。

目 录 CONTENTS

绪　论

一、研究缘起

（一）研究背景

行政法制监督和行政救济是行政法学研究的重要领域之一。其中行政法制监督是指国家权力机关、国家司法机关、专门行政监督机关以及国家机关系统外部的个人、组织依法对行政主体及其公务员、其他行政执法组织和执法人员行使行政职权行为和遵纪守法行为的监督。行政救济是指行政法上为合法权益受到损害的当事人提供法律救济的制度。行政检察，乃是一种法律监督职能。在行政法学范畴中，行政检察，属于行政法制监督的方式之一。但长期以来，我国行政法学界认为，行政法制监督和行政救济的法律途径主要包括国家权力机关的立法监督和申诉受理、上级行政主管部门的行政复议和申诉受理、审判机关的行政诉讼、行政监察机关和审计机关的内部专门监督以及国家赔偿、信访等其他行政法制监督和救济制度。对于作为国家法律监督机关的检察机关在行政法制监督和行政救济制度体系中的地位和作用，行政法学通说囿于主观私益诉讼的限制，认为检察机关通过对严重违法乱纪、可能构成犯罪的公务员和其他公职人员实施职务犯罪侦查、提起公诉、执行监督等，实现其行政法制监督职能。[1]

与此相似，尽管检察制度发轫于对警察权这一行政权力的规范和控制，

---

〔1〕　参见姜明安主编：《行政法与行政诉讼法》，北京大学出版社、高等教育出版社 2015 年版，第 143-146 页。

但在大多数国家司法体制当中,检察机关仍隶属于行政系统,"检察"通常都被理解为一种以刑事公诉、打击犯罪为主要职能的活动。我国检察机关虽然不属于行政机关,且作为国家法律监督机关在历史上也曾行使过监督行政活动的"一般监督权"[1],但是,由于历史和立法的原因,长期以来检察机关明显更加偏重刑事诉讼领域中的职务犯罪侦查、审查逮捕、审查起诉和其他法律监督职能。其间,有学者从完善检察机关法律监督体系角度提出加强行政检察监督、探索行政公诉权的建议。[2]不过,主流观点对于检察机关在行政法制监督和行政救济中的地位和作用仍倾向认为是基于行政诉讼的行政审判检察监督,而不是对行政行为的全方位监督。[3]"行政"和"检察"更多时候是像两条平行线,互相发展却难以交叉。

然而,随着政治、经济和社会的不断发展,传统的行政管理活动并不能满足人们对政府职能的期待。各国对行政权的态度也从限制、控制逐步转变为扩大、转化,以追求社会正义、突出公众参与、强调公共服务的公共行政范式逐步取代传统的"行政国家"或者"福利国家"。[4]此后,随着国家和社会关系的重新定位,行政理论和实践领域又掀起"新公共行政运动"与"新公共管理运动"两场标志性的运动,社会行政随之兴起。"政府职能的市场化、政府行为的法治化、政府决策的民主化、政府权力的多中心化",赋予社会独立地位,强调自主行政、自足行政、自我行政,突出表现在地方基层自治、行业团体自治、私人规制等领域。[5]在这种背景下,我国公共行政管理的事项急剧增加,行政主体和职权不断扩展,其对生产生活的全面参与使

---

〔1〕 在苏联,以对行政机关及其人员的行为是否合法进行监督为主要内容的一般监督制度,被视为社会主义国家检察制度的核心。该制度也能在苏联的检察制度中找到原型。See Glenn G. Morgan, "The 'Proposal' of the Soviet Procurator: A Means for Rectifying Administrative Illegalities", *The International and Comparative Law Quarterly*, Vol. 9, No. 2., 1960, pp. 191-207.

〔2〕 参见朱孝清、张智辉主编:《检察学》,中国检察出版社 2010 年版,第 329 页;田凯:《论行政公诉制度的法理基础》,载《河南社会科学》2010 年第 5 期;孙谦:《设置行政公诉的价值目标与制度构想》,载《中国社会科学》2011 年第 1 期。

〔3〕 参见罗豪才主编:《行政审判问题研究》,北京大学出版社 1990 年版,第 417 页;田凯:《行政检察制度初论》,载《人民检察》2014 年第 11 期。

〔4〕 参见姜明安主编:《行政法与行政诉讼法》,北京大学出版社、高等教育出版社 2015 年版,第 9-11 页。

〔5〕 参见牛凯、毕洪海:《论行政的演变及其对行政法的影响》,载《法学家》2000 年第 3 期;私人规制的提法,参见胡斌:《私人规制的行政法治逻辑:理念与路径》,载《法制与社会发展》2017 年第 1 期。

得每个人"从摇篮到坟墓"都能遇到行政的身影。行政权成为唯一能使国家权力在宏观和微观上真正进行运转的权力。[1]但事物总是两面的，行政权渗透于国家政治、经济、社会、文化生活的方方面面的同时，诸如"深圳身份证查验案""河南馒头办""上海警察抱摔抱婴妇女案"等，因为行政主体及其执法人员违法行使权力对公民权益侵害滋扰的事例也屡见不鲜，疫情防控期间部分地方政府、居民委员会、村民委员会随意封门封路措施更是引发争议，[2]这一方面深刻表明行政权力的侵犯性质，另一方面也反映出现有的行政法制监督和行政救济制度还存在不足，客观上需要建立常态有效的监督制度，以保护和救济公民人身和财产权利。

党的十九大报告提出"中国特色社会主义进入新时代，我国社会矛盾已经转化为人民日益增长的美好生活需要和不平衡不充分的发展之间的矛盾"。新时代人民群众对美好生活的需要日益广泛多样，本质上是对民主、法治、公平、正义、安全、环境等方面有了新的更高的期待，人民群众的尊严意识和人权意识更加强烈，对分配正义的追求更加迫切。行政违法行为，不仅体现在积极侵犯公民合法权益的"私害"上，在环境资源、国有资产、食品卫生等公共领域的行政不作为，在法律、行政法规、规章以及其他规范性文件制定实施过程中的行政垄断和地方保护，可能对国家和社会的整体利益造成了更加巨大的"公害"，诸如太湖蓝藻、三鹿奶粉、长生疫苗、佳木斯体育馆倒塌等近年来发生的公共安全事件背后几乎无一例外都存在着假借地方利益保护、招商引资需要之名违法行使行政权或者疏于检查、懈怠无为的行政不作为。面对这些行政法治领域存在的问题，人大监督、行政诉讼、行政复议等监督制度力有未逮，应急式、运动式的行政问责和集中整治也早已证明是治标不治本，这不由促使我们把眼光投向他处，希望提供新的制度供给，探寻一条现代化、法治化的解决途径。

2013年党的十八届三中全会提出"完善和发展中国特色社会主义制度、推进国家治理体系和治理能力现代化"的全面深化改革总目标。为了扭转一些地方和部门的行政乱象，加强对行政违法行为的司法监督，促进依法行政、

---

　　[1] 参见胡建淼主编：《公权力研究——立法权·行政权·司法权》，浙江大学出版社 2005 年版，第 202 页。

　　[2] 参见郑琳：《疫情防控期间封门封路措施的法治思考》，载《公安学刊（浙江警察学院学报）》2020 年第 2 期。

严格执法，强化对公共利益的保护，《中共中央关于全面推进依法治国若干重大问题的决定》（以下简称《全面推进依法治国的决定》）赋予检察机关对行政违法行为监督的职责，要求"检察机关在履行职责中发现行政机关违法行使职权或者不行使职权的行为，应当督促其纠正"，并提出"完善对涉及公民人身、财产权益的行政强制措施实行司法监督制度""探索建立检察机关提起公益诉讼制度"等检察改革任务，意图完善检察机关行使监督权的重要一环，形成"严密的法治监督体系"，进而提升行政权力的运行效能，实现行政权力运行层面的良法善治。

2015 年初，最高人民检察院先后出台《关于深化检察改革的意见（2013-2017 年工作规划）2015 年修订版》和《关于贯彻落实〈中共中央关于全面推进依法治国若干重大问题的决定〉的意见》，成立改革领导小组，对如何探索检察机关对涉及公民人身、财产权益行政强制措施的法律监督制度，对履行职责中发现的违法行政行为的监督纠正制度，对检察机关提起公益诉讼制度，作了进一步的部署和规定。2015 年 7 月，全国人民代表大会常务委员会通过《关于授权最高人民检察院在部分地区开展公益诉讼试点工作的决定》，针对生态环境和资源保护、国有资产保护、国有土地使用权出让、食品药品安全等领域授权最高人民检察院在北京等地区开展为期两年的提起公益诉讼试点。2015 年 12 月，中共中央、国务院印发的《法治政府建设实施纲要（2015-2020 年）》第 27 点明确规定："检察机关对在履行职责中发现的行政违法行为进行监督，行政机关应当积极配合。"2016 年 7 月，最高人民检察院首次提出"完善检察监督体系、提高检察监督能力"的目标，将行政检察作为五大法律监督制度之一提高到前所未有的重要地位。[1]

与此同时，党的十八届六中全会决定试点国家监察体制改革，整合反腐败力量，将检察机关反贪、反渎、预防部门整体转隶，建立国家监察委，再造反腐机构，实现对所有行使公权力的公职人员监察全覆盖，强化对公权力行使的外部监督。[2]2016 年 11 月 7 日，中共中央办公厅印发《关于在北京市、山西省、浙江省开展国家监察体制改革试点方案》，决定设立监察委员

---

〔1〕 参见王治国等：《最高检首提检察监督体系》，载《检察日报》2016 年 7 月 21 日，第 2 版。
〔2〕 参见 2016 年 11 月 7 日中共中央办公厅印发的《关于在北京市、山西省、浙江省开展国家监察体制改革试点方案》。

会，国家层面反腐机构再造改革拉开序幕。2017 年党的十九大报告提出全面推开监察体制改革试点，并将《中华人民共和国监察法（草案）》在全社会征求意见，一时间监察体制改革成为坊间热议的话题。职务犯罪侦查和预防部门的整体转隶对检察机关，尤其是对计划中的行政检察改革的影响和挑战是巨大的，犹如一记惊雷，势大力沉，声响波远，以至于很多检察机关工作人员都忽略了这一期间检察机关提起公益诉讼制度正式入法的大事。[1]

党的十九大提出，健全党和国家监督体系，加强对权力运行的制约和监督，让人民监督权力，让权力在阳光下运行，把权力关进制度的笼子。2018 年 3 月 11 日和 3 月 20 日第十三届全国人大第一次会议分别通过《中华人民共和国宪法修正案》和《中华人民共和国监察法》（以下简称《监察法》），国家监察制度正式确立，我国国家权力体制形成人民代表大会制度之下的"一府一委两院"的格局。在此背景下，最高人民检察院提出，检察机关下一步司法改革的目标是要实现"四轮驱动"，即刑事检察、民事检察、行政检察和公益诉讼业务共同发展。此后，为衔接国家监察体制改革，2018 年 6 月 19 日第十三届全国人大常委会第三次会议对《中华人民共和国人民检察院组织法（修订草案）》（以下简称《人民检察院组织法（修订草案）》）第二次审议，二审稿将一审稿的"对直接受理的刑事案件，进行侦查"，修改为"对依照法律规定由其办理的刑事案件行使侦查权"，同时让人眼前一亮的是二审稿根据有关部门和地方的建议，在检察院职权兜底条款中增加一款，规定"人民检察院行使上述职权时，发现行政机关有违法行使职权或者不行使职权的行为，应当督促其纠正。"这对处于弱势地位的检察机关工作无疑是一剂强心针。然而，2018 年 10 月 22 日第十三届全国人民代表大会常务委员会第六次会议对《人民检察院组织法（修订草案）》第三次审议时，国家监察委员会提出，按照监察体制改革的精神，应当删去上述检察机关督促行政违法行为纠正的职权规定，经研究最终全国人大常委会采纳这一建议。对此，有媒体解读为行政检察监督职权历经"从无到有再到无"的变化。[2]但官方文件和主流媒体至今对此均没有予以进一步回应。

---

[1]　参见 2017 年 6 月 27 日第十二届全国人大常委会第二十八次会议通过的《关于修改〈中华人民共和国民事诉讼法〉和〈中华人民共和国行政诉讼法〉的决定》。

[2]　参见庄岸：《检察院组织法审议：删除检察督促行政机关纠正违法行使职权》，载 http：//www.sohu.com/a/270950056_ 467293，最后访问日期：2019 年 3 月 11 日。

再看实践层面，以 2019 年最高检内设机构改革为时间节点，行政检察经历了与民事检察"合灶吃饭"到"自立门户"，成为"四大检察"重要组成部分的发展过程。为适应新时代人民群众在民主、法治、公平、正义、安全、环境等方面的新需求，行政检察一方面确立了"做实行政检察"的基本要求，"案结事了政和"的基本目标以及"一手托两家"的基本定位，旨在增加人民群众获得感；另一方面，行政检察也确立了以行政诉讼监督为基石、以化解行政争议为牵引、以非诉执行监督为延伸，上下级检察院各有侧重、上下联动、全面履职的工作格局。同时，行政检察坚持以理念变革为引领，树牢服务大局、司法为民、精准监督、穿透式监督[1]、在监督中办案在办案中监督、参与社会治理、双赢多赢共赢等检察监督新理念；坚持以专项活动为抓手，先后部署开展行政非诉执行监督、加强行政检察监督促进行政争议实质性化解、土地执法查处领域行政非诉执行监督等专项活动；坚持以完善监督制度体系为基础，修订行政诉讼监督规则，出台类案监督、实质性化解行政争议、行政非诉执行监督三个工作指引；坚持以改革创新为动力，因应法院集中管辖改革健全检察一体化机制，探索强制隔离戒毒检察监督试点等。[2]但实践中仍然存在一些问题亟待理论与实践的探索和回应，例如检察机关参与诉源治理，做行政争议实质性化解工作，是否超越了行政检察监督职权？如何与行政机关、法院以及地方上的多元矛盾化解调解中心等相关部门对接协同？行政检察在诉源治理中的空间、路径、机制如何完善？以及检察机关在参与诉源治理时，如何解决自身短板问题？

2021 年 6 月，在中国共产党成立 100 周年、党绝对领导下的人民检察制度创立 90 周年的重要历史时刻，《中共中央关于加强新时代检察机关法律监督工作的意见》印发，这在党的历史上是第一次，充分体现了以习近平同志为核心的党中央深入推进全面依法治国的坚定决心，充分体现了党中央对完

---

[1] 穿透式监督理念是上海检察机关对工作实践分析总结后率先提出，并为最高检第七厅采纳作为指导行政检察工作的理念。该理念要求检察机关依托法定职能，以行政诉讼监督为基石，以司法办案为中心，延伸开展行政检察工作，维护司法公正，促进依法行政，践行"在办案中监督、在监督中办案"，进而提升法律监督质效。换言之，检察机关不应只满足于监督人民法院裁执活动，还要加大对行政行为合法性、合理性的调查核实力度，关注和解决核心问题，积极回应当事人的实质诉求，努力实现实质正义与形式正义的统一。

[2] 参见杨波、冯孝科：《行政检察：持续深化做实，实现案结事了政和》，载《检察日报》2021年 11 月 19 日，第 2 版。

善党和国家监督体系特别是检察机关法律监督工作的高度重视，为新时代检察工作赋予了更重政治责任、历史责任。值得注意的是，该《意见》又一次提出检察机关"在履行法律监督职责中发现行政机关违法行使职权或者不行使职权的，可以依照法律规定制发检察建议等督促其纠正"，为行政违法行为检察监督奠定了坚实的政治基础。

作为一名行政法专业博士毕业的前检察官，笔者之所以不厌其烦地对行政检察改革历程进行阐述，并不是有意忽视这期间其他行政法制监督和行政救济制度的改革发展，更丝毫没有刻意拔高行政检察而贬低其法律制度的意图，只是想更好地帮助大家关注这项在党的十八届四中全会中提出的重要改革任务：第一，除了行政公益诉讼入法之外，"检察机关在履行职责中发现行政机关违法行使职权或者不行使职权的行为，应当督促其纠正"、"完善对涉及公民人身、财产权益的行政强制措施实行司法监督制度"两项任务究竟是什么？在行政公益诉讼实施背景下是否具有进一步探索行政违法行为检察制度的必要性？第二，行政违法行为检察制度与国家内设机构改革后的国家监察制度在职能行使上是否存在冲突，其与国家监察以及其他行政法制监督制度是什么关系？在没有获得明确的法律确认的前提下是否有继续探索的空间？理由是什么？第三，如果可以继续探索，那么如何定义行政违法行为检察，其对象和范围是什么？第四，行政违法行为检察制度设计和运行应当遵循什么原理？其法律依据和理论基础是什么？其实施的方法、程序、效力、结果等又当如何？第五，行政违法行为检察制度在行政法制监督和行政救济制度体系中应当如何评价？其在新时代检察机关法律监督体系中又应当如何评价？

（二）研究意义

本书选题正是基于上述时代背景与改革进程，探索行政违法行为检察的一系列问题，其研究意义至少可以体现在以下三个方面：

第一，重新界定行政违法行为检察概念，厘清行政违法行为检察与行政诉讼检察、行政公益诉讼之间的关系，为科学构建民事检察、刑事检察、行政检察、公益诉讼"四位一体"的检察监督体系，系统推进行政检察改革提供理论支撑。

第二，明确行政违法行为检察的功能价值，厘清行政检察与国家监察、行政复议、行政诉讼等行政法制监督制度的关系，修复检察制度在国家治理体系中的应有地位，通过行政检察填补现有行政法制监督制度的不足、实现行政法制监督体系的衔接互通。

第三，激活和完善行政检察制度，检视行政违法行为检察规范和实践层面存在的问题，从目标原则、对象范围、方式程序、结果效力以及内外部制度衔接等方面，提出行政违法行为检察权力配置和运行的意见和建议，为行政检察改革试点提供实践指引。

二、研究现状与文献综述

（一）国内研究现状

行政违法行为检察是指检察机关对行政主体在公共行政活动中存在的违法行为予以督促纠正的法律监督活动。纵观学界数十年关于行政检察制度的研究成果，对于行政违法行为检察制度的研究呈现出"收缩——扩张——再限缩"的趋势。

我国行政检察制度研究的历史可以溯源到新中国成立初期《中华人民共和国宪法》（以下简称《宪法》）和《中华人民共和国人民检察院组织法》（以下简称《人民检察院组织法》）制定实施时期。这一时期检察机关对行政违法行为的监督主要包括在"一般监督"的法律监督职权之内，研究成果也主要围绕检察机关的"一般监督权"展开。"一般监督"作为苏联检察监督的核心制度，是以维护国家法制统一为目的，以垂直领导制为保障，面向多元监督对象和程序性的监督方式。[1]其中最高人民检察院第一检察厅于1954年12月23日制发的《关于各地人民检察院试行一般监督制度的情况和意见》系统阐述了"一般监督"工作从发现违法、查明违法、纠正和防止违法、使违法者负法律上的责任等四部分的程序和做法，并对今后"一般监督"工作的开展提出改进意见。[2]但这期间，一般监督制度在中国的实践效果有限，存在诸多不符合中国法制发展的困境。检察系统内外对于"一般监督"问题认识不一，虽然大家都同意"一般监督"的职权主要是为了对有关国家机关和国家机关工作人员的行为的合法性实行监督，从法律上来保障国家政权的

---

〔1〕 参见王海军：《一般监督制度的中国流变及形态重塑》，载《中外法学》2023年第1期。

〔2〕 参见闵钐编：《中国检察史资料选编》，中国检察出版社2008年版，第763-772页。

统一和完整，保证国家法律统一地、正确地实施。但一部分意见认为，"一般监督"是社会主义制度下检察工作的主要标志，应当成为检察机关的经常任务，另一部分意见认为"一般监督"工作不要普遍做，而应该"保留武器，备而待用"，还有一部分意见提出应取消"一般监督"这个武器。[1]此后，随着一连串政治运动的影响，"一般监督"成为研究探讨的"禁区"，但关于"一般监督"问题的争论所引发的行政检察监督制度设立的问题却不时被人提起。[2]

1978年检察机关恢复重建后，检察机关行政监督的范围限缩为公安机关的侦查活动及监狱、看守所、劳动改造机关的活动，直到1982年《中华人民共和国民事诉讼法（试行）》（以下简称《民事诉讼法（试行）》）、1989年《中华人民共和国行政诉讼法》（以下简称《行政诉讼法》）赋予检察机关民事、行政审判监督职权后，检察话语体系内才开始使用"民事行政检察"的概念。受此影响，相对于刑事、民事检察监督，理论界和实务界对行政检察监督的理论研究较为薄弱。[3]但也有部分学者萌生检察机关采取支持起诉、提起行政公诉、直接监督行政活动等方式对行政权实施监督的制度构想，但研究还不够系统深入。[4]由于认识不足且缺乏明确的法律依据，这一时期大多数学者将"行政检察"作为监督行政的一种制度安排，认为检察机关通过对犯有渎职罪、贪污罪、贿赂罪的公务员进行侦查和提起公诉，对监狱、看守所、拘留所等场所及其管教人员实施日常监督，实现其行政法制监督职能。[5]也有部分学者将"行政检察"基本等同于"行政诉讼检察"，对行政诉讼检

〔1〕 参见闵钐编：《中国检察史资料选编》，中国检察出版社2008年版，第561页、第607页、第613页。

〔2〕 参见王桂五：《王桂五论检察》，中国检察出版社2008年版，第126-127页、第188-213页；甘雷、谢志强：《检察机关"一般监督权"的反思与重构》，载《河北法学》2010年第4期；雷小政：《往返流盼：检察机关一般监督权的考证与展望》，载《法律科学（以下简称《西北政法大学学报》）》2012年第2期。

〔3〕 1979年至1990年间，专门研究行政检察的期刊论文数量总数不足十篇。

〔4〕 参见郁忠民：《健全我国法律监督系统之管见》，载《现代法学》1986年第2期；傅国云：《民事行政检察实践的困惑与思考——兼谈强化民事行政检察监督》，载《法商研究（中南政法学院学报）》1994年第2期；郑传坤、刘群英：《行政公诉初探》，载《现代法学》1994年第6期；杨立新、张步洪：《行政公诉制度初探》，载《行政法学研究》1999年第4期；杨立新：《新中国民事行政检察发展前瞻》，载《河南省政法管理干部学院学报》1999年第2期。

〔5〕 参见罗豪才主编：《行政法学》，中国政法大学出版社1998年版，第354-355页。

察监督的定位、必要性、范围、方式等基础理论开展研究。[1]但对于检察机关如何对行政权进行有效监督，怎样配置监督权力等问题鲜有提及。

进入 21 世纪后，随着党和国家对依法行政、严格执法、公益保护等问题的高度重视，以及检察机关参与社会管理创新的不断深入，以对行政权直接进行法律监督为特征的一系列制度构想逐步开始兴起。具体表现在以下四个方面：

一是拓宽检察机关行政诉讼监督职权的"行政公诉"[2]和"行政公益诉讼"[3]成为热点话题，代表性的学者有孙谦、田凯。尽管有学者对行政公诉制度的合理性和可行性提出质疑，认为行政公益诉讼有悖于行政诉讼制度的目的和原则。[4]但大多数学者认为，由检察机关提起行政公益诉讼具有维护国家利益或者社会公共利益、强化司法权对行政权监督等现实意义，符合我国宪法法律对检察机关法律监督机关的定位，并提出具体的制度构想。[5]

二是检察机关在行政执法与刑事司法衔接（以下简称"两法衔接"）中的监督职责引起关注，检察监督的触角尝试延伸到公安机关接受移送案件的立案监督和行政执法机关移送涉嫌犯罪案件的移送监督等环节。随着 1996 年

〔1〕 参见王桂五：《检察制度与行政诉讼》，载《中国法学》1987 年第 2 期；刘恒：《行政诉讼检察监督若干问题探析》，载《中山大学学报（社会科学版）》1996 年增刊；杨立新：《民事行政诉讼检察监督与司法公正》，载《法学研究》2000 年第 4 期；胡卫列：《行政诉讼检察监督论要》，载《国家检察官学院学报》2000 年第 3 期。

〔2〕 参见胡卫列：《检察机关提起行政公诉简论》，载《人民检察》2001 年第 5 期；孙谦：《论建立行政公诉制度的必要性与可行性》，载《法学家》2006 年第 3 期；傅国云：《行政公诉的法理与制度建构——一个法律监督的视角》，载《浙江大学学报（人文社会科学版）》2007 年第 2 期；田凯：《行政公诉论》，中国检察出版社 2009 年版。

〔3〕 参见王太高：《论行政公益诉讼》，载《法学研究》2002 年第 5 期；黄学贤：《行政公益诉讼若干热点问题探讨》，载《法学》2005 年第 10 期；关保英：《行政公益诉讼的范畴研究》，载《法律科学（西北政法大学学报）》2009 年第 4 期。

〔4〕 参见章志远：《行政公益诉讼中的两大认识误区》，载《法学研究》2006 年第 6 期；张旭勇：《公益保护、行政处罚与行政公益诉讼——杭州市药监局江干分局"撮合私了"案引发的思考》，载《行政法学研究》2012 年第 2 期；杨建顺：《〈行政诉讼法〉的修改与行政公益诉讼》，载《法律适用》2012 年第 11 期；王国侠：《行政公益诉讼"入法"要适度》，载《上海政法学院学报（法治论丛）》2014 年第 1 期。

〔5〕 参见马怀德、吴华：《对我国行政诉讼类型的反思与重构》，载《政法论坛》2001 年第 5 期；田凯：《论行政公诉制度的法理基础》，载《河南社会科学》2010 年第 5 期；孙谦：《设置行政公诉的价值目标与制度构想》，载《中国社会科学》2011 年第 1 期；邓思清：《我国检察机关行政公诉权的程序构建——兼论对我国〈行政诉讼法〉的修改》，载《国家检察官学院学报》2011 年第 4 期。

《中华人民共和国行政处罚法》（以下简称《行政处罚法》）的制定与实施，两法衔接开始引起我国行政法学界和刑法学界的关注，行政法学界代表性的学者有周佑勇、章剑生、练育强。这一时期行政法学界主要围绕《行政处罚法》的制定及具体适用展开研究，提出行政犯罪的性质，以及如何创建两法衔接协调机制。[1]随着两法衔接的相关规定相继出台，学界一方面开始关注某一地区或某一具体领域两法衔接的实证研究；[2]另一方面对《中华人民共和国刑法》（以下简称《刑法》）与《行政处罚法》或《中华人民共和国治安管理处罚法》（以下简称《治安管理处罚法》）等法律之间衔接上的规范分析，并开始反思两法衔接的制度建构与相关理论。[3]但从当前研究的总体情况分析，有关两法衔接的理论研究与实践运用关联依然不紧密，缺乏对具体领域深入研究的成果，但研究内容相对简单。尤其是对于两法衔接的现实需求到底是什么？人民检察院作为监督主体的地位是否符合宪法和检察院组织法的规定？这些问题均需要进一步思考。[4]

---

　　[1]　参见刘莘：《行政刑罚——行政法与刑法的衔接》，载《法商研究（中南政法学院学报）》1995年第6期；周佑勇、刘艳红：《试论行政处罚与刑罚处罚的立法衔接》，载《法律科学（西北政法学院学报）》1996年第3期；周佑勇、刘艳红：《论行政处罚与刑罚处罚的适用衔接》，载《法律科学（西北政法学院学报）》1997年第2期；杨解君、周佑勇：《行政违法与行政犯罪的相异和衔接关系分析》，载《中国法学》1999年第1期；杨海坤：《构建行政刑法学科的有益尝试——一个与时俱进的法学课题》，载《苏州大学学报》2005年第1期。

　　[2]　参见曹福来：《论税务行政处罚与刑事处罚的衔接》，载《江西社会科学》2006年第8期；张彩荣、母光栋：《浅析行政执法与刑事司法衔接中的证据转换》，载《中国检察官》2006年第12期；叶家平：《知识产权行政执法与刑事司法衔接中若干问题研究》，载《科教文汇（上旬刊）》2007年第10期；元明：《行政执法与刑事司法相衔接的理论与实践》，载《人民检察》2011年第12期；刘福谦：《行政执法与刑事司法衔接工作的几个问题》，载《国家检察官学院学报》2012年第1期；元明、张建忠：《注重机制建设　推动"两法衔接"规范开展——基于对上海、福建两地实践调查研究的思考》，载《人民检察》2013年第23期；练育强：《问题与对策：证券行政执法与刑事司法衔接实证分析》，载《上海政法学院学报（法治论丛）》2018年第4期。

　　[3]　参见章剑生：《违反行政法义务的责任：在行政处罚与刑罚之间——基于〈行政处罚法〉第7条第2款之规定而展开的分析》，载《行政法学研究》2011年第2期；谢治东：《行政执法与刑事司法衔接机制中若干问题理论探究》，载《浙江社会科学》2011年第4期；练育强：《行政处罚与刑事制裁衔接研究之检视》，载《政治与法律》2013年第12期；练育强：《行刑衔接中的行政执法边界研究》，载《中国法学》2016年第2期；练育强：《行刑衔接视野下的一事不再罚原则反思》，载《政治与法律》2017年第3期。

　　[4]　参见练育强：《"两法"衔接视野下检察权性质的定位》，载《探索与争鸣》2014年第2期；练育强：《人民检察院在"两法"衔接中职责之反思》，载《政法论坛》2014年第6期；练育强：《行政执法与刑事司法衔接制度沿革分析》，载《政法论坛》2017年第5期。

三是以参与社会治理为目标的行政执法检察建议蔚然成风，代表性的学者有吕涛、杨隽。这其中，实务界主要围绕检察建议的定义、特征、类型、内容等内容进行论述。[1]理论研究主要集中在检察建议的性质、效力等问题完善。有学者认为，检察建议作为社会综合治理的一种手段被广泛运用是对检察机关"一般监督"法律监督职能的延续。[2]检察机关创造性地把"检察建议"引入参与社会治安综合治理的活动中，使得具有一般监督特性的检察建议获得"再造"。[3]有学者从法理和实证角度提出，对实践中运行的检察建议的属性和效力应当视其履行法律监督职能还是履行社会治安治理职能区别对待，并决定是否承认其公权力的属性和效力。[4]还有学者从法制化角度对检察建议的规范进行分析，从实证的进路，提出检察建议的完善路径。[5]其中，有学者从检察建议在监督行政权自我规制、维护国家法制统一、促进依法行政和保障社会公平正义等方面的应用入手，提出完善检察建议在行政检察监督中应用的法律依据、范围和保障措施，具有一定的前瞻性。[6]

四是直接面向行政执法活动的行政执法检察初现端倪，代表性学者有张步洪、傅国云。一方面，实践中检察机关通过行政执法资料移送检察机关备案、监督起诉、提起公益诉讼、联合执法调查、对具体行政违法行为制发检察建议等方式开展行政执法检察监督，形成各种行政检察模式。[7]另一方面，学界对上述实践探索调研后形成博士论文和专著，对行政执法检察监督的原理基础、运行机制和程序规则予以论证和设计。[8]但这一时期对于行政执法

---

〔1〕 参见王燕、李莹：《海检院检察建议工作调查报告》，载《国家检察官学院学报》2009 年第 1 期。

〔2〕 参见杨书文：《检察建议基本问题研究》，载《人民检察》2005 年第 17 期。

〔3〕 参见姜伟、杨隽：《检察建议法制化的历史、现实和比较》，载《政治与法律》2010 年第 10 期。

〔4〕 参见万毅、李小东：《权力的边界：检察建议的实证分析》，载《东方法学》2008 年第 1 期。

〔5〕 参见吕涛：《检察建议法制化研究》，山东大学 2010 年博士学位论文。

〔6〕 参见徐华坤：《论检察建议在行政检察监督中的应用》，苏州大学 2015 年硕士学位论文。

〔7〕 参见宋英辉、何挺：《浙江永康行政执法检察备案机制评析》，载《国家检察官学院学报》2006 年第 2 期；乔耀强：《行政执法行为检察监督的实践与探索》，载《中国检察官》2006 年第 12 期；河南省检察院民行处：《河南省检察机关对行政执法行为开展法律监督的三种模式初探》，载《检察实践》2005 年第 6 期；唐张：《行政执法检察监督的基层探索》，载《中国检察官》2013 年第 20 期。

〔8〕 参见张步洪：《行政检察制度论》，中国检察出版社 2013 年版；傅国云：《行政检察监督研究：从历史变迁到制度架构》，法律出版社 2014 年版；张彬：《我国行政检察制度研究》，武汉大学 2014 年博士学位论文。

检察的研究存在概念不清、范围不明、依据不足、监督失范等问题，尤其是对于行政执法检察的概念和范围，并没有形成一致的认识，影响了理论探讨的深度。[1]

总体来看，在 2015 年这一轮兴起的行政检察改革前，专门以"行政违法行为检察"为研究对象的论文和著作并不多。[2]这一时期，研究者主要为检察实务群体，研究内容也主要集中在行政公益诉讼和两法衔接领域，研究直接监督行政活动的行政检察制度的成果并不多。但理论界也有学者基于检察机关国家法律监督机关的宪法定位，提出行政检察既包括面向行政审判权的行政诉讼检察，也包括面向行政权和行政机关的法律监督。[3]后一观点对于行政违法行为检察的进一步探讨提供了理论场域和范畴。

2015 年之后行政违法行为检察研究的理论专著和文章出现井喷现象。专著方面有杨春雷等人主编的《行政检察业务》（中国检察出版社 2022 年版）、李军、曲新久主编的《行政执法检察监督机制研究》（中国检察出版社 2017 年版）、谢鹏程等人编著的《行政执法检察监督论》（中国检察出版社 2016 年版）、韩成军所著《依法治国视野下行政权的检察监督》（中国检察出版社 2015 年版）。以"行政检察"为主题词从"中国知网"搜索可以发现，2015 年 10 月 30 日至 2023 年 11 月 17 日，全国各种公开期刊发表文章共计 647 篇，重要报纸发表文章 457 篇，学位论文 157 篇。同一时期，以"行政违法行为检察"为主题词从"中国知网"搜索，全国各种公开期刊发表文章共计 74 篇，重要报纸发表文章 21 篇，学位论文 22 篇。但同一时期关于检察行政公益诉讼的文章更数以千计，相关主题的文章更加容易获得法学核心期刊的认可和追捧。[4]

在宏观制度建构方面，不少学者从历史传统、法学理论、宪法法律和制度机制等三个层面提出新时期行政检察监督体系的建构路径，并结合各地实践样本对于检察权对行政领域的介入广度和深度、检察权与其他各机关监督

---

〔1〕　参见梁春程：《行政违法行为法律监督的历史、困境和出路》，载《天津法学》2018 年第 3 期。

〔2〕　目前国内对行政检察制度有过系统研究的主要有孙谦、胡卫列、秦前红、肖金明、傅国云、张步洪、韩成军、田凯等为数不多的学者。

〔3〕　参见肖金明：《论检察权能及其转型》，载《法学论坛》2009 年第 6 期；解文轶：《行政检察工作的现状与发展》，载《国家检察官学院学报》2015 年第 5 期。

〔4〕　参见宋京霖：《我国行政检察监督研究热点与趋势》，载《人民检察》2017 年第 18 期。

权力的关系、行政执法的内涵与外延等基础性问题展开探讨。[1]有学者认为，检察机关开展行政违法行为监督是习近平法治思想在法律监督领域的生动实践和原创性成果，对于充分履行检察机关法律监督职能、严密国家监督体系、不断提高和释放司法效能具有重要的价值和意义。[2]有学者认为，行政检察具有的主动性、弱对抗性、威慑性以及公共利益导向等制度优势，可以弥补诉讼和复议的缺憾，更高效、更容易解决行政争议。[3]有学者认为行政检察具有摆脱司法审判困局、缓解行政审判机关的压力、畅通行政执法和司法的程序衔接等一系列优势，进而得出应进一步强化立案监督、审判监督、执行监督的结论。[4]更有学者站在新时代全面依法治国的背景下，从指导理念、基本内涵、比较研究、制度设计、机制建设等角度论证和阐释行政检察体系，并在三农和知识产权领域进一步细化论述。[5]但也有观点指出，现有研究过分迎合检察机关实践探索的需要，缺乏中立客观的学术品格，对于如何制衡和监督检察监督权缺乏批判性思考。[6]行政违法检察监督仍然具有检察权的"法律监督"属性，监督的对象、权力性质和监督原则都有限度，如何制衡和监督检察监督权，如何规定线索来源、监督范围、监督方式，也应当是需要重点思考的问题。[7]

在微观制度探讨层面，有学者认为，行政检察监督涵盖法律监督职能与参与诉讼职能，在行政诉讼检察监督方面，应进一步强化立案监督、审判监督、执行监督。[8]同时，围绕行政诉讼法的修改，学界就如何认识检察机关

---

〔1〕 参见湛中乐：《三个层面构建科学的行政检察监督体系》，载《人民检察》2015 年第 2 期；田野：《行政执法检察监督的发展与界限——行政执法与检察监督机制研究研讨会观点综述》，载《人民检察》2015 年第 16 期。

〔2〕 参见张相军、马睿：《检察机关开展行政违法行为监督的理论与实践》，载《法学评论》2023 年第 6 期。

〔3〕 参见解志勇：《行政检察：解决行政争议的第三条道路》，载《中国法学》2015 年第 1 期。

〔4〕 参见吕涛：《行政检察新论》，载《人民检察》2015 年第 2 期；唐璨：《论行政行为检察监督及其制度优势》，载《江淮论坛》2015 年第 2 期。

〔5〕 参见肖中扬、杨静：《论"三农"行政检察》，载《中国刑事法杂志》2017 年第 2 期；肖中扬：《论知识产权行政检察》，载《知识产权》2017 年第 6 期；肖中扬：《论新时代行政检察》，载《法学评论》2019 年第 1 期。

〔6〕 参见李晓果：《行政执法检察监督热的再思考》，载《学术论坛》2015 年第 2 期。

〔7〕 参见江国华、王磊：《行政违法行为的检察监督》，载《财经法学》2022 年第 2 期。

〔8〕 参见吕涛：《行政检察新论》，载《人民检察》2015 年第 2 期。

在行政诉讼中的职能，强化和规范对行政诉讼的监督，监督质量和效果等问题，积极开展研究。有学者认为，新时代行政检察具有化解行政争议、促进行政争议案结事了的重要功能，行政检察依托法律监督职能可以解决实践中因行政诉讼"程序空转"而难以实质性解决的行政争议问题。[1]有学者认为，现代化的行政诉讼检察监督制度应始终坚持权利救济的理念、谦抑的理念、维护公益的理念以及尊重和维护审判独立与裁判权威的理念，着力于合理规制对生效裁判的抗诉权，同时赋予检察机关提起行政公诉的权力。[2]还有学者重点论述行政检察建议，认为这是行政检察权最直接的着力点和最专业的表达方式，也是目前最高效的监督路径与最规范的监督工具，建议以行政行为危害程度为标准将行政检察建议分为"预防型""反应型"和"应急型"三种类型，并分别设计差异化的适用规则，对行政检察建议进行规范化的制度建构，全面提升行政检察建议的治理实效。[3]

在行政公益诉讼方面，学界围绕行政公益诉讼试点实践，开展实证分析和理论研究，但就如何界定起诉资格范围、如何与行政诉讼做好衔接、如何定位主体地位和诉前程序、如何对行政不作为进行认定等方面尚未形成共识。第一，公益诉讼类型选择问题上存有疑义。有的观点认为，检察机关提起民事和行政公益诉讼应以救济公共利益为主，慎重选择诉讼类型。[4]也有的观点认为应当区分是否存在行政主管机关违法行政或行政不作为的情形慎重选择诉讼类型。[5]还有的观点则认为检察机关不宜绕过督促行政机关而直接代表国家提起民事公益诉讼。[6]第二，行政公益诉讼的原告资格问题上尚有争议。有的观点认为检察机关作为唯一的行政公益诉讼起诉主体，不利于发挥社会主体

---

[1] 参见姜明安：《论新时代中国特色行政检察》，载《国家检察官学院学报》2020年第4期；沈福俊：《行政检察化解行政争议功能论析》，载《政治与法律》2022年第7期。

[2] 参见应松年等：《行政诉讼检察监督制度的改革与完善》，载《国家检察官学院学报》2015年第3期；张步洪：《行政诉讼检察监督规则的设计与适用》，载《人民法治》2016年第7期。

[3] 参见解志勇、王晓淑：《行政检察建议的类型化建构》，载《治理研究》2022年第6期。

[4] 参见秦鹏、何建祥：《检察环境行政公益诉讼受案范围的实证分析》，载《浙江工商大学学报》2018年第4期；姜明安：《检察机关提起公益诉讼应慎重选择诉讼类型》，载《检察日报》2017年2月22日，第3版。

[5] 参见姜明安：《检察机关提起公益诉讼应慎重选择诉讼类型》，载《检察日报》2017年2月22日，第3版。

[6] 参见刘畅、肖泽晟：《行政违法行为检察监督的边界》，载《行政法学研究》2017年第1期。

维护公益的作用，阻碍了社会公益团体力量的发展。同时检察机关提起行政公益诉讼存在法律监督机关和公益诉讼人的角色混同，对现有诉讼模式和行政审判产生一定的冲击。[1]也有的观点主张，检察机关提起行政公益诉讼应与其他适格原告相互配合并接受监督。[2]第三，行政公益诉讼的其他特殊性问题亦有不同观点。如行政公益诉讼的性质，有的观点认为检察机关提起行政公益诉讼具有客观诉讼的特征，应构建和发展行政公益诉讼的客观诉讼机制。[3]也有的观点是从立法目的、保护对象和纠纷解决的类型等方面考察并提出，民事和行政公益诉讼需要作为特别程序，应逐步在《民事诉讼法》和《行政诉讼法》框架下形成专章来规定或者制定专门的"公益诉讼法"。[4]还有的观点指出，为了防止检察机关诉权不当实行，防止司法权不当干预行政权，法院对于检察机关提起行政公益诉讼应强化诉的利益理论的适用，从起诉条件、受案范围、前置程序、诉讼请求等方面开展审查。[5]第四，案件线索来源限定于检察机关在履行职责中的发现存在广义和狭义的理解分歧，对于诉前程序和提起诉讼的联系和数量认识存在分歧，对行政不作为的认定是以实质性履行为标准还是形式上履行为标准也存在争议。[6]

在诉讼外行政检察监督制度方面，学者的讨论主要包括行政强制措施的检察监督、行政机关违法行使职权或者不行使职权行为的检察监督，等等。[7]

---

〔1〕 参见陈承堂：《公益诉讼起诉资格研究》，载《当代法学》2015年第2期；姜涛：《检察机关提起行政公益诉讼制度：一个中国问题的思考》，载《政法论坛》2015年第6期；杨志弘：《公益诉讼主体扩张的制度反思——以检察机关作为公益诉讼原告为切入点》，载《青海社会科学》2018年第4期。

〔2〕 参见余彦、黄金桦：《对检察机关垄断行政公益诉讼起诉资格之质疑及正位——以环境行政公益诉讼为分析重点》，载《常州大学学报（社会科学版）》2018年第1期。

〔3〕 参见刘艺：《构建行政公益诉讼的客观诉讼机制》，载《法学研究》2018年第3期。

〔4〕 参见甘力、张旭东：《环境民事公益诉讼程序定位及立法模式选择研究》，载《重庆大学学报（社会科学版）》2018年第4期。

〔5〕 参见黄忠顺：《论诉的利益理论在公益诉讼制度中的运用———兼评〈关于检察公益诉讼案件适用法律若干问题的解释〉第19、21、24条》，载《浙江工商大学学报》2018年第4期。

〔6〕 参见杨解君、李俊宏：《公益诉讼试点的若干重大实践问题探讨》，载《行政法学研究》2016年第4期；薛志远、王敬波：《行政公益诉讼制度的新发展》，载《法律适用》2016年第9期；秦前红：《检察机关参与行政公益诉讼理论与实践的若干问题探讨》，载《政治与法律》2016年第11期；刘艺：《检察公益诉讼的司法实践与理论探索》，载《国家检察官学院学报》2017年第2期；胡卫列、田凯：《检察机关提起行政公益诉讼试点情况研究》，载《行政法学研究》2017年第2期；胡卫列、迟晓燕：《从试点情况看行政公益诉讼诉前程序》，载《国家检察官学院学报》2017年第2期。

〔7〕 参见肖中扬：《诉讼外行政检察监督顶层设计刍议——以"宁夏经验"为基点推动制度机制的构建》，载《人民检察》2015年第6期。

其中，对于行政违法强制措施检察监督，学界结合《中华人民共和国行政强制法》（以下简称《行政强制法》）的规定，从行政强制措施检察监督的内容、界限、方式等角度开展探讨，探索对涉及公民人身、财产权益的行政强制措施实施过程的检察监督机制，并为受到违法行政强制措施侵害的当事人提供司法救济途径。[1]对于行政违法行为检察监督，学界立足完善检察监督体系，围绕检察机关在履行职责中发现行政机关违法行使职权或者不行使职权的行为开展检察监督研究，对检察机关履行监督职责和监督纠正的范围、途径、程序和方式提出制度设计。[2]但是，对于行政违法行为检察监督的原则（合法性、公益性、谦抑性、程序性）、对象（行政终局裁决行为、抽象行政行为还是具体行政行为、行政执法责任人员）、限度（合法性还是合理性）、启动方式（依申请开门监督还是依职权闭门监督）、介入阶段（事前事中事后）、监督手段（刚性调查、公开听证、软性建议）等方面，尚存在较大争议。[3]从最高人民检察院具体业务检察厅负责人的撰文看，官方倾向于认为行政违法行为检察监督应当有其边界，与行政公益诉讼不同，应当围绕"履行法律监督职责中发现"的要求，将具有可监督性的行政职权行为纳入监督范围。对于在个案中难以纠正的行政违法行为，不宜以个案检察建议的方式予以监督机制。[4]此外，还有学者提出，行政执法检察改革中应重视其他国家机关的监督职能作用，建立完善有关检察监督与行政监督互动协作机制，

---

〔1〕　参见王春业：《论行政强制措施的检察监督——以涉及公民人身、财产权益的行政强制措施为对象》，载《东方法学》2016年第2期；张牧遥：《行政强制措施检察监督新论》，载《云南大学学报（法学版）》2016年第4期。

〔2〕　参见王胤元：《行政执法检察监督的案源问题》，载《中国检察官》2017年第5期；王琛：《行政执法检察监督的方式》，载《中国检察官》2017年第5期；祁菲：《行政执法检察监督的范围概览》，载《中国检察官》2017年第5期。

〔3〕　参见刘江宁、滕孝海：《行政权外部监督制度考察与借鉴——基于构建我国诉讼外行政检察监督制度的思考》，载《人民检察》2015年第15期；山西省人民检察院课题组：《诉讼外行政检察监督探析》，载《湖南科技大学学报（社会科学版）》2016年第3期；张雪樵：《违法行政检察监督机制的谱系化》，载《人民检察》2016年第11期；刘艺：《构建行政检察监督机制的意义、方法和重点》，载《人民检察》2016年第16期；杨承志等：《行政执法检察监督权的边界》，载《人民检察》2016年第24期；刘畅、肖泽晟：《行政违法行为检察监督的边界》，载《行政法学研究》2017年第1期。

〔4〕　参见张相军、马睿：《检察机关开展行政违法行为监督的理论与实践》，载《法学评论》2023年第6期。

检察监督与行政复议、行政诉讼衔接机制，以及对检察监督权的制约监督机制。[1]未来，行政检察应当遵循"党的领导"与"以人民为中心"的发展导向，在"立足当前"与"着眼长远"中不断加强行政检察的制度建设与队伍建设，从而塑造具有"协同型""能动型""开放型""回应型""智慧型"等特征的新时代行政检察。[2]

近年来，行政检察新发展强调行政检察在维护司法公正、促进依法行政的同时，还提出要不断延伸诉讼监督职能，积极参与社会治理，通过多元化纠纷解决机制，满足当事人的多元利益诉求，消除实务中"程序空转"的现象，实现案结事了政和，这一点与诉源治理不谋而合。"诉源治理"是指社会个体及各种机构对纠纷的预防及化解所采取的各项措施、方式和方法，使潜在纠纷和已出现纠纷的当事人的相关利益和冲突得以调和，并且采取联合行动所持续的过程。诉源治理来源于四川省成都市中级人民法院破解民商事纠纷"案多人少"矛盾的实践探索，并逐渐在全国各地推广，"经由'行政争议实质性化解''发挥行政复议化解行政争议主渠道作用''从源头上预防和减少行政争议'等话语形式，扩展到行政争议解决中"[3]，其本义是通过多元化预防、治理手段，有效减少诉讼案件的发生量，是我国社会治理体系中的一项重要方式，在预防和实质性化解行政争议、维护社会和谐稳定方面具有重要作用。总体上看，诉源治理要求将诉讼案件从源头上化解，具体包含三层意思：在基层治理上避免、减少纠纷的发生；避免已出现的纠纷形成诉讼；通过诉非衔接渠道化解已经形成诉讼的纠纷。[4]

在新时代背景下，行政检察促进诉源治理既具有理论基础与实体法依据，更面临内部需求与外部机遇。目前，关于行政检察促进诉源治理，理论界和实务界已展开了一定程度的积极探索。大多学者已就行政检察促进诉源治理的具体内容和发展方向形成一定共识，例如从权力理论以及比较法的角度对行政检察制度的法理基础进行论证，奠定了行政检察促进诉源治理的理论基

---

〔1〕 参见傅国云：《行政执法检察机制改革的几点设想》，载《法治研究》2016年第3期。

〔2〕 参见秦前红、张演锋：《习近平法治思想指引下的行政检察探索与发展》，载《人民检察》2021年第8期。

〔3〕 章志远：《新时代行政审判因应诉源治理之道》，载《法学研究》2021年第3期。

〔4〕 参见周苏湘：《法院诉源治理的异化风险与预防——基于功能主义的研究视域》，载《华中科技大学学报（社会科学版）》2020年第1期。

础。但是，现有研究成果在回答实践中存在的问题时多停留在宏观层面的罗列分析，未对具体问题和核心诱因进行深入研究，这就导致片面且碎片化的完善建议较多，科学且体系化的论证建构较少，尤其是关于行政检察促进诉源治理的程序、方式、效力等具体制度的研究明显不足。

（二）国外研究现状

行政违法行为检察监督是一项具有中国特色的行政监督制度，其最早来源于列宁关于检察机关维护法制统一的理论，国外研究相关问题的主要是苏联、俄罗斯以及其他东欧或者社会主义国家的学者，大多从一般监督或者最高监督角度研究检察权对行政权的监督。[1]例如，我国王桂五先生在《关于一般监督问题的争论及其经验教训》一文中提出，由检察机关行使一般监督权对行政机关的违宪行为提出抗议，是社会主义国家监督宪法实施的特殊方式，社会主义各国立法中均有规定。其在文章中详尽介绍了朝鲜、南斯拉夫、阿尔巴尼亚、保加利亚、波兰、匈牙利等国家的宪法和检察院法中一般监督的规定。[2]再如，围绕列宁的《论"双重"领导与法制》，学界对检察权的行政监督和宪法监督属性也开展了不少有益的研究，厘清了法律监督职能所蕴含的历史变迁、制度价值和职能内涵。[3]

其他法系国家虽然没有专门关于行政违法行为检察监督制度的立法或理论研究，但从行政权监督的视角而言，国外的行政监督和公益诉讼的研究值得借鉴：

一是以参与诉讼的方式进行行政监督的模式。如英国、美国、德国、法国等国，检察机关主要在刑事领域发挥作用，但其从来都没有放弃过在行政领

---

[1] 参见谢鹏程选编：《前苏联检察制度》，中国检察出版社 2008 年版；［匈牙利］阿蒂洛·劳茨：《匈牙利人民共和国检察院对行政机关的监督》，载《环球法律评论》1981 年第 6 期；刘向文、王圭宇：《俄罗斯联邦检察机关的"一般监督"职能及其对我国的启示》，载《行政法学研究》2012 年第 1 期；韩成军：《苏联、俄罗斯行政执法检察监督对我国的启示》，载《河南社会科学》2015 年第 11 期。

[2] 参见王桂五：《王桂五论检察》，中国检察出版社 2008 年版，第 210-212 页。

[3] 参见王建国：《列宁的检察权思想理论及其对当代中国的影响》，载《湖北社会科学》2009 年第 6 期；施鹏鹏、宰清林：《列宁检察监督思想下的中国检察监督制度——以历史演进为视角》，载《山东警察学院学报》2011 年第 2 期；黄辉明、桂万先：《我国检察权的职能拓展——基于宪法定位与现实落差的视角》，载《中共中央党校学报》2013 年第 3 期；田夫：《检察院性质新解》，载《法制与社会发展》2018 年第 6 期。

域维护公共利益的功能。检察机关在涉及国家、社会公共利益的行政诉讼中可以参与诉讼，客观上可以起到监督行政活动的效果。〔1〕

二是专员解决行政争议的行政监督模式。如瑞典（行政监察专员）、法国（共和国调解专员）等，虽然专员不是检察机关，但其工作方式与检察机关对行政活动的监督类似。以瑞典行政监察专员为例，监察专员负责处理公众对政府部门违法行政和不当行政的申诉，享有调查、报告以及对个案处理和行政程序规范的建议权。专员以其独特的身份，独立行使调查权、批评警告权、建议权和起诉权，在瑞典的政治生活中产生了广泛而深刻的影响，并迅速在世界范围内流行起来。〔2〕

三是检察机关提起公益诉讼的行政监督模式。例如法国规定，检察机关可以公益代表人的身份对行政机关因不当或违法行政行为而损害社会公益的案件提起诉讼，并且有对行政法院违背社会公益的判决提出上诉的权力。澳大利亚也规定，对行政机关侵害公益或者公民权利的案件，除了私人或利益团体提起公益诉讼外，总检察长也可以决定启动诉讼程序。〔3〕

（三）既有研究的不足

总的来看，现有成果在行政违法行为检察制度建设方面已经做了很多有价值的研究和构建工作，对我国行政违法行为检察的内容及发展方向形成了一定的共识，但由于法律规定模糊不清、理论研究起步较晚、相关实践不够成熟，既有研究暴露出的不足之处也相当明显：

第一，理论性研究偏多，实证研究不足。大部分文章都先从法律监督、权力制约、行政法治、国外经验等理论角度对行政违法行为检察制度的法理基础进行论证，研究的重点也侧重于行政违法行为检察制度的性质、范围、方式、效力等理论探讨。检察系统内部人员的研究成果，焦点集中于检察机

---

〔1〕 参见田凯：《论国外行政公诉的产生与发展》，载《西南政法大学学报》2008 年第 3 期；韩成军：《英、美行政执法检察监督对我国的启示》，载《河北法学》2015 年第 12 期；韩成军：《法德日行政执法检察监督机制对我国的启示》，载《江西社会科学》2015 年第 11 期。

〔2〕 参见［瑞典］Claes Eklundh、刘小楠：《瑞典议会监察专员对法院的监督》，载《华东政法学院学报》2004 年第 1 期；［瑞典］本特·维斯兰德尔：《瑞典的议会监察专员》，程洁译，清华大学出版社 2001 年版。

〔3〕 参见朱应平：《澳大利亚行政公益诉讼原告资格探析》，载《行政法学研究》2012 年第 3 期；黎蜀宁：《论法国民事行政检察监督制度》，载《法学杂志》2004 年第 3 期。

关对行政执法监督的地位、作用和困难，希望通过立法明确行政违法行为检察的监督权力，提升监督的地位和刚性，但由于缺乏实证调查数据和样本支撑，尤其是对于行政违法行为检察与其他行政监督制度比较、行政违法行为检察监督试点实践分析、具体行政执法领域检察监督的研究等非常欠缺，使得这些研究说服力和针对性不强；

第二，论证性研究偏多，批判性研究不足。由于行政违法行为检察的研究成果大多出自检察系统，导致现有研究呈现众口称赞、集体叫好的现象。虽然不少研究也提出行政违法行为检察需要坚持职权法定原则、公益优先原则等防止重新落入一般监督窠臼的观点，但大多数研究没有对行政违法行为检察制度自身可能存在的问题进行反思，在必要性、合法性、可行性、实效性等方面缺乏足够的理论交锋或者学术批判。

第三，研究结论趋于粗放化，精细化分析较少。大部分关于行政违法行为检察的研究呈现"概念——意义——现状——问题——建议"的论文结构，针对实践存在的问题停留在宏观层面的罗列和分析，对行政违法行为检察所涉及的具体问题和深层次原因尚没有完全归纳厘清，导致问题和结论之间碎片化的完善建议较多，科学而成体系的论证和建构较少，尤其是对于行政违法行为检察的概念、范围、程序、方式、效力等具体制度研究不足，理论研究对实践的指导意义不强。

第四，研究视角单一化，对制度衔接和配套研究不足。当前行政违法行为检察研究成果中缺乏权力机关、行政机关、监察机关和审判机关的研究视角，对于行政违法行为检察制度与其他监督制度衔接，以及相关配套机制研究不够。例如，目前还没有很好的方案处理人大法律监督、法院审判监督、行政复议监督、监察监督、审计监督等行政监督机制的有效衔接。行政公益诉讼虽然已经为法律所确认，但行政违法行为和行政强制措施检察监督的相关试点工作还有待探索，对于国家监察体制改革以及其他行政法制监督和行政救济领域的理论发展和实践操作缺乏观察和思考，跨领域研究不足。

三、研究方法

本书拟采用多种研究方法，主要包括：

1. 实证研究法。立足上海实践，收集近几年全国各地行政检察的规范性文件和工作样本，通过对一手资料的比较分析，力求掌握选题研究的重点和难点。

2. 概念分析方法。分析行政检察、行政诉讼检察、行政违法行为检察等概念的内涵和外延以及各种制度的适用范围、程序、效力及存在的问题。

3. 比较分析方法。通过比较其他国家和地区监察专员、公益诉讼等类行政检察制度及规定，加以分析并予以借鉴。

4. 历史分析方法。通过观察新中国成立以来检察机关对行政权的监督探索历程，分析行政检察在中国本土实践中的难点和重点。

四、研究任务和论证架构

本书期望通过厘清行政违法行为检察制度的法律功能和权力边界，以深化司法改革为契机，明确检察机关在我国权力体制中的应有地位及其在国家治理现代化中的重要作用。为此，笔者将以我国行政违法行为检察探索实践中的案例和现象为观察视角，从分析检察机关对行政活动的监督的历史变迁出发，立足现行宪法法律规范体系，揭示当前行政违法行为检察改革所面临的问题及原因，在梳理行政违法行为检察与行政诉讼监督、行政公益诉讼，行政检察权与行政权、监察权、审判权等国家权力的关系基础上，对探索行政违法行为检察制度的必要性和可行性进行论证，提出在行政公益诉讼实施和国家机构改革之际，行政违法行为检察应单独作为一种新的行政法制监督制度重新认识和完善，以填补和整合行政法制监督体系的命题，并针对行政检察监督范围不明、监督手段不足、监督效力不强等问题提出完善建议，勾勒出在全国人民代表大会领导下，检察机关和行政机关、监察机关、审判机关在行政法制监督领域依法分工、配合、衔接、制衡的关系图景。

行政违法行为检察的概念界定

"概念乃是解决法律问题所必需的和必不可少的工具。没有限定严格的专门概念，我们便不能清楚地和理性地思考法律问题。"[1]行政检察是新时代中国特色法律监督体系以及行政法制监督机制中的重要制度创新。行政检察制度的有效运行，不仅有利于构建科学的行政监督体系，促进行政机关严格执法、依法行政，对于修复检察制度在国家治理体系中的应有地位、提升检察机关的法律监督能力，也具有重要的理论与现实意义。[2]可以说，行政检察概念实现了检察学和行政法学的有机连接，是二者沟通的纽带和桥梁。然而，长期以来检察理论和实务部门对行政检察基础理论，尤其是行政违法行为检察概念，研究不够深入，导致理论和实践中对于行政违法行为检察的功能定位、范围体系、权力运行和机构设置上存在一定的偏差。

本章拟简要回顾行政检察实践和理论的发展历程，在梳理新时代检察权以及检察权与行政权的关系基础上，厘清行政违法行为检察与行政诉讼检察、行政公益诉讼之间的关系，遵循严格主义的进路阐述行政检察的概念和体系，为科学构建民事检察、刑事检察、行政检察、公益诉讼"四位一体"的检察监督体系，有系统地推进行政检察改革提供理论支撑。

一、行政检察的实践演进

任何概念和理论都是在具体的时间和空间发生的，因此研究行政检察的

---

〔1〕 [美] E·博登海默：《法理学：法律哲学与法律方法》，邓正来译，中国政法大学出版社2004年版，第504页。

〔2〕 参见章志远：《检察机关提起行政公益诉讼制度正式试水》，载《经济日报》2015年7月16日，第16版。

社会实践形态最好是从其历史演变的角度进行全景式的透视。检察机关对行政活动监督存在一般监督、犯罪监督、诉讼监督、延伸监督、公益监督等五个阶段，体现了监督范围不断扬弃、逐步优化的发展过程。

（一）新中国成立前后行政检察制度的历史（1949 年 9 月—1954 年 9 月）

新中国成立前夕，时任中央人民政府组织法起草组组长的董必武，在拟定的政府组织法纲要的基本问题中，提出设置检察机关。这个建议被中央采纳。[1]1949 年 9 月 27 日，中国人民政治协商会议第一届全体会议通过了《中华人民共和国中央人民政府组织法》（以下简称《政府组织法》），其中第 3 条规定："在普选的全国人民代表大会召开前，由中国人民政治协商会议的全体会议执行全国人民代表大会的职权，制定中华人民共和国中央人民政府组织法，选举中华人民共和国中央人民政府委员会，并付之以行使国家权力的职权。"第 5 条规定："中央人民政府委员会组织政务院，以为国家政务的最高执行机关；组织人民革命军事委员会，以为国家军事的最高统辖机关；组织最高人民法院及最高人民检察署，以为国家的最高审判及检察机关"。第 28 条规定："最高人民检察署对政府机关、公务人员和全国国民之严格遵守法律，负最高的检察责任。"可见在新中国成立之前，已经初步确立了全国人民代表大会之下的行政机关、军事机关、审判机关、检察机关并列的体制。检察机关既不再设立于法院内，也不附属于司法行政机关，是独立的国家机关。

1949 年 9 月 29 日，中国人民政治协商会议第一届全体会议通过新中国成立前的宪法性文件《中国人民政治协商会议共同纲领》（以下简称《共同纲领》），其中第 17 条规定："废除国民党反动政府一切压迫人民的法律、法令和司法制度，制定保护人民的法律、法令，建立人民司法制度。"第 19 条规定："在县市以上的各级人民政府内，设人民监察机关，以监督各级国家机关和各种公务人员是否履行其职责，并纠正其中之违法失职的机关和人员。人民和人民团体有权向人民监察机关或人民司法机关控告任何国家机关和任何公务人员的违法失职行为。"《共同纲领》虽然没有明确规定设立审判机关和检察机关，但根据前述《政府组织法》可知这里的"人民司法机关"是指人

---

[1] 邓小平也谈到，苏联革命成功后，就设置了两个机构，一个叫检察署，一个叫监察部。参见《邓小平文集（一九四九——一九七四年）》（中卷），人民出版社 2014 年版，第 100 页。

民法院和人民检察院。而人民监察机关所监督的"各级国家机关和各种公务人员"，有学者认为似乎不仅包括行政机关及其公务人员，还包括其他国家机关和公务人员。[1]此后 1949 年《中央人民政府最高人民检察署试行组织条例》颁布，其中第 2 条规定："全国各级检察署均独立行使职权，不受地方机关干涉，只服从最高人民检察署之指挥。"第 3 条规定："最高人民检察署受中央人民政府委员会之管辖，直接行使并领导下级检察署行使下列职权：一、检察全国各级政府机关及公务人员和全国国民是否严格遵守人民政协共同纲领及人民政府的政策方针与法律、法令。"由此明确检察机关实施中央垂直领导体制。

不过，在试行过程中，上述领导体制多有窒碍难行之处。1951 年 9 月 3 日，中央人民政府委员会第十二次会议通过的《各级地方人民检察署组织通则》将中央垂直领导制改为双重领导体制，但是检察机关的一般监督权仍然予以保留。[2]1951 年 9 月 3 日中央人民政府委员会第十二次会议通过《中央人民政府最高人民检察署暂行组织条例》在 1949 年《政府组织法》的基础上对检察权作出了详细界定，规定检察权包括检察政府、公职人员、全体国民是否守法，刑事公诉，审判检察，刑罚执行检察，代表国家公益参与重大民事诉讼或行政诉讼等内容。这一时期检察机关主要根据当时的政治、经济形势需要，在各项旨在巩固人民民主专政的政治斗争和社会改革运动中参与查处案件，对于一般的刑事案件的侦查、公诉，对于公安机关犯人改造所及监所的监督、民事、行政案件的审判监督等工作，尚未展开。

综上可见，在新中国成立初期，检察机关负责监督各级国家机关和各种公务人员履行职责、遵守法律，并接受对各级国家机关和各种公务人员违法行为的控告。但人民检察院的职权界定较为宽泛，检察对象可谓无所不包，涉及"政府机关、公务人员和全国国民"；而所谓之"严格遵守法律"是仅指遵守刑法及特定法律，还是包括遵守所有法律？所谓之"负有检察责任"

---

〔1〕　参见韩大元：《论国家监察体制改革中的若干宪法问题》，载《法学评论》2017 年第 3 期。

〔2〕　《各级地方人民检察署组织通则》第 6 条规定："（一）各级地方人民检察署受上级人民检察署的领导。（二）各级地方人民检察署（包括最高人民检察署分署）为同级人民政府的组成部分，同时受同级人民政府委员会之领导，与同级司法、公安、监察及其他有关机关密切联系，进行工作。省人民检察署分署受所在区专员的指导……"参见朱孝清、张智辉主编：《检察学》，中国检察出版社 2010 年版，第 104 页；闵钐编：《中国检察史资料选编》，中国检察出版社 2008 年版，第 394 页。

是仅指对犯罪行为及特定违法事项的专门监督，还是包括对所有违法行为的一般监督？因此，自新中国检察制度诞生时起，检察权的内涵与外延便存在界限不甚清晰的问题。不过综合新中国成立初期的基本法律进行体系解释、考察实务操作的可能性、纵观历史上检察权的运行实践来看，所谓"对政府机关、公务人员和全国国民严格遵守法律，负有检察责任"，在立法上并不包含对国家公职人员贪贿的调查职权、新中国成立伊始检察机关也不具备一般监督能力、检察工作中也并未见一般监督的有效实践，因此该职权应仅限于专门监督，而非一般监督。

（二）立宪后行政检察制度的历史（1954 年 9 月–1976 年 10 月）

1954 年 9 月 20 日，第一届全国人民代表大会第一次会议通过了我国第一部宪法。9 月 21 日，会议通过了《中华人民共和国国务院组织法》《中华人民共和国人民法院组织法》《中华人民共和国人民检察院组织法》。依照列宁关于检察机关维护法制统一的理论，"五四宪法"和《人民检察院组织法》建立了具有"一般监督"特征的中国检察制度，并将检察署更名为检察院。1954 年《宪法》第 81 条第 1 款规定："中华人民共和国最高人民检察院对于国务院所属各部门、地方各级国家机关、国家机关工作人员和公民是否遵守法律，行使检察权……"《人民检察院组织法》第 6 条规定："地方各级人民检察院独立行使职权，不受地方国家机关的干涉。地方各级人民检察院和专门人民检察院在上级人民检察院的领导下，并一律在最高人民检察院的领导下，进行工作。"第 4 条第 1 项规定："地方各级人民检察院依照本法第二章规定的程序行使下列职权：①对地方国家机关的决议、命令和措施是否合法，国家机关工作人员和公民是否遵守法律，实行监督……"第 8 条第 1 款规定："最高人民检察院发现国务院所属各部门和地方国家机关的决议、命令和措施违法的时候，有权提出抗议。"第 8 条第 2 款规定："地方各级人民检察院发现本级国家机关的决议、命令和措施违法的时候，有权要求纠正；如果要求不被接受，应当报告上一级人民检察院向它的上一级机关提出抗议……"第 9 条规定："人民检察院发现国家工作人员有违法行为，应当通知他所在的机关给以纠正……"

"五四宪法"和 1954 年《人民检察院组织法》在检察制度上可谓完整继承了苏联检察机关的本质，恢复了垂直领导制并继续规定了一般监督，但也对一般监督权予以"中国化"，如去掉"最高"检察的字眼，改为"行使检察权"；一般监督对象不包括国务院；没有实行总检察长制度，改为检察委员会制度和检察长负责制相结合。1955 年底，全国各级检察机关已经基本建立起来，各级检察机关的内设机构由原来的按照案件进行分工，改变为按照各项法律监督职权进行分工，最高人民检察院共设 8 个厅局单位，另有两个专门检察院。除了侦查厅以外，内设业务机构名称全部带有"监督"二字，参照了苏联检察机关的机构设置，突出了"监督"色彩，其中第一厅负责一般监督事项。[1]在一般监督的实践中，检察机关创设了建议书、提请书、抗议书、报告书等监督方式，积极纠正行政违法行为。[2]以上海为例，1956 年上海市各级人民检察院办理违法案件 1525 件，较 1955 年的 136 件增长 10.2 倍。1955-1956 年两年，作出纠正违法决定 168 件，其中发出建议书 116 件，发出提请书 52 件，向党政领导部门报告 99 件，内容涉及督促粮食局依法妥善管理粮仓、纠正选举委员会违法剥夺选举权、监督税务局违法追缴税款、提请民政局和公安局纠正违法扩大收容对象，等等。[3]

　　然而，由于当时我国法制尚不健全，上层对于该项权力设置的必要性、概念内涵，尤其是职权范围，认识和定位并不清晰，加上检察干警经验能力相对不足，一般监督工作出现了"水土不服"的现象。尤其是在线索来源上，各地检察机关除了在办理具体案件中发现监督违法行为外，还通过研究重要文件、列席重要会议、受理检举和控告、聘请检察通讯员、实地访问了解、联系交换材料、搜集报刊材料、听取群众意见等"办案外"方式主动挖掘违法信息，针对的对象不仅包括行政违法行为，也包括国家机关及其工作人员，而且还可以主动开展行政执法检查，采取的是"法制统一型"的检察监督模式，在监督对象和方式上具有全面性和主动性的特点，这也导致了监督范围过宽、方式不当、权力重叠甚至滥用监督权等问题，干扰了正常的行政活动，引起有关部门的误解和不满。[4]随着 1957 年下半年"反右"斗争开始，从中

---

〔1〕　参见闵钐编：《中国检察史资料选编》，中国检察出版社 2008 年版，第 404 页。

〔2〕　1954 年，辽宁、安徽、江西、山东、河南、山西、陕西、甘肃和北京 9 个省市检察机关共办理相关案件 2352 件，既有提起诉讼的，也有参与诉讼的案件。

〔3〕　参见梁春程：《行政违法行为法律监督的历史、困境和出路》，载《天津法学》2018 年第 3 期。

〔4〕　参见 1954 年最高人民检察院第一厅：《关于各地人民检察院试行一般监督制度的情况和意见》。转引自闵钐编：《中国检察史资料选编》，中国检察出版社 2008 年版，第 763-772 页。

央到地方刮起了一股对检察机关的取消风，特别是检察机关的一般监督职能，被认为是"同党分庭抗礼""把专政矛头对内"，受到错误的政治批判，包括最高人民检察院一般监督厅厅长王立中在内的许多检察干部被扣上了右派的帽子，在对检察制度的认识上出现了混乱和偏差。[1]1960 年 10 月中旬，谢富治主持召开中央政法小组会议，讨论将公检法三机关合署办公的问题，认为法制已经不占什么地位，检察机关可有可无，只要挂个牌子就行了。最高人民检察院党组内部也意见不统一，最后，会议以多数名义作出决定，向中央写了公检法三机关合署办公的报告，得到中央的批复同意，各地检察机关名存实亡。一直到 1962 年 7 月，因为检察系统广大干警反映强烈，最高人民检察院召开第六次全国检察工作会议，重新肯定了检察制度的重要性，后经刘少奇、彭真等领导人过问，中央政法小组会议撤销了公检法合署办公的决定。但这次撤销和合署办公风波对我国检察制度和监察的发展产生了很大的破坏性影响。

"文化大革命"开始后，在"砸烂公检法"的口号煽动下，到 1968 年上半年全国各级政法机关遭到严重破坏，其中受害最严重的就是检察机关。1968 年 3 月 20 日，最高人民检察院被宣布军管。1968 年 12 月，毛泽东批转《关于撤销高检院、内务部、内务办三个单位，公安部、高法院留下少数人的请示报告》，全国各级检察院被撤销。与此同时，党的九大党章和十大党章，取消了关于党的纪律和监察机关的条款，党的检察机关也被撤销，十年"文化大革命"时期，党的纪检机构停止工作。1975 年 1 月 17 日，第四届全国人民代表大会第一次会议召开，会议通过了第二部《宪法》，其中第 25 条中规定，取消检察机关，"检察机关的职权由公安机关行使。"撤销检察机构被写入宪法。至此各地检察机关和监察机关被依法撤销，检察制度和监察制度遭到彻底破坏。

（三）恢复重建后行政检察制度的历史（1977 年 8 月-1986 年 12 月）

"文化大革命"结束后，鉴于"文化大革命"期间国家法制被破坏，公民权利被践踏，人民生命安全毫无保障的惨痛教训，社会各界纷纷要求重建人民检察院。1978 年五届人大一次会议通过《宪法》，恢复设置人民检察院，

---

[1] 参见王桂五：《王桂五论检察》，中国检察出版社 2008 年版，第 197 页。

赋予检察机关一般监督权，同时选举 77 岁的黄火青为最高人民检察院检察长。但在领导体制上，当时由于"左"的思想还没有完全清除和认识的局限性，检察机关采取了地方党政一元领导体制，以及和审判机关一样的监督体制，被形象地称为"一重领导，一重监督"。[1]

1979 年修改后的《宪法》重新规定了检察机关的职权和领导关系。1979年《人民检察院组织法》制定过程中，立法者吸收了苏联关于法律监督的思想，首次明确规定检察机关是国家的法律监督机关，但并未全盘照搬苏联采用垂直领导制和一般监督权，而是结合实际情况，认真总结司法实践的经验，建设成具有中国特色的法律监督制度。例如考虑到一般监督与全国人大常委会的监督权存在重复之谦，调整了"五四宪法"规定的一般监督权，限缩了其职权范围，保持了专门法律监督机关的功能，以区别于其他监督形式；将检察机关上下级从监督关系恢复到领导关系，检察院内部实行检察委员会合议制与检察长负责制相结合的领导体制。[2]

对于"法律监督"的界限，1979 年主持《人民检察院组织法》修改的彭真曾就"检察机关对国家机关及其工作人员进行全面的法律监督"即"一般监督"的问题有过深入分析，彭真与其二十年前的观点一致，考虑到一方面检察机关实际上没有力量来完成这项复杂艰巨的工作，另一方面对国家机关及其工作人员的监督机关还有党的纪律检查部门和政府的行政监察部门，不赞成检察机关职司"一般监督"。如果检察机关和党的纪律检查部门、行政监察部门同时对国家机关及其工作人员进行监督，那么它们之间的监督工作应当是有区别的，这个区别的界限是，检察机关监督的范围是犯罪问题，而党的纪律检查部门和行政监察部门监督的应当是违反党纪、政纪的问题，或者

---

〔1〕 1978 年《宪法》第 43 条第 2、3 款规定："最高人民检察院监督地方各级人民检察院和专门人民检察院的检察工作，上级人民检察院监督下级人民检察院的检察工作。最高人民检察院对全国人民代表大会和全国人民代表大会常务委员会负责并报告工作。地方各级人民检察院对本级人民代表大会负责并报告工作。"

〔2〕 1979 年第五届全国人大二次会议上，时任全国人大法制委员会主任委员的彭真同志在对《人民检察院组织法（草案）》作了如下说明，"第一，确定检察院的性质是国家的法律监督机关……各级检察院都设立检察委员会，实行民主集中制；第二，把检察院上下级关系由原来的监督关系改为领导关系，地方各级人民检察院对同级人民代表大会和它的常务委员会负责并报告工作，同时受上级人民检察院领导，以保证检察院对全国实行统一的法律监督；第三，检察院对国家机关和国家工作人员的监督，只限于违反刑法，需要追究刑事责任的案件。"

是违法的但没有达到犯罪程度的问题。如果把这个区别在法律中界定下来，既避免了上述机关在监督工作中的不必要重复，也有利于检察机关集中力量监督国家机关及其工作人员的犯罪问题。[1]故 1979 年《人民检察院组织法》删去原草案中"最高人民检察院对于国务院所属各部门、地方各级国家机关、国家机关工作人员和公民是否遵守宪法和法律，行使检察权""地方各级人民检察院对于本级革命委员会所属各部门和下级国家机关、国家机关工作人员和公民是否遵守宪法和法律，行使检察权"的规定。

（四）转型调整时期行政检察制度的历史（1986 年 8 月-2013 年 10 月）

随着 1982 年《宪法》确立了检察机关国家法律监督机关的地位，检察机关的监督职能在 1979 年《中华人民共和国刑事诉讼法》（以下简称《刑事诉讼法》）、1982 年《民事诉讼法（试行）》、1989 年《行政诉讼法》中都有体现。检察机关进一步细化职能，设置了专门化与科学化的民事行政检察机构，办理民事行政诉讼监督案件。此外，基于国家法律监督机关的性质定位，检察机关内设机构设置上进一步细化革新。这一时期最高人民检察院先后成立了控告申诉厅、党组纪检组、监察局、民事行政检察厅、技术局、计划财务装备局、反贪污贿赂总局及贪污贿赂犯罪预防中心，把举报工作作为倾听人民呼声、保障人民行使民主权利的有效途径；认真落实社会治安综合管理，结合办案进行法制宣传；对发案单位存在的隐患积极提出"检察建议"；对免诉人员进行教育、考察；建立综合治理联系点，了解社会治安动向；为了贯彻中央关于标本兼治、惩防并举的治理腐败方针，建立反贪污贿赂局预防机构，开展对诱发犯罪原因的社会调查和专题研究，提出相应对策，倡议反贪污贿赂立法，预防和减少犯罪。[2]2000 年，最高人民检察院经中央批准，将法纪检察厅更名为渎职侵权检察厅，并于 2005 年在全国统一更名为反渎职侵权局。这一时期检察机关在反腐败斗争和打击经济犯罪中起到重要作用，但在其他法律监督事务中的角色担当意识和社会认识明显不足，"反贪反渎"而不是"法律监督"，成为这一时期检察机关最受社会关注的职能。

进入 21 世纪，随着 1997 年《刑事诉讼法》修改以及经济犯罪侦查权的

---

[1]　参见彭真：《关于七个法律草案的说明——一九七九年六月二十六日在第五届全国人民代表大会第二次会议上》，载《人民司法》1979 年第 7 期。
[2]　参见刘复之：《刘复之回忆录》，中央文献出版社 2010 年版，第 404-406 页。

移出，一方面检察机关办理反贪案件所依赖的上述制度优势丧失，促使检察机关开始借助党政监察机关"双规""双指"等强制措施功能替代办理腐败案件，并间接导致纪委和检察院在重大职务犯罪上的关系变成了纪委立案调查、查清事实，然后移送检察院，反贪局实际仅作为纪委的预审机构出现，检察院独立发现重大案件、立案侦查的比例大幅下降等现象，也为检察机关"反贪、反渎、预防"三部门转隶埋下伏笔。[1]另一方面，随着党和国家对依法行政、严格执法、公益保护的高度重视，探讨检察机关参与社会管理创新，直接对行政违法活动实施监督的研究悄然成风。检察机关开始重视检察职能的多元化所带来的职权扩展，尤其是结合刑事检察职能探索拓展行政执法检察等法律监督职能，意图完善检察机关法律监督体系。

一是意图拓宽检察机关行政诉讼监督职权的"行政公诉"[2]和"行政公益诉讼"[3]。上世纪末本世纪初，检察机关作为国家的法律监督机关针对国有资产流失[4]、行政收费[5]等领域存在的行政违法行为探索提起公益诉讼监督模式。但2004年，检察机关以原告身份提起民事诉讼监督行政机关依法行使职权、保护国有资产的尝试在被法院以"没有法律依据，法院不予以受理审判"单方面阻却。[6]最高人民法院法官也撰文认为"检察官以谦抑诚实的态度行使监督权利，不轻易介入平等主体的民事诉讼关系"，以免干预到企业的经营自由。[7]因此检察机关转而依托我国《刑事诉讼法》规定的刑事附

---

〔1〕 参见刘忠：《读解双规侦查技术视域内的反贪非正式程序》，载《中外法学》2014年第1期。

〔2〕 参见胡卫列：《检察机关提起行政公诉简论》，载《人民检察》2001年第5期；孙谦：《论建立行政公诉制度的必要性与可行性》，载《法学家》2006年第3期；傅国云：《行政公诉的法理与制度建构——一个法律监督的视角》，载《浙江大学学报（人文社会科学版）》2007年第2期；田凯：《行政公诉论》，中国检察出版社2009年版。

〔3〕 参见王太高：《论行政公益诉讼》，载《法学研究》2002年第5期；黄学贤：《行政公益诉讼若干热点问题探讨》，载《法学》2005年第10期；关保英：《行政公益诉讼的范畴研究》，载《法律科学（西北政法大学学报）》2009年第4期。

〔4〕 例如1997年河南省南阳市方城县人民检察院诉方城县工商局擅自买卖国有房产案、2002年浙江省浦江县检察机关就恶意串标低价拍卖国有资产案。

〔5〕 例如2004年河南省宜阳县人民检察院诉宜阳县工商局违法收取合同鉴证费案。

〔6〕 参见最高人民法院《关于恩施市人民检察院诉张苏文返还国有财产一案的复函》，最高人民法院〔2002〕民立他字第53号。

〔7〕 参见曹守晔、杨奕：《促进守法诚信 提升司法公信——对民事诉讼法司法解释中体现诚信原则若干条款的理解与适用》，载《人民司法》2015年第7期。该处的"监督权利"似乎误解了检察机关提起民事公益诉讼的性质，应该作"监督权力"理解。

带民事诉讼制度和《民事诉讼法》规定的支持起诉原则[1]，开展刑事附带民事诉讼和"支持起诉"的制度，通过督促监管部门以提起民事诉讼的方式保护国有资产，并将监督范围逐步扩展到环境保护、医疗保险等公共利益保护领域。[2]2014年，贵州省金沙县佳乐建筑工程安装公司逾期缴纳排污费，县环保局却不对其进行行政处罚。金沙县检察院认为佳乐公司拖欠排污费，已经对国有财政资金造成了损害，该行为应该受到行政处罚，因此，检察院一纸诉状将环保局告上法庭，诉请法院判决环保局履行行政处罚职责。在法院受理了该案件后，环保局随即对佳乐公司作出行政处罚决定，检察院认为行政公益诉讼目的已经达到，遂提请撤诉，法院裁定准予撤诉，成为全国首例检察机关提起的行政公益诉讼案件。[3]检察机关对于公益诉讼的探索与实践为赋予检察机关行政公益诉讼权提供了实践支撑，也间接表明我国建立行政公益诉讼制度的法治环境已经趋于成熟。

二是检察机关在行政执法与刑事司法衔接中的监督职责引起关注。针对市场经济秩序混乱、一些地方和部门存在瞒案不报、以罚代管、以罚代刑等现象，国家提出要加强行政执法与刑事司法的衔接，明确人民检察院对于公安机关接受移送案件的立案监督和针对行政执法机关移送涉嫌犯罪案件的移送监督等职责。[4]此后，检察机关单独或者与其他部门共同制定了多部规范性文件，在健全联席会议、重大案件情况通报、信息共享平台建设、备案审查等方面积极推动建立和完善两法衔接机制，将检察监督的触角延伸到行政执法环节，但对于检察机关在其中具体行使的是督促公安机关立案的诉讼监督职能还是督促行政机关移送的行政监督职能，其行使行政监督职能是否具有合法性和可行性等方面存在疑惑。[5]

---

〔1〕《民事诉讼法》第15条规定："机关、社会团体、企业事业单位对损害国家、集体或者个人民事权益的行为，可以支持受损害的单位或者个人向人民法院起诉。"

〔2〕 参见梁春程、张争辉：《关于维护医保基金合理使用的思考——从医保基金为第三人侵权行为"埋单"说起》，载《法制与社会》2011年第28期。

〔3〕 参见贾阳：《全国首例由检察机关提起的行政公益诉讼案追踪》，载 https://www.spp.gov.cn/zdgz/201501/t20150112_87862.shtml，最后访问日期：2024年8月30日。

〔4〕 参见2001年国务院《关于整顿和规范市场经济秩序的决定》（国发［2001］11号）、2001年国务院《行政执法机关移送涉嫌犯罪案件的规定》（国务院令第310号）。

〔5〕 参见练育强：《行政处罚与刑事制裁衔接研究之检视》，载《政治与法律》2013年第12期；练育强：《人民检察院在"两法"衔接中职责之反思》，载《政法论坛》2014年第6期。

三是以参与社会治理为目标的行政执法检察建议蔚然成风。2011 年中共中央、国务院下发《关于加强和创新社会管理的意见》，要求检察机关更加积极主动地做好检察环节参与加强和创新社会管理的各项工作，促进提高社会管理法治化、规范化水平。在此背景下，各地检察机关创造性地把"检察建议"引入参与社会治安综合治理的活动中，使得具有一般监督特性的检察建议获得"再造"。[1]以上海为例，2009 年至 2012 年，上海检察机关共制发检察建议 4001 件，其中向行政机关制发 984 件，年均增加 81.7%，涉及医疗卫生、食品安全、城市管理等诸多领域，在数量和影响曾达到过前所未有的高涨。[2]

四是直接面向行政执法活动的行政执法检察初现端倪。为解决两法衔接的工作中存在的问题，2004 年最高人民检察院、全国整顿和规范市场经济秩序领导小组办公室、公安部联合发布的《关于加强行政执法机关与公安机关、人民检察院工作联系的意见》，要求建立起行政执法机关与公安机关、人民检察院相互配合的长效工作机制，进一步强化了检察机关对行政执法机关在案件移送方面的监督职权。在此背景下，浙江永康、河南宜阳、江苏灌云、山东滨州等地检察机关还通过行政执法资料移送检察机关备案、监督起诉、提起公益诉讼、联合执法调查、对具体行政违法行为制发检察建议等方式开展行政执法检察监督，形成各种行政检察模式。[3]不少学者也在此前后正式从完善行政执法监督体系、丰富监督行政理论和中国特色社会主义检察理论角度提出探索构建行政检察基本理论体系，论证检察权直接监督行政权的必要性、可行性，并初步提出行政执法检察监督的基本原则、主要内容和立法设想。[4]

（五）深化改革时期的行政检察制度的历史（2013 年 10 月–至今）

2013 年 3 月 25 日，最高人民检察院在《关于深入推进民事行政检察工作

〔1〕　参见姜伟、杨隽：《检察建议法制化的历史、现实和比较》，载《政治与法律》2010 年第 10 期。

〔2〕　参见陈旭：《2013 年上海市人民检察院工作报告》，载《解放日报》2013 年 2 月 7 日，第 11 版。

〔3〕　参见宋英辉、何挺：《浙江永康行政执法检察备案机制评析》，载《国家检察官学院学报》2006 年第 2 期；乔耀强：《行政执法行为检察监督的实践与探索》，载《中国检察官》2006 年第 12 期；河南省检察院民行处：《河南省检察机关对行政执法行为开展法律监督的三种模式初探》，载《检察实践》2005 年第 6 期；唐张：《行政执法检察监督的基层探索》，载《中国检察官》2013 年第 20 期。

〔4〕　参见张步洪、孟鸿志：《检察机关对公共行政的监督》，载《人民检察》2001 年第 9 期；时洪：《行政检察监督行政执法活动初探》，载《检察实践》2005 年第 4 期；陈骏业：《行政权力检察监督的探索与构想》，载《人民检察》2005 年第 11 期；张步洪：《行政检察基本体系初论》，载《国家检察官学院学报》2011 年第 2 期。崔建科：《论行政执法检察监督制度的构建》，载《法学论坛》2014 年第 4 期。

科学发展的意见》中指出，"在履行民事行政检察监督职责过程中，发现有关机关存在不依法履行职责的情形，可以提出检察建议，促进依法行政和社会管理创新。"2013 年 11 月党的十八届三中全会提出"完善和发展中国特色社会主义制度、推进国家治理体系和治理能力现代化"的全面深化改革总目标。2014 年党的十八届四中全会赋予检察机关对行政违法行为监督的职责，要求"检察机关在履行职责中发现行政机关违法行使职权或者不行使职权的行为，应当督促其纠正"，并提出"完善对涉及公民人身、财产权益的行政强制措施实行司法监督制度"、"探索建立检察机关提起公益诉讼制度"等行政检察改革任务。

为落实好党的十八届四中全会《全面推进依法治国的决定》精神，2015 年 12 月中共中央、国务院印发的《法治政府建设实施纲要（2015－2020 年）》第 27 条明确规定："检察机关对在履行职责中发现的行政违法行为进行监督，行政机关应当积极配合。"2015 年 1 月 29 日，《最高人民检察院关于贯彻落实〈中共中央关于全面推进依法治国若干重大问题的决定〉的意见》中对如何贯彻落实《全面推进依法治国的决定》确立的检察机关对涉及公民人身、财产权益行政强制措施的法律监督制度，对履行职责中发现的违法行政行为的监督纠正制度，对检察机关提起公益诉讼制度，作了进一步的规定。其中"探索建立检察机关提起公益诉讼制度"自试点以来改革进展迅速。而行政违法行为检察试点工作，因国家监察体制改革，行政监察机关和检察机关反贪、反渎、预防部门整体转隶，同时涉及相关行政监督职权的调整，尽管各地检察机关也曾积极探索其他两项检察改革，并取得一定成效，但未能得到立法及时明确的肯定，一时陷入停滞。

2015 年 7 月 1 日，十二届全国人大常委会第十五次会议作出《全国人民代表大会常务委员会关于授权最高人民检察院在部分地区开展公益诉讼试点工作的决定》，授权在北京等 13 个省区市检察机关在生态环境和资源保护、国有资产保护、国有土地使用权出让、食品药品安全等领域开展为期两年的提起公益诉讼试点。为了节约司法资源，提高检察监督的效力，2015 年 12 月，最高人民检察院通过《人民检察院提起公益诉讼试点工作实施办法》，其中第 28 条、第 40 条规定，检察机关在履行职责中发现生态环境和资源保护、国有资产保护、国有土地使用权出让等领域负有监督管理职责的行政机关违法行使职权或者不作为，造成国家和社会公共利益受到侵害，公民、法人和其他社会组织由于没有直接利害关系，没有也无法提起诉讼的，检察机关可以提起行政公益诉讼，并将检察建议作为人民检察院在提起行政公益诉讼的前置程序，通过先行向相关行政机关提出检察建议，督促其纠正违法行为或者依法履行职责。2017 年 6 月 27 日，十二届全国人大常委会第二十八次会议通过了《关于修改〈中华人民共和国民事诉讼法〉和〈中华人民共和国行政诉讼法〉的决定》，正式规定检察机关提起公益诉讼的法律条款。2018 年《人民检察院组织法》修改，明确将公益诉讼作为检察机关的一项重要职权予以固定。此后，检察行政公益诉讼工作在案件数量、社会影响、实际效果上依然保持较好的发展势头，检察行政公益诉讼正式成为我国的常态化法律制度。

从官方披露的办案数据看，2017 年 7 月至 2019 年 9 月，全国检察机关共立案公益诉讼案件 214 740 件，办理诉前程序案件 187 565 件、提起诉讼 6353 件。其中，2017 年 7 月至 12 月立案 9170 件；2018 年立案 113 160 件；2019 年 1 月至 9 月立案 92 410 件，同比上升 68.98%。[1]在此，我们以 2017 年 7 月试点前后的办案数据为基础，归纳出以下图表。[2]

表1：2017 年 7 月以前试点期间检察机关提起公益诉讼案件情况表

起诉数					法院审结数							
总数	民事	行政	行政公益附带民事公益诉讼	刑事附带民事公益诉讼	总数	调解	撤诉	裁定驳回起诉	判决			
									一审		二审	
									支持	驳回	重审	维持
1150	94	1029	2	25	918	20	21	2	858	2	2	13

---

〔1〕　相关数据来源自 2019 年 10 月最高人民检察院《关于开展公益诉讼检察工作情况的报告》。

〔2〕　本部分数据来源于最高人民检察院办公厅《检察机关公益诉讼试点工作 2017 年 6 月份情况通报》（高检办字〔2017〕178 号）、《检察机关公益诉讼试点工作 2017 年 7 月份情况通报》（高检办字〔2017〕262 号）、《检察机关公益诉讼试点工作 2017 年 12 月份情况通报》（高检办字〔2018〕4 号）、《检察机关公益诉讼试点工作 2018 年 10 月份情况通报》（高检办字〔2018〕256 号）

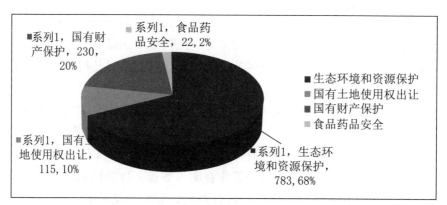

图 1：2017 年 7 月以前试点期间检察机关提起公益诉讼案件领域图

表 2：2017 年 7-12 月全国检察机关提起公益诉讼案件情况表

总数	民事公益诉讼	行政公益诉讼	刑事附带民事公益诉讼
233	29	130	74

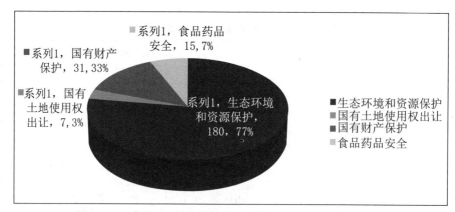

图 2：2017 年 7-12 月全国检察机关提起公益诉讼案件领域图

表 3：2018 年全国检察机关提起公益诉讼案件情况表

总数	民事公益诉讼	行政公益诉讼	刑事附带民事公益诉讼
3228	165	586	2476

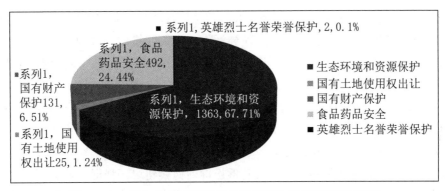

图 3：2018 年 1-10 月全国检察机关提起公益诉讼案件领域图

从上述数据对比可以看出，目前检察行政公益诉讼主要呈现出以下特点：

一是办案数量持续倍速增长。目前检察机关将公益诉讼检察工作作为创新发展的重要方面，与"刑事检察""民事检察""行政检察"并列为四大检察工作统筹推进。同时，检察机关办理检察行政公益诉讼主要围绕法定的生态环境和资源保护、食品药品安全、国有土地使用权出让、国有财产保护四大领域开展。在法定领域之外各地检察机关也积极稳妥地拓展检察行政公益诉讼的办案范围[1]。如，上海铁路检察机关连续三年开展"维护高铁沿线安全专项检察监督活动"，在沪苏浙皖三省一市 3000 多公里的高铁沿线排查出400 余处安全隐患，针对京沪高铁、沪杭高铁段违章建筑、非法侵占、危险品堆放等涉高铁安全问题制发行政公益诉讼诉前检察建议 38 份，推动风险排查整治，专项工作获总书记批示肯定。上海虹口、杨浦、宝山等检察机关针对优秀历史建筑保护问题，向文物管理机关制发多份行政公益诉讼诉前检察建议，推动虹口德邻公寓、杨浦福禄街 81 号、宝山清代修造丰德桥等建筑保护工作的落实，尊重和善待城市中的优秀历史建筑，为保留城市历史文化记忆贡献力量等。相信随着法律的进一步完善，检察机关、行政机关、审判机关对于检察行政公益诉讼的认知加深，检察行政公益诉讼的案件数量还会进一步增加。

二是生态环境和资源保护领域案件占比多。最高人民检察院为落实全国人大常委会关于"全面加强生态环境保护、依法推动打好污染防治攻坚战"的决议，专门部署了公益诉讼检察参与蓝天、碧水、净土保卫战专项工作。2017 年

---

〔1〕　参见高月清：《拓展检察公益诉讼新领域的实践》，载《知与行》2022 年第 3 期。

7 月以来，检察公益诉讼在生态环境和资源保护领域共立案 118 012 件，占立案总数的 54.96%。通过办案督促治理被污染、损毁的耕地、湿地、林地、草原 321 万亩，督促行政机关清理固体废物、生活垃圾 3104 万吨，追偿修复生态、治理环境费用 34.5 亿元。[1]如，上海市嘉定区辖区内某村委会未经批准，擅自将农用地向企业出租，之后对出租的土地怠于监管，造成农用地被多次转租。相关企业在占有、使用上述农用地时，肆意浇筑水泥地坪，违法搭建围墙，堆放瓦砾、砖块、沙石等建筑垃圾，导致国家耕地资源被破坏。嘉定区检察机关依法向区土地管理机关制发行政公益诉讼诉前检察建议，督促对被破坏的农用地进行整治，目前涉案土地经修复后已具备农作物种植条件，达到复耕标准。

三是诉前程序整改成效突出，办结占比高。检察行政公益诉讼与检察民事公益诉讼有所不同，其不仅针对国家和社会公共利益的保护，也是针对行政权的监督。其实际上是通过检察权监督推动行政权依法运行，维护国家和社会公共利益。在制度设计上，法律规定了起诉前的诉前程序，即检察机关应当在提起诉讼之前向被监督的行政机关提出诉前检察建议，督促行政机关进行自我纠错和依法履职，这种制度安排使相关问题重新进入行政权的运行程序，以利用行政权的专业化、效率化及时恢复受损的国家和社会利益。同时，在办案程序中，最高人民检察院要求各级检察机关在办理检察行政公益诉讼案件中，把与行政机关磋商沟通作为提出检察建议的必经程序，使得行政机关对检察机关提出的诉前检察建议整体反馈较为积极，回复整改率达到 97.37%。诉前程序的有效推进体现出检察行政公益诉讼制度中行政权优先、检察权谦抑的工作趋势。但是对于少数诉前检察建议不能落实的，检察机关坚持依法提起诉讼。如，上海徐汇区某公司通过私立账户、私设账簿等手段，使 1000 余万元租金收入未如实纳入国家税收征收范围，损害了国家税收利益，徐汇区检察机关根据上述情况向上海市税务局第四稽查局制发诉前检察建议后，其在法定期限内未根据检察建议的要求依法履职，故徐汇检察机关以上海市税务局第四稽查局为被告，提起检察行政公益诉讼。

目前看来，公益诉讼检察工作取得突破性进展，检察行政公益诉讼制度已成为检察机关新的业务增长点和转型抓手。但由于尚处起步阶段，辩证地看，11 万件案件的办理，既积累了经验，也暴露出工作中还存在着制度认识

---

〔1〕 参见高月清：《拓展检察公益诉讼新领域的实践》，载《知与行》2022 年第 3 期。

不到位、司法理念跟不上、案件结构不合理等突出问题，素质能力和办案质效有待提升。如何按照新时代检察工作总体要求和工作主题，切实践行全面平衡充分发展、双赢多赢共赢、精准监督、智慧借助、统筹发展的理念，强化办案工作的规范化建设，以提质增效为目标，推动公益诉讼检察工作规范、科学、健康发展，需要后续加以研究。

综上所述，检察制度的社会实践与演变，实际上就是国家对于检察监督力量在公权监督领域扩张和缩减的一段历史。从新中国成立初期单独设立人民检察院行使一般监督权，到"文化大革命"时期人民检察院被撤销。从改革开放初期检察制度被取消一般监督权，到二十世纪八九十年代在反腐败领域的重拳出击。从深化改革时期检察机关探索行政检察改革，到宪法修改新设国家监察委员会实现公职人员监察全覆盖，检察机关仅仅保留 14 项对司法人员职务犯罪的侦查职权。可以说，每一次检察体制的调整背后都有其考量：其核心是围绕如何控制公权力、如何监督公职人员而展开，其重点是对行政权的控制，其差别是行使监督权的主体是否单一、监督的对象和范围是否重叠。[1]因此，在这个意义上，目前进行的行政检察改革实际上是中国宪法体制下的检察制度传统的恢复和回归，是权力制约形式的新探索、新发展。检察机关对行政执法的监督反映了一定的政治和社会变化态势。也许我们无法对其做一个精密的解释，这是一种"非正式"的制度，即一种没有清晰边界的，不断延展的制度。[2]它也在政治社会的变化态势中发展出一套自己的方法和机制，发挥了监督和治理的作用。

二、行政检察的语义演变

与实践探索一样，学界对行政检察概念的理论研究也是动态发展的。纵观学界数十年关于行政检察制度的研究成果，对于行政检察概念的界定基本上呈现出"扩张——收缩——再扩展——再限缩——再扩展"的趋势。最高人民检察院报告中提及的行政检察概念也经历了下列变化：民事行政检察——行政诉讼检察——行政诉讼检察、行政违法行为检察、行政公益诉讼——行政检察——行政诉讼检察、行政非诉执行检察。

---

〔1〕　参见韩大元：《论国家监察体制改革中的若干宪法问题》，载《法学评论》2017 年第 3 期。
〔2〕　参见王人博：《法的中国性》，广西师范大学出版社 2014 年版，第 128 页。

（一）从民事行政检察到行政诉讼检察

检察学学者最早将其放置于检察机关法律监督体系当中，追溯至苏联的一般监督，提出加强行政检察监督，赋予检察机关行政公诉权。[1]而行政法学通说则将其作为监督行政的一种制度安排，认为检察机关通过对犯有渎职罪、贪污罪、贿赂罪的公务员进行侦查和提起公诉，对监狱、看守所、拘留所等场所及其管教人员实施日常监督，实现其行政法制监督职能。[2]可见，尽管学界在检察机关有权对行政机关实施法律监督达成共识，但理解和侧重点却大不相同。

自 1982 年《民事诉讼法（试行）》、1989 年《行政诉讼法》赋予检察机关民事、行政审判监督职权后，检察话语体系内一直习惯以"民事行政检察"表述上述两项工作。[3]例如，2015 年之前最高人民检察院历年的检察工作报告对于行政检察工作均以"民事行政检察""民事行政诉讼监督"予以概述。再如，各级人民检察院的民事行政检察部门、最高人民检察院刊物《民事行政检察指导与研究》、2001 年《人民检察院民事行政抗诉案件办案规则》等，也均未区分民事检察和行政检察。在机构设置上，此轮检察改革之前，从最高人民检察院到省、市、县、区级检察机关，都没有单设行政检察机构。[4]

2010 年后，行政检察概念呈扩大化倾向。例如，有学者认为，行政检察具体包括行政行为检察监督（含劳动教养检察监督和职务犯罪预防）、行政诉讼检察监督、行政公诉、督促行政机关提起民事诉讼、职务犯罪侦查、行政执法与刑事司法衔接的检察监督。[5]行政检察具体包括行政诉讼监督（行政抗诉）、行政（执法）行为检察、督促（民事）起诉、行政公诉（公益诉讼）、行政抽象命令抗告程序、行政检察调解。[6]行政检察监督权分为三类：

---

〔1〕 参见朱孝清、张智辉主编：《检察学》，中国检察出版社 2010 年版，第 329 页。

〔2〕 参见罗豪才主编：《行政法学》，中国政法大学出版社 1998 年版，第 354-355 页；姜明安主编：《行政法与行政诉讼法》，北京大学出版社、高等教育出版社 2015 年版，第 146 页。

〔3〕 尽管相对于刑事检察，民事行政检察属于检察机关的边缘职权，但从检察理论和实践的资源投入和配置看，相较于行政检察，民事检察受重视程度与其优先的字面排序相一致。

〔4〕 2019 年 1 月，最高人民检察院改革内设机构，单独设立第七检察厅负责行政检察工作。参见姜洪：《最高检组建十个业务机构 突出系统性整体性重构性》，载《检察日报》2019 年 1 月 4 日，第 1 版。

〔5〕 参见张步洪：《行政检察制度论》，中国检察出版社 2013 年版，第 11 页、第 14 页。

〔6〕 参见傅国云：《行政检察监督研究：从历史变迁到制度架构》，法律出版社 2014 年版，第 1-4 页。

一是检察监督侦查权；二是检察监督诉权；三是检察监督建议权。[1]行政检察监督路径可以区分为刑事路径和非刑事路径，其中刑事路径包括职务犯罪侦查、侦查监督和刑事执行检察监督，非刑事路径包括审查建议、检察建议、纠正违法、督促起诉与支持起诉、行政公诉以及行政诉讼监督。[2]但也有学者认为，检察机关对行政机关工作人员职务犯罪的查办不是检察权对行政权的监督，而是国家对公职人员职务犯罪侦查职权的法律安排，与宪法层面上的国家权力分支之间的监督制约无关。[3]侦查监督、执行监督等活动的主体虽然是公安机关、监狱等行政机关，但其履行的刑事侦查和执行任务属于司法职责。[4]至于两法衔接检察监督，也有学者提出，其监督对象为行政机关不移交涉嫌犯罪案件，属于检察机关对行政不作为的监督。[5]

2012年12月，最高人民检察院就2008年以来民事行政检察工作的情况专门向全国人大常委会作《关于民事行政检察工作情况的报告》，首次单独论及"行政检察"，提出"加强和改进行政检察工作，更好地维护司法公正、促进依法行政"。但从具体内容看，此处述及的"行政检察"，除了行政诉讼监督之外，主要包括检察机关参与社会管理向有关单位和部门提出完善建议，以及围绕公共利益探索开展督促起诉工作，并未完全覆盖上述基层检察机关探索的行政公诉、"两法衔接"、行政执法检察等活动。可见，在2015年之前，虽然检察机关在行政公诉、行政执法检察等方面开展了热烈的探索和讨论，但在检察话语体系中行政检察却处于名与实不相符的尴尬境地。

（二）从行政诉讼检察到行政诉讼检察、行政违法行为检察、行政公益诉讼

党的十八大关于推进依法行政的部署，最高人民检察院在2013年1月23日下发的《关于贯彻落实全国人大常委会对民事行政检察工作情况报告审议

〔1〕参见张智辉：《"法律监督"辨析》，载《人民检察》2000年第5期。
〔2〕参见韩成军：《依法治国视野下行政权的检察监督》，中国检察出版社2015年版，第2-3页、第42-43页。
〔3〕参见王玄玮：《论检察权对行政权的法律监督》，载《国家检察官学院学报》2011年第3期。
〔4〕参见陈卫东：《我国检察权的反思与重构——以公诉权为核心的分析》，载《法学研究》2002年第2期。
〔5〕参见张步洪：《行政检察制度论》，中国检察出版社2013年版，第125-126页。

意见的通知》中要求，各级检察机关要根据党的十八大关于推进依法行政的部署，进一步总结通过行政检察工作推动加强和创新社会管理的有益经验，采取适当方式加以推广，扩大行政检察工作的社会认知度和影响力。最高人民检察院 2013 年 4 月发布的《关于深入推进民事行政检察工作科学发展的意见》提出，在履行民事行政检察监督职责过程中，发现有关机关存在不依法履行职责的情形，可以提出检察建议，促进依法行政和社会管理创新。可以督促有关机关依法向人民法院提起诉讼。可以探索支持起诉。《意见》第 7 条规定要"尊重检察监督的基本规律和民事行政法律监督的自身规律，尊重审判权、行政权的运行规律，尊重民事诉讼当事人的意愿、诉权及其在法律范围内的处分权，尊重当事人申请监督权利的行使，除损害国家利益、社会公共利益和以违法犯罪损害司法公正的情况外，一般应以当事人申请作为监督的前提。防止和避免因检察监督的不当介入，破坏当事人在诉讼结构中的平衡性，进而造成对当事人诉权的不当干预。"2013 年 5 月，最高人民检察院民事行政检察厅编发行政检察专刊，推广行政违法行为监督经验，并在 2014 年工作计划中第一次明确要求全国检察机关对诉讼外行政违法行为监督，促使行政机关依法履行职能。

2014 年 10 月 23 日，党的十八届四中全会在其《全面推进依法治国的决定》中提出"检察机关在履行职责中发现行政机关违法行使职权或者不行使职权的行为，应该督促其纠正"，从推进依法治国的高度对检察机关督促行政机关依法履职作出规定，这不仅是对检察机关多年来积极探索督促履行职责的肯定，也是司法体制改革的一项重要制度安排，对优化检察权配置、强化法律监督、促进依法行政具有重要的现实意义。此后，检察机关关于行政违法行为监督的探索实践更是热情高涨，2015 年 2 月间，最高人民检察院出台《关于深化检察改革的意见（2013-2017 年工作规划）》（2015 年修订版），提出："探索建立健全行政违法监督制度。建立检察机关在履行职务犯罪侦查、批准或者决定逮捕、审查起诉、控告检察、诉讼监督等职责中发现行政机关违法行使职权或不行使职权行为的督促纠正制度。探索对行政违法行为实行法律监督的范围、方式、程序，明确监督的效力，建立行政机关纠正违法行为的反馈机制。"但上述文件只是党内或者检察机关内部指导性文件，要贯彻落实必须通过立法将政策上升为法律。

作为一种回应，2015 年 3 月最高人民检察院工作报告将行政诉讼监督工作置于"全面履行对诉讼活动的监督职能"标题之下，在此之外首次单独论述行政检察工作，体现了最高人民检察院对行政检察体系的新思路，但或者因为思考还不成熟，具体措辞上沿用了改革文件的表述，并在此后对行政检察工作的职能定位做出详细论述，提出行政检察工作作为检察机关法律监督的重要组成部分，其核心是对公权力的监督；其基本职责是监督人民法院行政诉讼活动依法进行，督促行政机关纠正违法行为，促进公正司法、严格执法和依法行政，维护国家利益和社会公共利益，保护公民、法人和其他组织合法权益；其根本目标是保障国家法律统一正确实施。[1]然而，行政检察作为一项法律制度，其内涵外延究竟应如何界定，上述文字并没有给出明确解答。

（三）从行政诉讼检察、行政违法行为检察、行政公益诉讼到行政检察

2016年最高人民检察院工作报告在行政诉讼监督工作介绍上延续了"加强对诉讼活动的法律监督"的写法，但对于行政公益诉讼制度则以"探索检察机关提起公益诉讼"为题与民事公益诉讼一起阐述，其他行政检察改革任务则在"深入推进司法改革"部分概括为"研究建立行政违法行为法律监督制度"，提出了行政检察工作的新概念。在2016年7月20日举行的第14次全国检察工作会议上，曹建明检察长首次提出了检察监督体系的概念，并指出要坚持行政诉讼监督与行政违法行为监督并举，深入推进检察机关提起行政公益诉讼试点，研究对涉及公民人身、财产权益的行政强制措施进行监督。最高人民检察院民事行政检察厅在2017年工作要点中明确提出，要深入研究论证行政违法行为监督，依法推进相关改革工作。可见，2015年行政检察改革推行之后，行政检察概念界定面临扩张和限缩的双重挑战。

一方面，由于行政诉讼的实践困境，兼之检察机关自身重视投入、人员配备不足，完全限缩于行政诉讼领域的行政检察与其他业务工作相比，在办案数量和实际效果方面均处于边缘状态，因此检察系统主流观点均主张广义的行政检察概念，即基于检察机关国家法律监督机关的宪法定位，行政检察既包括面向行政审判权的行政诉讼检察，也包括面向行政权和行政机关的法律

[1]　参见曹建明：《依法稳步扎实推进行政检察工作 更好推动公正司法促进依法行政》，载《人民检察》2015年11期；姜建初：《贯彻实施修改后行政诉讼法 努力推进行政检察工作科学发展》，载《人民检察》2015第13期。

监督。[1]时任最高人民检察院主要负责同志认为，行政检察的核心是对公权力的监督，其工作基本职责是监督人民法院行政诉讼活动依法进行，督促行政机关纠正违法行为，促进公正司法、严格执法和依法行政，维护国家利益和社会公共利益，保护公民、法人和其他组织合法权益。[2]这种主张旨在将行政诉讼检察、行政违法行为检察监督和行政公益诉讼纳入行政检察范畴。在最高人民检察院民事行政检察厅挂职副厅长的刘艺教授也认为，行政检察监督包括行政诉讼监督、行政公益诉讼、行政（执法）行为检察、行政强制措施检察。[3]

　　另一方面，学界认为行政检察特指检察机关依法直接对行政活动进行的法律监督，包括党的党的十八届四中全会提出的行政公益诉讼、行政（执法）行为检察和行政强制措施检察三项改革措施，而不包括对行政诉讼活动的监督。[4]不少学者将行政检察定位为检察机关对"公共行政""行政活动"依法直接进行的法律监督，认为行政检察主要包括行政（执法）行为检察、行政司法监督、行政抽象命令抗告程序、反腐败执法监督。[5]行政诉讼检察监督系检察权对司法审判的补强，旨在促进司法公正、推动社会正义，应归于诉讼监督而非行政检察范畴。[6]在措辞上，为了与行政诉讼检察区分，称之为"行政执法检察"[7]、"行政执法的诉讼外检察监督"[8]、"行政违法行为检察监督"[9]或者"违法行政行为检察监督"[10]。而行政公益诉讼主要

〔1〕 参见肖金明：《论检察权能及其转型》，载《法学论坛》2009 年第 6 期；解文轶：《行政检察工作的现状与发展》，载《国家检察官学院学报》2015 年第 5 期。

〔2〕 参见曹建明：《依法稳步扎实推进行政检察工作 更好推动公正司法促进依法行政》，载《人民检察》2015 年 11 期；姜建初：《贯彻实施修改后行政诉讼法 努力推进行政检察工作科学发展》，载《人民检察》2015 第 13 期。

〔3〕 参见马怀德主编：《行政法前沿问题研究：中国特色社会主义法治政府论要》，中国政法大学出版社 2018 年版，第 506 页。

〔4〕 参见解志勇：《行政检察：解决行政争议的第三条道路》，载《中国法学》2015 年第 1 期。

〔5〕 参见秦前红：《两种"法律监督"的概念分野与行政检察监督之归位》，载《东方法学》2018 年第 1 期。

〔6〕 参见解志勇：《行政检察：解决行政争议的第三条道路》，载《中国法学》2015 年第 1 期。

〔7〕 参见傅国云：《行政执法检察机制改革的几点设想》，载《法治研究》2016 年第 3 期；谢鹏程等：《行政执法检察监督论》，中国检察出版社 2016 年版。

〔8〕 参见宋寒松：《新形势下加强和完善行政执法检察监督的路径》，载《理论视野》2016 年第 3 期。

〔9〕 参见刘畅、肖泽晟：《行政违法行为检察监督的边界》，载《行政法学研究》2017 年第 1 期。

〔10〕 参见刘华英：《违法行政行为检察监督实践分析与机制构建》，载《暨南学报（哲学社会科学版）》2016 年第 8 期。

体现检察权是公共利益之代表以及公诉职权之扩张，不属于行政检察监督。[1]

综上所述，尽管理论界和实务界在检察机关有权对行政机关实施法律监督上达成共识，但在行政检察概念的界定标准、体系内容等方面理解却大不相同，这也导致目前行政检察工作在功能定位和权力运行上存在一定的混乱。

（四）从行政检察到行政诉讼检察、行政非诉执行检察

2017 年最高人民检察院工作报告并没有继续使用上述"行政违法行为法律监督"的概念，而是在"强化民事行政诉讼监督""深入推进检察机关提起公益诉讼试点"之外提出"积极探索行政检察监督，维护司法公正、促进依法行政"。同年最高人民检察院检察长曹建明强调，要始终坚持检察机关的宪法定位，坚定中国特色社会主义检察制度自信，适应深化依法治国实践新要求，完善检察监督体系、提高检察监督能力。要进一步加强民事检察工作，着力强化行政检察工作，完善行政执法与行政检察协作机制开展对行政非诉执行的专项监督，支持和促进依法行政。要准确把握法定案件范围，积极推进检察机关提起公益诉讼工作，重点办理生态环境和食品药品安全领域案件，加强对侵害英雄烈士名誉案件提起公益诉讼研究。探索建立公益诉讼中发现违纪违法线索向有关部门移送制度。[2]颇为吊诡的是，2018 年最高人民检察院民事行政检察厅工作要点中，没有关于行政违法行为监督工作的部署，行政违法行为监督工作的未来变得扑朔迷离。

2018 年宪法修正案通过，国家监察体制改革全面推开，检察工作面临新的机遇和挑战。当年最高人民检察院工作报告在"大力加强法律监督，维护国家法制统一尊严权威"的主题下，提出"推动刑事、民事、行政检察工作全面发展""强化民事行政诉讼监督""全面推进检察机关提起公益诉讼工作，坚决维护国家利益和社会公共利益"。此后，最高人民检察院内设机构改革，原民事行政检察厅分为民事检察厅、行政检察厅和公益诉讼厅，其中行

---

〔1〕　参见秦前红：《两种"法律监督"的概念分野与行政检察监督之归位》，载《东方法学》2018 年第 1 期；陈瑞华：《论检察机关的法律职能》，载《政法论坛》2018 年第 1 期。

〔2〕　参见王治国等：《坚持宪法定位，坚定制度自信，全面推进新时代检察监督工作》，载《检察日报》2018 年 1 月 26 日，第 2 版。

政检察厅主要负责办理向最高人民检察院申请监督和提请抗诉的行政案件的审查、抗诉，承办对最高人民法院行政诉讼活动的法律监督，对审判监督程序以外的其他行政审判程序中审判人员的违法行为提出检察建议，对行政执行活动实行法律监督，办理最高人民检察院管辖的行政申诉案件。这就不由引发我们的思考，官方权威提及的"行政检察"，是仅指行政诉讼监督，还是也包括之前所述的行政违法行为检察监督，抑或别有深意。

（五）从行政诉讼检察、行政非诉执行检察再到行政检察

2019 年最高人民检察院工作报告提出"使转隶成为法律监督全面协调充分发展的转机"，对行政检察表述为"加强行政诉讼监督"，重点提及对认为确有错误的行政判决、裁定提出抗诉、提出再审检察建议，开展行政非诉执行专项监督，督促行政机关依法申请强制执行，监督法院依法审查办理。2020 年最高人民检察院工作报告提出"做优刑事检察""做强民事检察""做实行政检察""做好公益诉讼检察"的发展定位要求，在"做实行政检察"方面，除了重审对认为确有错误的行政判决、裁定提出抗诉、提出再审检察建议外，特别强调针对一些行政诉讼案件不符合起诉条件被驳回，讼争问题未解，案虽结事难了，开展专项监督，通过促进和解、督促纠正违法、给予司法救助等方式，化解行政争议，努力实现案结事了政和。2021 年最高人民检察院工作报告提出"行政检察持续做实"，检察机关对认为确有错误的行政裁判提出抗诉、提出再审检察建议均较上一年度有大幅提升。尤其是对行政审判中违法送达、违反法定审理期限等问题，提出检察建议数量是 2019 年的 2.2倍。针对一些行政诉讼程序空转，深化专项监督，有效化解行政争议 6304 件，其中讼争 10 年以上的 353 件。同时值得关注的是，当年的报告中提及，"对行政执行活动中的违法情形提出检察建议 2.5 万件，同比上升 93.4%"，可见行政违法行为检察的改革在实践中并未完全停止，开始再次启动。

2021 年《中共中央关于加强新时代检察机关法律监督工作的意见》明确要求检察机关全面深化行政检察监督，"在履行法律监督职责中发现行政机关违法行使职权或者不行使职权的，可以依照法律规定制发检察建议等督促其纠正"。党的文件突出强化对行政权力的监督和制约，指明中国特色社会主义检察监督制度的发展和完善方向，拓展了行政检察监督的范围，明确检察机关

可以对行政活动开展行政检察监督。[1]此后，最高人民检察院多次公开鼓励各级检察机关要按照法定授权和该《意见》要求积极探索行政违法行为监督，从完善检察建议工作机制等入手，督促行政机关依法履职，推动依法行政、建设法治政府。截至目前，已有北京、天津、辽宁、吉林、黑龙江、上海、浙江、安徽、江西、山东、湖南、湖北、重庆、云南、甘肃、西藏、新疆等17个省级人民检察院，出台专门的行政违法行为监督工作指引、指导意见、实施方案等文件。福建省等还从地方性法规层面对检察机关开展营商环境领域行政违法行为监督提出要求。[2]2022年最高人民检察院工作报告提出"全面深化行政检察监督"，再次列举"以检察建议监督纠正行政审判和执行活动中的违法情形3.8万件，同比大幅上升"。2023年最高人民检察院工作报告对五年工作总结时，在"做实行政检察监督"主题下明确提出"对履行职责中发现的行政机关违法行使职权或不行使职权行为，提出检察建议7.7万件，助力法治政府建设。"

上述行政检察语义的演变这不由引发我们思考，行政检察概念应如何理解，其功能如何，对象为谁，范围多大，如何运行？理由又是什么？

三、行政违法行为检察的功能与体系

（一）行政违法行为检察的功能

推动国家治理体系的现代化是依法治国的重要基石。依法治国的核心矛盾是权力的规制和权利的保障及其相互关系，是规范和约束权力，同时也是强调依法保障和实现权利。以良法求善治，要求作为国家治理体系有机组成部门的各级国家机关及其工作人员必须构建并依照法定的权限、范围、条件和程序履行职责，依法行使国家权力，不缺位、不越位、不扰民，充分实现公共利益，切实保障公民、法人和其他组织的合法权益。因而，推动国家治理体系现代化，构建任何一项行之有效的制度，其关键在于明晰制度的目的和职能定位，其首要在于明确机构和人员的权限与责任。对于推进依法行政

---

〔1〕 参见应松年：《以行政检察监督推进法治政府建设》，载《人民检察》2021年第16期。

〔2〕 参见张相军、马睿：《检察机关开展行政违法行为监督的理论与实践》，载《法学评论》2023年第6期。

来说，行政机关是行政执法的实施主体，即依法行政的落实主体、工作主体和推进主体，而检察机关作为法律监督机关，是依法行政的法律监督主体，这也决定了其监督对象和功能。

围绕行政检察监督对象，学界关于行政检察监督的理解也众说纷纭。一是行政审判监督说，持此说的学者从法律规范层面提出，行政检察监督与行政诉讼活动检察监督均指的是行政审判检察监督，行政检察实质是对审判权的一种制衡。[1]行政检察是指检察机关对行政诉讼开展的专门监督活动，行政检察的监督范围应当是全过程的和全方位的，包括事前监督、事中监督和事后监督。[2]"不能把检察机关对行政行为的法律监督作为对行政行为的全方位监督""行政检察监督是基于行政诉讼的监督制度，其监督对象应当包括人民法院及审判人员，行政诉讼参加人、参与人，与被诉行政机关有关的其他行政机关、组织和个人"。[3]另一种是行政违法行为监督说，即主张行政检察应将行政主体行政违法行为作为重点，相对弱势的检察权与审判权联合制衡强势的行政权。该学说从监督行政权角度出发，认为行政检察监督即是"检察机关对行政主体行政违法行为所进行的监督""行政检察监督不仅应包括对进入诉讼程序的具体行政行为的监督，而且应包括对没有进入诉讼程序的具体行政行为的监督"。[4]也有学者提出折中观点，认为"检察权对行政权的监督包括检察机关对特定违法行政行为和行政诉讼活动两方面实施的监督"。

相应地，关于行政检察功能的界定有以下四种观点：一是行政审判监督论，该观点认为行政检察是基于行政诉讼的监督制度，主要着眼于行政审判监督。[5]二是行政行为和行政审判监督论，该观点认为行政检察监督涵盖法律监督职能与参与诉讼职能，随着《行政诉讼法》的修改，应进一步强化立案监督、审判监督、执行监督。[6]行政检察监督具有摆脱司法审判困局、缓解行政审判机关的压力、畅通行政执法和司法的程序衔接等一系列优势。[7]

---

〔1〕 参见田凯：《行政检察制度初论》，载《人民检察》2014年第11期。

〔2〕 参见郑传坤、刘群英：《论完善检察机关对行政诉讼的法律监督》，载《现代法学》1998年第2期；田凯：《行政检察制度初论》，载《人民检察》2014年第11期。

〔3〕 罗豪才主编：《行政审判问题研究》，北京大学出版社1990年版，第417页。

〔4〕 葛晓燕：《我国行政检察监督的缺陷及立法完善》，载《人民检察》2013年第24期。

〔5〕 参见田凯：《行政检察制度初论》，载《人民检察》2014年第11期。

〔6〕 参见吕涛：《行政检察新论》，载《人民检察》2015年第2期。

〔7〕 参见唐璨：《论行政行为检察监督及其制度优势》，载《江淮论坛》2015年第2期。

三是行政纠纷解决论，该观点从完善行政争议解决途径角度指出，行政检察具有弥补诉讼和复议缺憾的潜力，其所具有的主动性、弱对抗性、威慑性以及公共利益导向等制度优势，可以以更高效、更容易被各方接受的方式解决行政争议。[1]四是行政法秩序监督论，该观点认为行政检察的制度设计与检察机关在我国权力体制中的法律监督机关地位和维护法制统一的目标密切相关，其监督公共行政的目的是维护行政法秩序。[2]

　　笔者认为，行政检察活动中"主观公权利保障"和"客观法秩序维护"何者居于主导地位，决定了检察权介入的深度，也决定了行政检察监督的主要功能。具体来说：

　　一方面，行政法律关系主体利益矛盾运动的内在规定性决定了对行政违法行为的法律监督将维护客观法秩序作为首要目的。检察机关作为一种外部力量对行政活动的监督，其首要目的要受制于作为监督对象的行政活动内在矛盾运动关系。行政的本质是对公共利益的确认、集合、维护和分配，行政机关在行政管理活动中与利害关系人所形成的关系，本质上是公共利益与个人利益的关系。行政法调整行政管理关系旨在在正义理念支配下实现公共利益与个人利益的一致，但是利益冲突普遍存在，当公共利益与个人利益发生冲突，行政法还要为行政机关和利害关系人提供和平手段。在行政法所允许的冲突空间内，公共利益处于本位，个人利益应服从公共利益，如行政机关在平衡单个社会成员与其他社会成员间的利益冲突中所具有的地位、权力和手段，即行政主体的优位、行政权的强制性和支配性及行政行为的先定力和公定力，利害关系人则通过行政复议和行政诉讼来反对公共行政。[3]公共利益在行政法律关系矛盾运动中所居的主导地位，决定了检察机关在监督行政活动时，要以维护公共利益为重，即维护正常的秩序是首要的目标。[4]但公共利益本位论与前述提及的公权理论不存在矛盾。根据公权理论，人民根据行政法规定享有了针对行政机关的实体权利，但这也并不意味着公权所代表

---

　　〔1〕　参见解志勇：《行政检察：解决行政争议的第三条道路》，载《中国法学》2015 年第 1 期。

　　〔2〕　参见张步洪：《行政检察基本体系初论》，载《国家检察官学院学报》2011 年第 2 期；秦前红：《两种"法律监督"的概念分野与行政检察监督之归位》，载《东方法学》2018 年第 1 期。

　　〔3〕　参见叶必丰：《行政法的人文精神》，北京大学出版社 2005 年版，第 116-127 页。

　　〔4〕　须指出的是，公共利益本位论，只不过是行政法制设计上的一种思路，不是一项执法原则和司法原则，在执法、司法过程中并不能在立法上已经体现了这一精神的前提下再作一次公共利益本位的判断。

的个人利益居于公共利益至上。公权理论的实践意义在于确定可诉行政行为范围和原告资格，并无区分公共利益与个人利益何者优先的目的。行政法固然保护个人利益，但一定要么是个人利益与公共利益一致，要么是冲突控制在公共利益能够忍受范围内。鉴于此，行政检察也是追究公共利益、维护客观秩序为己任的。

另一方面，检察机关法律监督的职能定位决定了对行政违法行为监督的首要目标是维护客观法秩序。我国《宪法》对检察机关的定位是国家的法律监督机关，检察机关通过履行法律监督职能维护法律的统一正确实施，那么检察监督应当强调对公权力监督的理念，应当凸显维护客观法秩序的作用。但是随着 2014 年 11 月 1 日全国人大常委会对《行政诉讼法》的修改，增加了当事人向检察机关申请监督必须先向人民法院申请再审的规定。有论者认为，检察监督成为当事人权利救济的一种途径，检察机关的定位发生变化，只能根据当事人申请启动监督程序，核心目标也是为当事人提供救济。笔者认为，检察机关法律监督职能的定位并未发生变化，关于当事人向检察机关申请监督的规定，只是检察机关履行法律监督职能发现案源的方式，毕竟检察机关不可能实现对法院审判的全覆盖，需要一定的发现错误裁判的途径。虽然在结果上可能起到救济当事人权利的作用，但这只是客观上附带的结果，并不是主观追求的目的，不能认为从法律制度层面检察监督成为当事人权利救济的途径。只要我国《宪法》对检察机关的法律定位没有变，检察监督维护客观法秩序的首要目标就不应当变。

既然行政检察的主要目的是维护客观法秩序，那么对于可诉行政违法行为，利害关系人对违法行政行为侵害自身合法权益不申请救济，检察机关也要进行监督以维护正常的行政管理秩序。笔者认为，在行政法治建设亟待加强的时下中国，不考虑行政行为利害关系人对自身公权的处分，强制性对行政违法行为进行监督，有着更深层次的现实意义。我国是一个有着两千多年封建传统的国家，"官本位"思想严重。虽然经过改革开放后四十多年的法治启蒙和法治建设，权力有限并受监督、依法行政等法治理念有了一定的影响力，但是不可否认，在不少人民群众心中对行政权力有畏惧，对一些行政违法行为敢怒不敢言，行政诉讼存在的审理难、胜诉难等问题，让一些人民群众不愿意起诉。少数行政机关法治观念淡薄，存在权力"任性"的情况。对行政违法行为实施检察监督，有利于弥补人民群众不敢、不愿寻求救济而出现的监督缺位，加大对行政机关的监督力度，促进依法行政。

（二）行政违法行为检察的体系

关于行政检察的体系研究，长期以来呈扩大化倾向。例如，有学者认为，行政检察具体包括行政执法检察、行政诉讼监督、行政公诉、督促行政机关提起民事诉讼、职务犯罪侦查、"两法衔接"检察、行政抽象命令抗告程序、行政检察调解。[1]行政检察监督权分为三类：一是检察监督侦查权；二是检察监督诉权；三是检察监督建议权。[2]行政检察监督路径可以区分为刑事路径和非刑事路径，其中刑事路径包括职务犯罪侦查、侦查监督和刑事执行检察监督，非刑事路径包括审查建议、检察建议、纠正违法、督促起诉与支持起诉、行政公诉以及行政诉讼监督。[3]

但也有学者认为，国家对公职人员职务犯罪侦查职权的法律安排，与宪法层面上的国家权力分支之间的监督制约无关。[4]侦查监督、执行监督等活动的主体虽然是公安机关、监狱等行政机关，但其履行的刑事侦查和执行任务属于司法职责。[5]至于两法衔接检察监督，检察机关参与其中的属性和功能在于刑事立案监督而非行政法制监督。[6]

行政违法行为检察的体系构建应当与它的主要面向和功能紧密相连。如上文所述，行政违法行为检察定位为行政法秩序的监督制度，属于行政法制监督而非诉讼监督。因此，行政违法行为检察的体系必须紧紧围绕公共行政展开，纵向上包括行政立法、行政司法和行政执法的检察监督，横向上包括行政执法检察、行政强制措施检察、正反双向"两法衔接"机制以及行政公益诉讼等具体制度。其理由具体分述如下：

----

〔1〕　参见张步洪：《行政检察制度论》，中国检察出版社 2013 年版，第 11 页、第 14 页；傅国云：《行政检察监督研究：从历史变迁到制度架构》，法律出版社 2014 年版，第 1-4 页。

〔2〕　参见张智辉：《"法律监督"辨析》，载《人民检察》2000 年第 5 期。

〔3〕　参见韩成军：《依法治国视野下行政权的检察监督》，中国检察出版社 2015 年版，第 2-3 页、第 42-43 页。

〔4〕　参见王玄玮：《论检察权对行政权的法律监督》，载《国家检察官学院学报》2011 年第 3 期。

〔5〕　参见陈卫东：《我国检察权的反思与重构——以公诉权为核心的分析》，载《法学研究》2002 年第 2 期。

〔6〕　参见李可：《两法衔接机制下立案监督工作存在的问题与建议》，载《当代青年》2015 年第 4 期。

第一，将职务犯罪侦查、侦查和执行监督、行政诉讼监督纳入行政违法行为检察不仅在法理上无法自洽，在实际运行中也会带来诸多困扰。行政诉讼监督是检察制度的重要组成部分，更是行政诉讼制度的重要内容。从语义和职能上看，与刑事检察、民事检察并列的行政检察理所当然包括行政诉讼监督的内容。但从监督对象和制度功能上看，尽管人民检察院对行政诉讼的监督是附带性的，但它通过监督法院行政审判活动是否合法、对法院行政裁判提起抗诉、代表国家向法院提起行政诉讼，在行政诉讼中具有相当重要的地位。[1]虽然现代化的行政诉讼检察监督制度应坚持权利救济的理念、谦抑的理念、维护公益的理念以及尊重和维护审判独立与裁判权威的理念。[2]但作为一种诉讼监督制度，行政诉讼监督的目的是督促人民法院依法行使审判权，其着眼于行政诉讼程序，监督的对象为审判机关，救济的对象是私权利，监督内容是人民法院的行政审判活动是否违法，而非该行政诉讼中作为被告的行政机关的具体行政行为是否违法。[3]因此在制度设计上，行政诉讼检察监督不主动提供救济、不提供预防性救济、不提供重复性救济。[4]相反，行政违法行为检察制度着眼于行政活动，监督的对象为行政机关及其工作人员，救济的对象是公共利益和公民基本权利，因此在制度设计上，可以规定依职权发现，发现苗头及时建议，通过制发诉前或者诉后检察建议等监督方式。

行政检察权是国家权力配置和权力制衡的产物，其立足点不仅仅是基于诉讼程序的设计。[5]对于行政争议，当事人的救济途径主要是行政复议和行政诉讼，化解矛盾纠纷、实现权利救济仅仅是行政检察实现监督职能外的副产品。当然，从检察实践看，当前行政诉讼监督仍处于民事行政检察职能范围，随着检察机关内设机构改革推开，从部门与职权匹配的角度出发，行政诉讼监督职能可以由专门的诉讼监督部门承担，而行政违法行为检察可以在组织和功能上相统一。同理，职务犯罪侦查主要着眼于对公职人员的廉洁性、

---

〔1〕 参见章剑生：《现代行政法总论》，法律出版社 2014 年版，第 389-390 页。

〔2〕 参见应松年等：《行政诉讼检察监督制度的改革与完善》，载《国家检察官学院学报》2015年第 3 期；张步洪：《行政诉讼检察监督规则的设计与适用》，载《人民法治》2016 年第 7 期。

〔3〕 参见王玄玮：《论检察权对行政权的法律监督》，载《国家检察官学院学报》2011 年第 3 期。

〔4〕 参见张步洪：《行政检察制度论》，中国检察出版社 2013 年版，第 67 页。

〔5〕 参见胡卫列：《行政权的法律监督制度研究——以检察机关为视角》，载孙谦主编：《检察论丛》（第 20 卷），法律出版社 2016 年版，第 14 页。

合法性的监督，侦查和执行监督主要针对的是刑事司法领域的违法行为，因此上述机制不应纳入行政违法行为检察的范畴。

第二，检察行政公益诉讼可以视为行政违法行为检察的一项内容。关于检察行政公益诉讼的属性，学界存在认识分歧。一是"法律监督说"，认为检察行政公益诉讼的法理基础在于检察机关作为国家法律监督机关在国家权力机构中的分权制衡作用。检察行政公益诉讼是一种通过个案裁判实现国家法律监督职能的特殊形式的诉讼。[1]二是"诉讼职能说"，认为检察机关的法律监督权自有其适用场域，既然将法律监督权嵌入诉讼场域，就应当遵循诉讼的基本原理。但持这一观点的学者对于检察机关在行政公益诉讼中的身份，是更接近于民事、行政诉讼中的原告，还是刑事诉讼中的公诉人，认识又有不同。[2]三是"折中说"，认为检察行政公益诉讼以诉讼为主、监督为辅，提起诉讼可以视为行政行为检察监督的开端和新的形式。[3]

现代检察制度的职能一般偏重于诉讼环节，"检察"的字面意义意味着检察机关有"发现"行政行为是否违法并将问题交给有关国家机关处理的权力，并无随意否定行政行为效力的权力。[4]将行政机关的违法行为提交法院审判是行政检察功能实现的重要方式，由此观之，行政公益诉讼似乎可以作为行政违法行为检察的一项保障性监督方式存在。这里需要注意的是，作为行政违法行为检察的保障性监督方式的行政公益诉讼，与现有的行政公益诉讼的制度出发点并不相同，二者提起诉讼的方式也存在差异。从习近平总书记对党的十八届四中全会文件的说明可以看出，行政检察主要着眼于对尚未构成犯罪的行政不作为、乱作为的督促预防，而行政公益诉讼主要针对的是国有资产保护、国有土地使用权出让、生态环境和资源保护等领域，一些行政机关违法行使职权或者不作为造成对国家和社会公共利益侵害或者侵害危险，虽然从大的方面说都是为了促进依法行政、严格执法，但后者更加强调对公

---

〔1〕 参见高家伟：《检察行政公益诉讼的理论基础》，载《国家检察官学院学报》2017年第2期；沈岿：《检察机关在行政公益诉讼中的请求权和政治责任》，载《中国法律评论》2017年第5期。

〔2〕 参见秦前红：《检察机关参与行政公益诉讼理论与实践的若干问题探讨》，载《政治与法律》2016年第11期；沈岿：《检察机关在行政公益诉讼中的请求权和政治责任》，载《中国法律评论》2017年第5期。

〔3〕 参见陈瑞华：《论检察机关的法律职能》，载《政法论坛》2018年第1期。

〔4〕 参见刘畅、肖泽晟：《行政违法行为检察监督的边界》，载《行政法学研究》2017年第1期。

共利益的保护，更加突出由检察机关提起公益诉讼，从而有利于优化司法职权配置、完善行政诉讼制度。也正是由于有上述差异，《全面推进依法治国的决定》在检察机关行使行政检察职权时设定了"在履行职责中发现"这一限制，而在公益诉讼中并未设置任何限制。至于试点过程中以及目前民事诉讼法和行政诉讼法关于检察机关提起公益诉讼规定了"在履行职责中发现"和特定领域的限制，只是反映出检察机关的谨慎态度。但笔者坚信，检察机关提起公益诉讼制度才刚刚开始，未来该项制度将会有更大更丰富的舞台空间。从功能和价值出发，如果没有检察机关提起公诉，那么，将有相当大数量的行政违法行为没有适格原告提起行政诉讼，因此诉讼应作为行政执法检察的一项保障性监督方式存在。[1]由检察机关采用诉讼形式，利用国家检察权力启动审判，通过检察权和审判权两种权力的合理运用，发挥司法的政策引导功能和强制威慑功能，从而实现司法权对行政权的制约，这是十分必要的。[2]

第三，行政违法强制措施检察应纳入行政违法行为检察范畴。相同方式的检察监督活动可以整合在同一具有特定内涵的概念之中。从历史与语义学的角度分析，我国检察制度的理论基础来自列宁的法律监督理论，该理论产生于特定的社会历史环境，主要是为了防止国家分裂。检察监督作为一种专门的法律监督，主要使命是保障全国人大及其常委会制定的法律在全国统一正确实施。[3]从这个意义上说，行政机关是行政领域的公共利益代表，是维护公共利益的首要责任人，而行政检察的目的是确保行政主体不违法、适用规则不冲突，其维护的是整个国家的法治秩序和公共利益，不介入一般的私益救济。

之所以将行政违法强制措施检察纳入行政违法行为检察范畴，主要考虑是，《全面推进依法治国的决定》在行政强制措施监督方面提出强化司法监督，而检察机关是国家司法机关之一，行政机关违法实施的行政强制措施严格意义上讲也属于行政违法行为。当然，行政强制措施是一种高权性行政行为，具有单方性、强制性、附属性等特征，通常对公民人身、财产权益造成重大影响。因此其救济和监督途径应当具有及时性、中断性、权威性等优势，

---

〔1〕 参见王华伟、刘一玮：《试论行政执法检察监督方式之改进——以"检察督促令"为契点》，载《湖北社会科学》2017年第6期。
〔2〕 参见孙谦：《设置行政公诉的价值目标与制度构想》，载《中国社会科学》2011年第1期。
〔3〕 参见张步洪：《行政检察制度论》，中国检察出版社2013年版，第28页、第37页、第46页。

以防止公民权利遭受不可逆转的侵害。尽管《全面推进依法治国的决定》对行政强制措施的监督主体概括表述为司法机关，对于行政强制措施的监督没有"履行职责中发现"的限定，与行政违法行为检察表述有所不同，似乎表明该项改革措施可能需要与审判机关协同推进，一起构建全过程的监督链条，作为一种强化人权司法保障的司法监督制度发挥更大的效用。[1]但目前来看，将行政强制措施的检察监督一并纳入行政违法行为检察，对于规范行政强制措施，加强人权的司法保障，具有重要意义，符合行政检察督促依法行政、维护公民权利的制度功能。

　　第四，正反双向"两法衔接"机制也应纳入行政违法行为检察范畴。传统的"两法衔接"机制是基于行政执法过程中查处的涉嫌刑事犯罪案件的移送问题而产生的，学界主要关注的是移送刑事立案的问题，主要研究内容也是对行政机关以罚代刑、渎职犯罪等行为的监督，但另一方面该机制实际上也是作为行政处罚立案监督的后端延伸，从防止行政机关"以罚代刑"滥用行政职权的角度出发，其应该被纳入行政违法行为检察研究范围重新予以考量。近年来，随着企业刑事合规、认罪认罚从宽等制度施行，司法实践中检察机关或者审判机关若发现正在处理的刑事案件不构成犯罪或者情节轻微、无需刑事处罚，但在办案中发现其他行政违法行为线索等情形，也应当及时反向移送，建议行政机关依法追究其行政违法的责任，这就是反向"两法衔接"工作。党和国家对于反向"两法衔接"工作历来十分重视。自 2011 年以来相继制定出台《关于加强行政执法与刑事司法衔接工作的意见》《食品药品行政执法与刑事司法衔接工作办法》《安全生产行政执法与刑事司法衔接工作办法》等规范性文件，都对反向移送的标准与方式进行了有针对性的落实规定。2021 年《中共中央关于加强新时代检察机关法律监督工作的意见》又明确要求，"健全检察机关对决定不起诉的犯罪嫌疑人依法移送有关主管机关给予行政处罚、政务处分或者其他处分的制度"。修订后的《行政处罚法》第 27 条专门规定"双向移送机制"，即不仅要将涉嫌犯罪的违法行为及时移送司法机关处理，同时对依法不需要追究刑事责任或者免予刑事处罚，但应当给予行政处罚的违法行为，司法机关应当及时将案件移送有关行政机关。因此从行政执法过程性理论看，这种刑事不予追究后的移送衔接机制，也是为

---

〔1〕 参见梁春程：《新时代"行政检察"概念论》，载《中国检察官》2019 年第 13 期。

了确保行政机关依法履行职权，应该被纳入行政违法行为检察研究范围予以考量。

第五，从我国现有的法律规定看，尽管《宪法》《人民检察院组织法》《行政诉讼法》等基本法律关于检察机关的职权大多以"实行法律监督""实行监督""行使检察权"等词语表述，对"行政检察"并没有直接、明确的规定。但从学界对"法律监督"和"检察权"的阐述看，检察机关是人民代表大会制度下专门对公权力活动进行法律监督和制约的国家机关，行政违法行为检察是对"多方主体"实施公共行政的控制，其监督的对象应从"法律实施"层面出发而不限于诉讼监督。[1]至于行政违法行为检察的对象是否为"行政活动"亦或"公共行政活动"，笔者认为行政检察监督作为检察机关法律监督的重要组成部分，也应主要立足于对公权力行使的监督，即监督的主体范围应主要是行使行政职权的行政主体。这既适应了当代公共行政的迅猛发展，使得原来很多不在诉讼范围之内的行政行为具有了被纳入审查的可能性，也间接扩大了原来被限缩在行政诉讼领域的检察法律监督的空间。此外，在行政行为内涵和外延扩大的基础上，对于行政行为的检察监督类型化构建也有助于整个行政检察制度建立，通过理顺与原有检察法律监督内容和职能等方面的关系，实现对整个检察法律制度的优化。

四、行政违法行为检察的概念厘清

在理论话语体系中，"行政"和"检察"是两个十分基础而又重要的概念，尽管检察权发端于对警察权这一行政权力的制约，但在大多数国家司法体制当中，"检察"都通常被理解为一种以刑事公诉为主要职能的活动，检察机关也大多隶属于行政系统，检察机关监督行政活动在大多数国家都是新鲜事。只在中国、苏联、蒙古、朝鲜等少数国家，检察机关在机构和职能设置上独立于行政机关，被赋予履行法律监督、维护法制统一的法律使命，因此，真正把"行政"和"检察"合用在行政监督领域予以研究，是中国特有的。[2]行政检察监督既是行政法学中的概念，系行政关系中的一种，又是检察监督

---

〔1〕 参见秦前红：《两种"法律监督"的概念分野与行政检察监督之归位》，载《东方法学》2018年第1期。

〔2〕 参见张步洪：《行政检察制度论》，中国检察出版社2013年版，第2页。

制度不可或缺的重要组成部分，是检察制度在行政法制领域的具体体现和运用。

正如上文所述，行政违法行为检察作为一项新的行政法制监督制度，虽然与职务犯罪侦查、行政诉讼监察监督、行政公益诉讼等制度密切相关，但在目的功能、对象范围、程序方式、效果责任等方面不完全相同，应该立足于检察机关的重要地位，从法律监督的逻辑体系和发展前瞻角度，重新认识和完善行政违法行为检察。

从一般语义上看，比照通常理解的民事检察、刑事检察的概念，行政检察应当有两个子概念，即在行政诉讼领域的检察活动和在公共行政活动领域的检察活动。从直接立法依据以及检察机关机构设置和职能通报上看，当前行政检察应当主要还是指行政诉讼检察。然而，从宪法学理上看，行政违法行为检察乃是一种法律监督职能，在行政法学范畴中，行政违法行为检察也属于行政法制监督的方式之一。结合新中国成立以来的检察实践和世界法治发展的潮流，行政检察的主要监督对象也应当主要是行政机关而不是审判机关。有必要在行政诉讼检察之外，研究行政违法行为检察制度。

从我国现有的法律规定看，尽管《宪法》《人民检察院组织法》《行政诉讼法》等基本法律关于检察机关的职权大多以"实行法律监督""实行监督""行使检察权"等词语表述，对"行政检察"并没有直接、明确的规定。但从学界对"法律监督"和"检察权"的阐述看，但检察机关是人民代表大会制度下专门对公权力活动进行法律监督和制约的国家机关，行政违法行为检察是对"多方主体"实施公共行政的控制，应从"法律实施"而非诉讼监督层面确定监督的对象。[1]

笔者认为，界定行政违法行为检察概念可以从功能、对象、体系和权力运行机制等方面展开：第一，功能上应明确行政违法行为检察的制度功能在于强化司法机关对行政权力的制约和监督，保护公共利益和公民基本权利，促进依法行政、严格执法。第二，其监督对象主要是行政主体的行政违法行为。第三，体系范围上，应排除职务犯罪侦查、侦查和执行监督、行政诉讼监督，以《全国推进依法治国的决定》规定的行政违法行为监督、行政强制

---

〔1〕参见秦前红：《两种"法律监督"的概念分野与行政检察监督之归位》，载《东方法学》2018年第1期。

措施监督、行政公益诉讼和两法衔接制度为限，其中诉讼主要是作为监督的必要手段。第四，在权力运行机制上，应遵循公益性导向、合法性审查、程序性督促、外向性纠正等权力行使原则，依职权发现监督为主，依申请启动监督为辅，以事后监督为主，事前事中为辅，公益性检察机关优位，私权利接受控告申诉，但自行诉讼；监督手段上，坚持刚性调查、公开听证、柔性建议、司法终局、有权处分的监督路径。

综上，本书所述的行政违法行为检察，性质上属于行政监督而非诉讼监督，也非行政公益诉讼制度，其包括行政执法检察、行政强制措施检察、行政抽象命令抗告程序和两法衔接等制度，功能上以维护宪法法律统一正确实施为根本目标、以权力监督和权利保障为主要目的，对象范围包括所有行政主体实施的公共行政活动，方式、程序、结果则遵循程序监控、事后审查、建议协商、责任追究的权力运行规则。

行政违法行为检察制度的
理论基础与实定法依据

　　理论是实践的指引和依据，也是改革创新的基础和源泉。行政违法行为检察制度作为国家法律监督体系的重要组成部分，其理论基础不仅涉及法学理论的深度，还涉及国家治理体系和法治建设的宏观层面。因此，对理论基础的研究不仅有助于我们深入理解行政违法行为检察制度的本质和内涵，还有助于我们把握制度的发展方向和未来趋势。同时，作为一项新的法律制度，实定法依据是行政违法行为检察制度研究无法回避的另一个重要方面，是制度得以实施和操作的基础。行政违法行为检察制度涉及国家权力配置、法律监督、公共利益保护等多个方面，因此必须有明确的法律规定和制度安排。对实定法的研究不仅可以帮助我们了解现行法律制度中行政违法行为检察制度的框架和具体规定，还可以发现制度实施中存在的问题和不足，为进一步完善制度提供参考。

　　本章拟从行政违法行为检察制度的理论基础与实定法依据两个方面进行探讨。一方面，从权力制衡理论、法律监督理论和监督行政理论，论证行政违法检察具有多元、深厚的法理基础。另一方面，从宪法、检察院组织法、部门法律、行政法规规章、司法解释及其他规范性文件、党和国家政策中寻找行政违法行为检察的实证法依据，系统地阐述了行政违法行为检察制度的科学性和合法性。

一、理论基础

（一）权力制衡理论

　　平衡是古今中外哲人都追求和推崇的一种价值和方式。在我国传统文化当中有"和谐""和而不同""致中和"等说法,《国语》中也提出"以他平他谓之和"的权力制约哲学,认为一方克服另一方目的在于用一个方面平衡协调另一个方面,以"泄过"和"济不及"的方式实现一种立体的发展。

现代检察制度源于 12 世纪末法国国王在各地设立的"国王代理人",即为维护国王利益而参与诉讼。后在法国 1789 年大革命时期,通过"控审分离"实现了刑事诉讼分权,检察机关承担国家追诉以及审判监督的任务,形成检法互为监督节制的工作格局。这种分权同样扩展到检察权与行政权的领域,例如,法国检察官的监督作用具有广泛性和专业性,在专门行政法院、公共机构监督、经济管理等方面中承担了重要工作。德国的联邦利益代表人或者 2002 年前的高等联邦检察官的性质定位为公共利益代表人,其具有主动参与行政诉讼程序的权利,且不代表当事人任何一方的利益,是程序的参与人,有发言权。[1]英国检察制度源于重视对行政机关及其工作人员的监督而发展形成较为成型的行政监督体系。然而,由于检察总长既是政府的法律顾问,又是公共利益行政诉讼中的代表,兼具司法性、行政性的属性,其在监督行政执法工作中所发挥的作用难免有限,在保障公民权益和监督行政机关领域稍逊于行政裁判所和议会行政监察专员这两个专门的行政监督机构。美国检察机关的角色定位是代表正义、法律与秩序,所以检察机关的权限不止于公诉权,身份也不单是诉讼机关,还包括建议权、纠正权,这就使得其行政执法监督机制呈现立体化的形态,包括对机构内部行为道德的规范约束、对外部行为的合法性判断,以及来自民众、舆论的监督。由此可见,在英美法系多元化的行政监督机制中检察权本质上不被认为具有"监督"属性,而倾向于从"制衡"(checks and balances)的角度思考,在弱化检察机关与行政机关、审判机关对抗性的强度和广度基础上,从增强行政检察监督的正当程序性、沟通性来重新理解"严格审查理念",避免过度行使检察权力。[2]

我国检察制度是借鉴苏联的检察模式并结合我国的历史、政治、文化等因素形成的,具有中国特色。作为社会主义国家,新中国成立初期我国根据

---

〔1〕 参见魏武:《法德检察制度》,中国检察出版社 2008 年版,第 112-125 页、第 246-248 页。

〔2〕 See Steven Shimberg, "Checks and Balance: Limitations on the Power of Congressional Oversight", *Law and Contemporary Problems*, Vol. 54, No. 4., 1991, p. 241.

国情选择了具有中国特色的议行合一的人民代表大会制度。在人民代表大会制度下，基于人民民主的原则，一切国家权力归于人民，一切国家权力服务于人民并接受人民的监督。区别于西方国家平面化的权力结构模式，我国权力结构模式呈现一元二层的金字塔特征。其中人大及其常委会在国家权力机关中居于第一层级，为了国家权力运作的需要，它产生第二层级的"一府一委两院"，并对其实施单向的、绝对的监督。而"一府一委两院"分别行使行政权、监察权、审判权和检察权，向人民代表大会负责，形成分工制约、高效运作的机制。检察机关在宪法上定位为法律监督机关，但职能长期局限于诉讼监督，与公安机关、人民法院在办理刑事案件中相互配合制约，对于大量的行政违法行为则难以介入。在监察机关作为新的国家力量加入国家权力体系的背景下，检察机关应当要尽快补齐"行政监督"的"短板"，与监察权、审判权形成合力，保障行政权在法治轨道上公正高效运行。

（二）法律监督理论

什么是法律监督？我国现行宪法出现"监督"一词共 17 次，其中"法律监督"一词仅出现在第 134 条，其余同时涉及"法律"和"监督"的条文仅第 62 条和第 67 条，规定的是全国人民代表大会及其常务委员会行使监督宪法实施的职权。"随着法律的产生，就必然产生以维护法律为职责的机关。"[1]在议行合一的权力一元化模式下，为了弥补制约监督的不足，防止权力腐败和被滥用，保证国家权力在法治的轨道上正确运行，列宁明确提出设立专门的监督机构代表最高权力实施监督。为此，我国在人民代表大会下设立专司监督的法律监督机关，保障中央集权的顺利实现，保障国家法律正确统一实施。[2]故而我国《宪法》第 134 条规定"中华人民共和国人民检察院是国家的法律监督机关"，将检察机关定性为法律监督机关，对行政权、审判权、监察权的行使进行监督。因此从宪法原意来看，宪法修改者是有意将法律监督权明确授予人民检察院，并与其他监督权予以严格区别的。[3]

---

〔1〕　中共中央马克思、恩格斯、列宁、斯大林著作编译局编译：《马克思恩格斯选集》（第二卷），人民出版社 1972 年版，第 538–539 页。

〔2〕　参见周叶中主编：《宪法》，高等教育出版社、北京大学出版社 2005 年版，第 107 页；朱孝清：《中国检察制度的几个问题》，载《中国法学》2007 年第 2 期。

〔3〕　参见韩大元：《地方人大监督权与人民检察院法律监督权的合理界限——兼评北京市人大常委会〈决议〉》，载《国家检察官学院学报》2009 年第 3 期。

那么宪法规定的"法律监督"就是指"监督法律的实施"吗？对此，一元论观点认为，法律监督特指检察机关为了保障宪法和法律正确、统一的实施而对国家机关、国家工作人员和公民执行法律和遵守法律的情况进行的监察、督促活动。[1]法律监督的实质是某个社会主体（国家机关需在法定的职权内）以贯彻法律为目的而对其他主体的行为进行的干预，其包含的要素有监督主体、被监督对象和监督内容等。二元论观点认为，广义的法律监督是指一切国家机关、社会组织和公民对各种活动的合法性所作的监察督促，其意义在于保障法律的安定与实现，对违法失律的行为进行矫正与惩处，包括国家（立法、行政、司法）监督和社会（共产党、各民主党派、人民政协、其他社会组织、社会舆论、公民个体）监督。不过，学者认为该种法律监督的理解过于宽泛，不能成为专门法律概念。作为法律概念的狭义法律监督是指有关国家机关和社会依法对国家机关及其工作人员活动的合法性所作的监察和督促。人民检察院作为国家专门法律监督机关的法律监督属于专门监督，即由人民检察院作为专门监督主体对执法、司法活动的合法性及国家工作人员违法犯罪行为的监督。[2]三元论观点认为，我国"法律监督"有三个层次：最高层次是权力机关的法律监督，我国《宪法》第62条、第67条、第99条、第104条分别规定了全国人大、全国人大常委会、地方各级人大和地方各级人大常委会保证宪法、法律和行政法规被严格遵守和执行的职权和措施。第二层次是作为专门的法律制度的法律监督，是指专门法律监督机关对国家立法权之外的国家职权及其活动是否正确统一实施法律的监督。第三层次是我国人民检察院行使独立于公诉和侦查职能之外的，以保障宪法法律统一正确实施为价值追求、以国家立法之外的国家职权及其活动为监督内容的特定检察活动。具体包括行政检察监督和诉讼监督两个"周延且互斥"、具有相同价值追求和不同监督对象的狭义上法律监督方式。法律监督就是指检察机关职能中除了诉讼职能之外的行政检察监督和诉讼监督的职能。[3]

从上述学者关于我国宪法中的"法律监督"概念理解看，作为宪法专门术语，法律监督是指保证法律被严格遵守和执行的制度和职权，其实施主体

---

〔1〕 参见程荣斌主编：《检察制度的理论与实践》，中国人民大学出版社1990年版，第86页。

〔2〕 参见周永坤：《法理学》，法律出版社2004年版，第474–479页。

〔3〕 参见秦前红：《两种"法律监督"的概念分野与行政检察监督之归位》，载《东方法学》2018年第1期。

包括全国及地方人大及其常委会和人民检察院，其中检察机关作为专门的法律监督机关，以宪法授权为基础，对国家立法之外的国家机关及其工作人员职权活动的整个过程和结果进行监督。可以说，我国的法律监督是一个以全国人民代表大会为最高监督机关，以检察院为主要监督主体，以人民为监督基础的复杂的监督体制。[1]

　　综上所述，我国检察制度虽然最早移植于欧陆东瀛，从大陆法系控权型检察制度发展而来，但经过苏联法律监督制度转换，在人民代表大会制度下，法律监督职能从其他国家职能中彻底分离与专门化，现阶段它不是单纯的诉讼制度，更不限于提起刑事公诉，而是社会主义国家控制约束国家权力的政治安排和国家制度。[2]从完善人民代表大会制度下的法律监督制度角度看，检察机关对行政权的法律监督具备政治基础和天然优势。检察机关从犯罪侦查、批捕起诉、诉讼监督等诉讼监督领域逐步拓展到行政监督、执法监督等全领域监督，是检察机关维护国家法制统一的要求，是法律监督权的应有之义。甚至于可以说，没有对行政行为的法律监督，检察权就不是完整意义上的法律监督权。[3]因此，当前开展行政违法行为检察改革工作，就是立足于中国本土资源的制度创新，对中国宪法规定的实践落实，也是法律监督本意的理性回归。因此，面向行政活动的行政违法行为检察制度，以法律监督理论为基础，充分体现了检察权乃是法律监督权的实质要义。[4]

　　（三）监督行政理论

　　行政法作为"动态宪法"，既要体现宪法"法治国家""人权保障"等精神，又要在具体发展时贯彻落实上述原则，其中，依法行政作为"法治国家"的重要一环，是行政法的核心内容，其基本含义是政府的一切行为应依法而为，受法拘束，具体包括法律创制、法律优位和法律保留等三项内容。[5]从

---

　　〔1〕　参见周永坤：《法理学》，法律出版社 2004 年版，第 478 页。
　　〔2〕　参见蒋德海：《法律监督还是诉讼监督》，载《华东政法大学学报》2009 年第 3 期。
　　〔3〕　参见张智辉、谢鹏程：《现代检察制度的法理基础——关于当前检察理论研究学术动态的对话》，载《国家检察官学院学报》2002 年第 4 期。
　　〔4〕　参见张智辉、谢鹏程：《现代检察制度的法理基础——关于当前检察理论研究学术动态的对话》，载《国家检察官学院学报》2002 年第 4 期。
　　〔5〕　参见姜明安主编：《行政法与行政诉讼法》，北京大学出版社、高等教育出版社 2015 年版，第 67 页。

行政法学的基本理论体系看，一般由行政组织法、行政行为法、行政监督法和行政救济法等四部分组成。因此，行政必须接受监督是依法行政的必备要件。实践中，各国对于行政监督的理解和建构都是建立在其国家的政治、社会、文化和法律传统的基础上的。为了使行政行为合乎法律要求，平衡国家的权力结构，保护行政相对方的合法权益，很多国家都建立各种监督制度，例如英国的"议会至上"模式、瑞典的"监察专员"模式，都充分体现了行政监督文化和行政监督方式的多样性。

我国历来强调对行政机关及其工作人员的监督和问责，也建立了包括国家权力机关、司法机关、监察机关、审计机关等多主体组成的行政法制监督体系。但据学者统计，自1978年党的十一届三中全会到1990年期间，各种中央和国家机关文件中均没有提及"依法行政"一词，一直到1991年最高人民法院工作报告在关于行政审判部分提出要"维护国家行政机关依法行政"后两年，国务院《政府工作报告》才正式提出依法行政原则。[1]1999年《宪法》修改时明确规定"中华人民共和国实行依法治国，建设社会主义法治国家。"此后国务院为落实依法行政也先后发布四个加强依法行政工作的文件[2]，均设有行政监督的规定，但只有2004年国务院《全面推进依法行政实施纲要》在论述审计、监察等专门监督时附带提及要与检察机关进行配合，除此之外缺乏对检察机关在行政监督体系中的独立地位的规定。同一时期，我国行政法学界关于行政法的理论基础问题也展开激烈的讨论，提出"管理论""控权论""平衡论""公共利益本位论""服务论""法治政府论"等十余种学说。[3]尽管不同学说各有侧重，但对于通过行政法控制行政权、保障公民自由的基本使命认识是一致的。不过在这期间，行政法学界在专门研究行政监督制度的著作中，有关行政检察监督的讨论却难觅其踪。[4]即使将其视为监督行政制度，也仅认为检察机关是通过对犯有渎职罪、贪污罪、贿赂罪的公务员进行侦查和提起公诉，对监狱、看守所、拘留所等场所及其管教人员实施日常监督，实现其行政法

〔1〕 参见章剑生：《现代行政法总论》，法律出版社2014年版，第38页、第43页。
〔2〕 这四个文件分别是：《国务院关于全面推进依法行政的决定》（国发［1999］23号）、《全面推进依法行政实施纲要》（国发［2004］10号）、《国务院关于加强市县政府依法行政的决定》（国发［2008］17号）、《国务院关于加强法治政府建设的意见》（国发［2010］33号）。
〔3〕 参见章志远：《行政法学总论》，北京大学出版社2014年版，第59页。
〔4〕 参见章剑生：《行政监督研究》，人民出版社2001年版，第257-259页；侯志山、侯志光：《行政监督与制约研究》，北京大学出版社2013年版，第389-413页。

制监督职能。[1]更有极端的观点认为，应取消宪法上检察机关作为国家法律监督机关的定位，将其职能严格限定在公诉、诉讼监督等职能之上。[2]可见，长期以来，理论和实务界对于检察机关在行政监督上的可能作用并未给予足够重视。

十八大以来，党中央提出了建设法治中国的目标，并从建立健全严密的法治监督体系角度出发，部署开展司法改革和国家监察体制改革。新时代推进法治政府建设需要不断丰富监督手段、拓宽监督渠道、创新监督方法、彰显整体监督效能。[3]而作为宪法规定和全国人大常委会授权的国家法律监督机关，检察机关发挥其监督行政的主体作用，有助于充分整合不同行政监督机制的优势作用，弥补监督空白地带，加强行政权的监督实效。

二、实定法依据

法律渊源和法律效力是法律概念的两大支点，其中法律渊源是指法律的权威及强制力的来源或者法律的存在形态，其由资源、进路和动因三项基本要素所构成。[4]在界定"行政违法行为检察是什么"之后，本章将考察使得该项法律制度得以形成的过程，即行政违法行为检察有哪些法律渊源，以何种法的形式存在，它们是基于何种动因和进路，选择和提炼何种资源，以实现检察权和其他国家权力、公民权利之间的制度性配置。

从"北大法宝"数据库搜索可知，目前我国法律层级并没有"行政检察"或者"行政违法行为检察"的直接规定，也没有关于"检察机关在履行职责中发现行政机关违法行使职权或不行使职权的行为，及时提出建议并督促其纠正"或者"完善对涉及公民人身、财产权益的行政强制措施实行司法监督制度"的一般性规定，那是否说明我国现有法律体系就没有规定行政违

---

[1]　参见罗豪才主编：《行政法学》，中国政法大学出版社1999年版，第354-355页；姜明安主编：《行政法与行政诉讼法》，北京大学出版社、高等教育出版社2015年版，第146页。

[2]　参见蔡定剑：《司法改革中检察职能的转变》，载《政治与法律》1999年第1期；闵钐：《检察权配置的历史变迁与反思》，载《国家检察官学院学报》2010年第5期。

[3]　参见马怀德主编：《行政法前沿问题研究：中国特色社会主义法治政府论要》，中国政法大学出版社2018年版，第442页。

[4]　参见周永坤：《法理学》，法律出版社2004年版，第41页；张文显主编：《法理学》，高等教育出版社、北京大学出版社2007年版，第89页。

法行为检察的监督内容呢？为此，笔者按照宪法及宪法性法律文本、一般法律、法规规章、其他规范性文件以及党和国家政策等法律体系层级对行政违法行为检察这一概念内容进行检索，探寻我国行政违法行为检察制度的形式渊源。

（一）宪法及宪法相关法律中的行政违法行为检察

宪法是国家的根本法，是最高位阶的法源，具有最高法律效力，其内容综合性地规定了我国的国家性质、政治制度、国家机构、公民基本权利和义务等具有根本性、全局性的关系、事项，其中就包含了检察机关的组织、制度和职权。此外，宪法是国家活动的总章程，要具体探究检察机关的组织机构设置、职权和行使职权的活动原则及保障等基本内容，还要将目光投诸检察院组织法这部检察机关的根本法和总章程。[1]

我国《宪法》第2条第1款、第2款规定，中华人民共和国的一切权力属于人民，人民行使国家权力的机关是人民代表大会。《宪法》第134条规定，中华人民共和国人民检察院是国家的法律监督机关，赋予检察机关以国家的法律监督机关的宪法地位。此外，《宪法》明确提及"检察"的条文共有18个条文，分别是第3条、第37条、第40条、第62条、第63条、第65条、第67条、第101条、第103条、第104条、第127条、第134条、第135条、第136条、第137条、第138条、第139条、第140条，其中涉及检察制度和职权的有9个条文，分别是第3条、第37条、第127条、第134条、第135条、第136条、第137条、第138条、第140条，规定国家检察机关都由人民代表大会产生，对它负责，受它监督。人民检察院是国家的法律监督机关，其组织体系包括最高人民检察院、地方各级人民检察院和军事检察院等专门人民检察院。检察机关遵循同级人民代表大会和上级人民检察院的双重领导体制。人民检察院享有批准或者决定逮捕的权力。人民检察院依照法律规定独立行使检察权，不受行政机关、社会团体和个人的干涉。在办理职务违法和职务犯罪案件时，应当与监察机关、审判机关、执法部门互相配合，互相制约。在办理刑事案件时，应当与人民法院和公安机关分工负责，互相配合，互相制约。从字面表述上看，除了在办理职务违法犯罪案件和刑事案件时，与公安机关、执法机关和审判机关相互制约外，貌似没有提及行政检

---

[1]《宪法》第135条第3款规定："人民检察院的组织由法律规定"。

察的制度和职权。因此，如果从宪法条文中寻求行政检察的职权，只能将目光投诸第 134 条"中华人民共和国人民检察院是国家的法律监督机关"和第 136 条"人民检察院依照法律规定独立行使检察权"，通过"法律监督"和"检察权"这两个关键词与行政检察搭建桥梁。

我国《人民检察院组织法》第 2 条第 1 款沿袭了原组织法关于检察机关性质的规定，对此，在立法初期即有学者从"人民检察院是国家的法律监督机关"的表述，辨析"法律监督"和"检察"的关系，强调其法律监督的特殊性和广泛性。"检察和监督是一致的，检察也就是监督；确切地说，检察是一种特殊性质的监督，即法律监督，而不是一般行政性质的监督"。[1]因此，检察机关作为国家法律监督机关有深厚的历史渊源。同时，从我国国情来看，我国幅员辽阔，法律体系庞杂，在实践中经常出现对法律认识不一致、法律适用不统一等情况，这就更加需要在全面推进依法治国进程中，通过代表国家权力的检察机关来行使法律监督权，保证法律在全国范围内的统一正确实施，以体现出法律的权威与公正，确保法治的严肃性，从而在全社会树立起法治信仰。这一点也体现在《人民检察院组织法》第 2 条第 2 款的检察机关功能定位内容之中。[2]

具体到检察机关的职权，《人民检察院组织法》第 20 条赋予人民检察院以下法律监督职权："（一）依照法律规定对有关刑事案件行使侦查权；（二）对刑事案件进行审查，批准或者决定是否逮捕犯罪嫌疑人；（三）对刑事案件进行审查，决定是否提起公诉，对决定提起公诉的案件支持公诉；（四）依照法律规定提起公益诉讼；（五）对诉讼活动实行法律监督；（六）对判决、裁定等生效法律文书的执行工作实行法律监督；（七）对监狱、看守所的执法活动实行法律监督；（八）法律规定的其他职权。"第 21 条明确赋予检察监督必要的调查核实权，赋予检察建议法定监督方式的效力。[3]此次修订为了适应近

---

　　〔1〕　王桂五：《人民检察制度概论》，法律出版社 1982 年版，第 41 页。

　　〔2〕　《人民检察院组织法》第 2 条第 2 款规定："人民检察院通过行使检察权，追诉犯罪，维护国家安全和社会秩序，维护个人和组织的合法权益，维护国家利益和社会公共利益，保障法律正确实施，维护社会公平正义，维护国家法制统一、尊严和权威，保障中国特色社会主义建设的顺利进行。"

　　〔3〕　《人民检察院组织法》第 21 条规定："人民检察院行使本法第二十条规定的法律监督职权，可以进行调查核实，并依法提出抗诉、纠正意见、检察建议。有关单位应当予以配合，并及时将采纳纠正意见、检察建议的情况书面回复人民检察院。抗诉、纠正意见、检察建议的适用范围及其程序，依照法律有关规定。"

年来司法体制和监察体制改革的需要，2018 年《人民检擦院组织法》修订再次明确了人民检察院作为国家法律监督机关地位，删去原组织法第 6 条[1]，修改原组织法第 5 条，取消主要职务犯罪的侦查职权，新增公益诉讼职权，保留对监狱、看守所的执法法律监督，明确检察建议法定监督方式的效力。尽管这次组织法修改没有明确检察机关对诉讼外行政执法行为进行监督的职能、人力、资源和程序，但上述这些修订条文无疑为开展诉讼外行政违法行为监督或者说行政违法行为检察提供了制度保障。

（二）其他法律中的行政违法行为检察

目前，在法律层面明确规定有检察机关对行政活动实施法律监督的主要有《行政诉讼法》、《检察官法》、《治安管理处罚法》和《人民警察法》，除了《行政诉讼法》规定的行政公益诉讼制度之外，其他两部法律规定的监督范围仅限于公安机关、人民警察的执法活动。《行政处罚法》《行政许可法》《行政强制法》等法律对于检察机关在行政处罚等领域的监督权限有待进一步明确。

1.《行政诉讼法》和《检察官法》

检察机关对人民法院在行政诉讼中的活动依法进行法律监督，既是宪法赋予检察机关的职权，也是我国《行政诉讼法》所确定的基本原则之一。1989 年我国《行政诉讼法》起草在以西方为蓝本的学术研究和法治现代化进路影响下，偏离了我国法律监督制度设计的原点，规定检察机关通过监督行政诉讼的方式，间接对可被诉讼的行政行为进行监督，仅赋予检察机关在行政诉讼领域的抗诉权。

1995 年《检察官法》第一次在法律中提及"检察建议"这一监督方式。该法第 31 条规定："检察官有下列表现之一的，应当给予奖励：……（二）提出检察建议或者对检察工作提出改革建议被采纳，效果显著的；……"但是，它没有对检察建议的适用范围、提出程序、效力后果等进行规定。2014 年《行政诉讼法》修改后，对检察机关参与行政诉讼活动的法律规定由修法前的两条变更为三条，新法第 93 条借鉴了《民事诉讼法》中相关检察监督制度的规定，对原法第 64 条做了补充完善，规定检察机关对于行政诉讼实施监督，

---

[1] 1979 年《人民检擦院组织法》第 6 条规定："人民检擦院依法保障公民对于违法的国家工作人员提出控告的权利，追究侵犯公民的人身权利、民主权利和其他权利的人的法律责任。"

除了可以提出抗诉外，还可以通过提出检察建议的方式对"已经发生法律效力的判决、裁定""损害国家利益、社会公共利益的调解书""审判监督程序以外其他审判程序中审判人员的违法行为"进行监督，增加了检察建议的监督形式；新法第101条为新增条款，规定了人民检察院对行政案件受理、审理、裁判、执行的监督，可以适用《民事诉讼法》的相关规定。整体上，检察监督在立法上有了进步，指明检察监督可以涉及受理、审理、裁判、执行环节，检察机关具体的监督程序和监督方式的后果。但在监督的具体范围上，没有采纳理论和实务界关于赋予检察机关在特定情形下对行政机关执法行为实施监督的职能的观点。对于2010年最高人民法院、最高人民检察院、公安部、国家安全部、司法部（以下简称"两高三部"）联合制定的《关于对司法工作人员在诉讼活动中的渎职行为加强法律监督的若干规定（试行）》和2011年最高人民法院、最高人民检察院会签的《关于对民事审判活动与行政诉讼实行法律监督的若干意见（试行）》，这两个重要文件中关于行政诉讼检察监督的具体规定也并未转化为立法成果，相当程度上制约了检察监督的实践行使。

2017年随着公益诉讼试点结束，《行政诉讼法》修改增加检察机关提起行政公益诉讼条款，明确人民检察院在履行职责中发现生态环境和资源保护、食品药品安全、国有财产保护、国有土地使用权出让等领域负有监督管理职责的行政机关违法行使职权或者不作为，致使国家利益或者社会公共利益受到侵害的，应当向行政机关提出检察建议，督促其依法履行职责。行政机关不依法履行职责的，人民检察院依法向人民法院提起诉讼。诉前程序检察建议在一定程度上赋予检察机关在特定公益保护领域对行政活动的监督职权。

总体来看，检察监督在行政诉讼立法上有了较大的进步。尤其是检察建议，通过上述立法，既可以作为行政公益诉讼诉前程序的主要方式直接督促行政机关依法履职，还可以从检察机关在行政诉讼中延伸职能的视角，对行政执行活动、行政机关在行政诉讼活动中的违法行为以及行政机关执法行为开展法律监督，为行政检察制度提供了基础性的法律依据。

2. 《人民警察法》和《治安管理处罚法》

《人民警察法》第42条规定："人民警察执行职务，依法接受人民检察院和行政监察机关的监督。"该条明确了检察机关对人民警察职务违法行为有法律监督权，丰富了行政检察的监督范围。第46条规定："公民或者组织对人民警察的违法、违纪行为，有权向人民警察机关或者人民检察院、行政监察机关检举、控告。受理检举、控告的机关应当及时查处，并将查处结果告知检举人、控告人。对依法检举、控告的公民或者组织，任何人不得压制和打击报复。"该条明确检察机关对公安机关执法活动主要的监督路径是依靠公民的检举、控告，但没有明确检察机关的监督内容和方式。

2005 年《治安管理处罚条例》升级为《治安管理处罚法》，该法第 114 条规定："公安机关及其人民警察办理治安案件，应当自觉接受社会和公民的监督。公安机关及其人民警察办理治安案件，不严格执法或者有违法违纪行为的，任何单位和个人都有权向公安机关或者人民检察院、行政监察机关检举、控告；收到检举、控告的机关，应当依据职责及时处理。"该条规定了检察机关对公安机关治安管理处罚执法活动的监督权，明确将人民警察实行具体行政执法行为的内容与程序纳入检察机关的行政执法检察监督中去。根据《人民警察法》第 46 条和《治安管理处罚法》第 114 条规定，检察机关可以接受公民的检举、控告，这属于当事人请求检察机关启动检察监督权，对国家工作人员的行为进行约束。检察机关接到检举控告后，应当依据职责及时调查处理，查实办理治安案件的公安机关有《治安管理处罚法》第 116 条列举的违法行为的，对直接负责的主管人员和其他直接责任人员给予相应的行政处分，构成犯罪的，依法追究刑事责任，并将处理结果告知检举人、控告人。对于不属于本机关职责的检举、控告，也不能置之不理，应当及时转交有权查处的机关处理。

然而，《人民警察法》和《治安管理处罚法》对检察机关的监督规定仍十分原则。基于检察监督权的中立属性，检察机关无法自动开启检察监督程序，监督的范围也仅限于公安机关、人民警察的执法活动，与庞大的行政机关作出的难以计数的行政行为相比，这样的监督范围可谓是九牛一毛，监督空间非常有限。况且，这些监督究竟是出于检察机关与公安机关在办理刑事案件中"互相制约"的要求，还是直接赋予检察机关对公安机关行使行政权的制约，存在一定的争议。例如，拘留所是执行行政处罚和治安处罚的机构，检察院对拘留所监管活动的监督是否属于行政检察监督。[1]还有涉及治安管

---

[1] 参见秦前红：《两种"法律监督"的概念分野与行政检察监督之归位》，载《东方法学》2018 年第 1 期。

理处罚的行政拘留制度，作为我国违法行为制裁体系中的重要组成部分，实践中公安机关在作出决定和程序保障方面存在明显不足，缺乏有效的外部监督制约，需要通过"中间程序"加强事前司法审查，或者纳入刑法体系。[1]但不管如何，上述法律为检察机关对行政执法和治安管理处罚领域开展法律监督提供了具体法律依据。

3. 《行政处罚法》《行政许可法》《行政强制法》等其他行政法律

《行政处罚法》《行政许可法》《行政强制法》等法律是行政执法常用的行政法规范。其中，《行政处罚法》系由全国人民代表大会制定的基本法律，《行政许可法》《行政强制法》系由全国人大常委会制定的一般法律，都是保障和监督行政机关依法履职，维护公共利益和社会秩序，保护公民合法权益的重要法律规范。上述法律均设有法律责任这一章节，其中均规定对于行政违法行为，"有关部门""有关机关"有权要求行政机关责令改正。[2]但其中"有关部门""有关机关"是否特指或者包括检察机关，则语焉不详。例如《行政处罚法》第82条规定："行政机关对应当依法移交司法机关追究刑事责任的案件不移交，以行政处罚代替刑事处罚，由上级行政机关或者有关机关责令改正，对直接负责的主管人员和其他直接责任人员依法给予处分；情节严重构成犯罪的，依法追究刑事责任。"根据国务院《行政执法机关移送涉嫌犯罪案件的规定》第14条第1款规定："行政执法机关移送涉嫌犯罪案件，应当接受人民检察院和监察机关依法实施的监督。"[3]由此，检察机关属于"有关部门"或者"有关机关"。但从《行政许可法》第71条规定看，有权责令设定作出行政许可的机关改正或者依法予以撤销原行政许可的"有关机关"，从权限上看应当只包括违法设定行政许可的行政机关的上级行政机关或者对违法设定行政许可的机关行使监督权的权力机关。而《行政强制法》第61条至第64条规定的对行政机关违法实施行政强制，有权责令改正，对直接负责的主管人员和其他直接责任人员依法给予处分的"有关部门"，从相关立

---

[1] 参见高长见：《独立行政拘留程序之提倡——论行政拘留程序改革的"中间方案"》，载《行政法学研究》2023年第3期；刘仁文：《我国行政拘留纳入刑法体系构想》，载《法制与社会发展》2021年第5期。

[2] 参见《行政处罚法》第82条、《行政许可法》第71条以及《行政强制法》第61-64条。

[3] 中共中央办公厅、国务院办公厅的《关于加强行政执法与刑事司法衔接工作的意见》，最高人民法院、最高人民检察院的《关于对民事审判活动与行政诉讼实行法律监督的若干意见（试行）》也有类似的规定。

法释义中看仅包括审计部门、监察部门及违法的行政机关的上级主管部门。但党的十八届四中全会的决定提及，完善行政强制措施的司法监督，因此检察机关似乎又可以解释为"有关部门"。"制定法律的人要比任何人都要清楚，法律应该怎样执行和怎样解释。"[1]如果立法机关对上述法律中的"有关部门""有关机关"明确解释为包括检察机关，则上述法律自然就成为检察机关监督违法行政行为的有效法律依据。[2]

(三) 法规规章及其他规范性文件中的行政违法行为检察

1. 《行政执法机关移送涉嫌犯罪案件的规定》等相关法规文件

"两法衔接"是指在行政执法与刑事司法的过程中，对于可能构成涉嫌犯罪的案件，行政机关、公安机关、检察机关、监察机关等相关部门之间相互配合、制约，防止出现以罚代刑、有罪不究、渎职违纪等问题出现而形成的工作机制。"两法衔接"这一概念的提出是基于行政机关和检察机关在工作实际中遇到的实际问题而提出的。《行政处罚法》第8条第2款规定："违法行为构成犯罪，应当依法追究刑事责任的，不得以行政处罚代替刑事处罚。"这一规定为检察机关处理行政执法与刑事司法之间关系作出了明确规定。

2001年4月，党中央、国务院在部署整顿和规范市场经济秩序工作之初，针对全国在打击制售伪劣商品违法犯罪活动专项活动过程中出现的行政执法机关查处的涉嫌犯罪案件如何向司法机关移送缺乏明确法律规定的问题，在《关于整顿和规范市场经济秩序的决定》中明确提出："加强行政执法与刑事司法的衔接，建立信息共享、沟通便捷、防范有力、查处及时的打击经济犯罪的协作机制，对破坏市场经济秩序构成犯罪行为的，及时移送司法机关处理。"该决定第一次提到行政执法与刑事司法的衔接。同年7月，国务院以行政法规的形式颁布出台了《行政执法机关移送涉嫌犯罪案件的规定》（国务院令第310号），确立了行政执法与刑事司法相衔接工作制度的基本框架，对行政执法机关如何移送违法犯罪案件，公安机关如何审查立案涉嫌犯罪案件线索作出了较为具体的规定，并规定行政执法机关的移送活动，公安机关的受

---

[1] 参见［法］卢梭:《社会契约论》，何兆武译，商务印书馆2003年版，第87页。

[2] 参见梁春程:《行政违法行为法律监督的历史、困境和出路》，载《天津法学》2018年第3期。

理和处理活动，应当接受人民检察院依法实施的监督，[1]推动"两法衔接"机制的规范化和法制化。

2009 年，最高人民检察院向全国人大常委会提交了《关于加强渎职侵权检察工作促进依法行政和公正司法情况的报告》，其中加强两法衔接工作的建议引起全国人大常委会的高度重视，并在此后每年向全国人民代表大会作的报告中对两法衔接工作都予以强调。2010 年，最高人民检察院向两法衔接司法改革任务的牵头单位国务院法制办提出了有关改革的建议，参与会签了《关于加强行政执法与刑事司法衔接工作的意见》，确保了两法衔接改革任务如期完成。2011 年 2 月 9 日，中共中央办公厅、国务院办公厅以中办发［2011］8 号文的形式转发了由国务院法制办、中央纪委、两高三部以及人社部共同制定的《关于加强行政执法与刑事司法衔接工作的意见》，强化信息公开、线索移送的义务，规定人民检察院可以对行政执法机关实行移送监督，即建议行政执法机关将查处的涉嫌犯罪案件及时移送公安机关。[2]该意见首次确定了检察机关对行政违法行为的直接监督权，拓展了检察建议的适用范围，进一步肯定和完善"两法衔接"机制。

以上这些法律、法规构建起了我国行政执法与刑事司法的衔接制度的基本框架，为检察机关加强与行政执法机关的联系，推动行政执法机关移送涉嫌犯罪案件提供了法律依据，也创设了检察机关对其他行政执法行为进行检察监督的先例，为行政违法行为检察提供了有力的法规文件支持，积累大量有益经验，奠定良好的监督基础。

2. 地方性法规、规章和地方层面的其他规范性文件

除了上述国务院及相关部门制定的法规和规章外，各地在探索对行政执法行为检察监督的过程中，在党委和人大的支持下，制定出一系列的地方性法规，出台了涉及检察机关对行政执法活动进行监督的决定、决议，明确授予检察机关对行政执法的检察监督职权，规定了行政机关相应的义务。这些

---

　　[1]　参见 2001 年 7 月国务院公布的《行政执法机关移送涉嫌犯罪案件的规定》第 9 条、第 14 条。

　　[2]　《关于加强行政执法与刑事司法衔接工作的意见》第 15 点规定："……人民检察院发现行政执法机关不移送或者逾期未移送的，应当向行政执法机关提出意见，建议其移送。人民检察院建议移送的，行政执法机关应当立即移送，并将有关材料及时抄送人民检察院；行政执法机关仍不移送的，人民检察院应当将有关情况书面通知公安机关，公安机关应当根据人民检察院的意见，主动向行政执法机关查询案件，必要时直接立案侦查。"

地方性法规、规范性文件的出台为检察机关探索实践行政执法监督工作提供了明确的操作规范、制度保障和法制基础。具体来说：

第一，在地方性法规中规定检察机关对行政执法活动的法律监督。例如，1997 年安徽省人大常委会根据《行政处罚法》制定的《安徽省行政执法监督条例》第 6 条规定："行政执法活动依法受人民法院的审判监督、人民检察院的检查监督。"该条例以地方立法的形式规定了检察机关对行政执法机关职权行为的监督职权。2012 年 10 月江苏省南京市人大常委会制定的《南京市城市治理条例》以地方性法规的形式于第 78 条第 1 款规定："城市管理相关部门及其工作人员进行城市治理活动应当接受人民检察院的法律监督。人民检察院提出的检察建议，城市管理相关部门应当认真研究、及时处理，并将处理结果抄送人民检察院。"福建省人大常委会出台《福建省优化营商环境条例》，其中第 61 条规定："检察机关在履行法律监督职责中，发现行政机关违法行使职权或者不行使职权，损害市场主体合法权益的，可以依法督促其纠正。"

第二，由地方人大常委会审议通过加强人民检察院法律监督工作的决议。据不完全统计，已经有二十多个省级人大常委会先后颁布了《关于加强人民检察院法律监督工作的决议》，其中有部分省份涉及行政执法检察监督的内容。例如 2009 年 11 月山东省人大常委会通过的《关于加强人民检察院法律监督工作的决议》第 1 条规定："全省各级人民检察院应当始终坚持国家法律监督机关的宪法定位，把加强法律监督、维护社会公平正义作为人民检察院的法定职责和根本任务，进一步增强监督意识，重视履行法律监督职责，依法独立公正地行使检察职权，全面加强对刑事诉讼、民事审判、行政诉讼、民事执行和监管活动，以及行政执法机关、国家工作人员职权行为的监督，保障法律的统一正确实施。"第 9 条第 1 款规定："全省各级人民政府应当支持人民检察院依法开展法律监督工作，督促相关行政执法机关与人民检察院建立并完善行政执法、执纪与刑事司法衔接、信息共享机制。行政执法机关对人民检察院查询涉嫌违法犯罪案件情况、要求提供有关案件材料、介入调查的，应当予以配合；对人民检察院要求移送刑事案件的意见，应当认真研究并反馈处理情况。对重大责任事故案件，应当及时通知人民检察院介入调查，并予以协助和配合。对人民检察院提出的检察意见和检察建议，应当认真办理，切实纠正确有错误的行政行为，并及时函复办理结果。"明确行政执法机关的相应义务。

　　2009 年 10 月上海市人民代表大会常务委员会通过《关于加强人民检察院法律监督工作的决议》，要求全市各级人民检察院"依照法律基本原则，积极探索法律监督工作的新途径，改进监督方式，增强监督实效。开展对公安派出所执法活动的监督；开展对刑罚变更执行的同步监督；探索对民事审判、行政诉讼以及有关执法活动开展监督的范围和程序；开展对同类案件的专项法律监督，督促相关单位改进和完善工作机制；依法监督、积极化解涉法涉诉信访矛盾，维护社会和谐稳定。"该决议还要求"全市各级人民政府应当积极支持人民检察院依法履行法律监督职责，督促有关行政机关依法行政。各级人民政府应当为人民检察院开展法律监督工作提供必要的保障。有关行政机关应当加强与人民检察院的沟通联系，构建和完善行政执法与刑事司法相衔接的信息共享平台，建立健全案件移送机制，确保人民检察院及时掌握在行政执法中发现的涉嫌犯罪的线索。对人民检察院发出的检察建议，应当认真研究、及时函复，切实纠正确有错误的行政行为。"2010 年宁夏回族自治区人大常委会通过《关于加强检察机关法律监督工作的决定》，明确检察院有权对行政执法活动进行监督，"对检察机关依法提出的纠正违法通知书和检察建议，应当认真研究，确有违法违纪的，依法坚决纠正，并反馈相关处理情况"。

　　为贯彻党的十八届四中全会精神，全面推进依法治国的内在要求，2014 年之后不少地方又出台支持检察机关开展行政执法检察监督工作的规定。如 2014 年吉林省人大常委会审议通过《关于全面推进依法治省的决议》，提出"探索建立检察机关对行政强制措施的监督机制和对行政不作为、乱作为的监督机制。"截至 2014 年底，全省已有 90%以上的县市区党委政府或人大常委会审议通过了关于开展行政执法检察监督工作的决议或决定（规定），为全省开展该项工作提供了有力的政策支持。[1]2015 年《宁波市行政执法监督工作机制建设试点工作实施方案》提出开展行政执法检察监督与政府法制监督协作机制建设试点工作，进行协同监督。2015 年 9 月，江苏省镇江市人大常委会通过的《关于加强行政执法检察监督工作的决议》，要求检察机关立足检察职能，切实加强对涉及公民人身、财产权益的行政强制措施的司法监督，及时纠正违法行政强制措施。要探索建立对行政违法行为的法律监督制度，对

---

〔1〕　数据来源于最高人民检察院 2014 年 11 月 26 日印发的《民事行政检察工作情况》。

在履行检察职责中发现的行政机关违法行使职权或不行使职权的行为，依法予以督促纠正。逐步建立行政执法检察建议和检察建议落实情况报送该市人大常委会相关工作机构备案制度；各行政执法机关要进一步增强接受法律监督的意识，认真落实检察机关提出的检察建议，依法纠正确有错误的行政执法行为。人大常委会将对行政执法机关接受与落实检察建议的情况依法进行监督。2016 年 10 月，青岛市人大常委会审议通过《关于加强行政执法检察监督工作的决议》，要求全市各级行政执法机关应当自觉接受、主动配合行政执法检察监督，将接受行政执法检察监督作为依法行政工作的重要内容，纳入依法行政考核体系。2016 年厦门市人大常委会审议通过《关于加强人民检察院法律监督工作的决议》，要求各级政府应当积极探索并完善依法行政与检察监督互动工作机制。这些规定对行政违法检察监督工作的开展在一定程度上提供了依据。

第三，由地方人民政府单独或者与检察机关联合发布规范规定检察机关监督行政执法活动的措施。例如 2010 年 9 月，上海市人民政府办公厅《关于认真办理司法建议和检察建议进一步规范行政行为的意见》（沪府办发〔2010〕35 号），要求各级行政机关认真办理司法建议和检察建议，建立司法建议和检察建议回复和备案制度，不断完善办理司法建议和检察建议的工作机制。2011 年 2 月，宁夏回族回族自治区检察院和自治区人民政府共同出台《宁夏回族自治区行政执法工作与检察监督工作相衔接的若干规定》[1]，详细规定了行政执法检察监督的工作职责、监督方式，并建立了行政执法案件信息查询网络平台、线索移送等相关制度，使得行政执法检察监督有章可循，切实提高了监督的实效。2013 年宁夏回族自治区党委办公室与人民政府办公厅印发《关于进一步推进行政执法与刑事司法衔接工作的实施意见》，将"两法衔接"工作列入地方政府绩效考核，细化案件协查、信息录入、检查考核等具体规定。2023 年 10 月，为了实现行政执法和刑事司法更深层次融合，上海市嘉定区时隔 11 年，再次由"两办"印发《关于加强本区行刑双向衔接和行政违法行为监督工作的实施意见》，细化行政执法机关和司法机关双向移送

---

〔1〕宁夏回族自治区人民政府与宁夏回族自治区人民检察院联合印发的《宁夏回族自治区行政执法工作与检察监督工作相衔接的若干规定》是全国第一个由省级人民政府与省级人民检察院联合印发的关于行政执法检察监督方面的规范性文件。

衔接的工作细则,在明确履职标准、完善衔接机制的基础上,通过明确不起诉案件的检察意见制发、移送及回复的操作流程进一步完善反向衔接机制,促进行刑双向衔接的制度化、刚性化。增加强化违法行为监督相关内容,重点围绕信息共享平台、行刑双向衔接案件、有案不立、检察意见回复等方面开展监督工作,把行政违法行为监督工作纳入区级机关绩效考核范畴。打造"沪嘉通"信息应用集成系统,破解了跨平台数据导入不兼容、反向衔接功能较为薄弱等难题,打通数据共享的最后一公里,实现不同系统平台、不同技术标准的执法数据的一键转化和自动批量导入。

(四) 检察机关司法解释及其他规范性文件中的行政违法行为检察

1.《人民检察院检察建议工作规定》等相关司法解释

检察建议是人民检察院履行法律监督职责和参与社会治安综合治理的一种形式。[1]作为一种从实践中发展出来的监督方式,检察建议制度与转型期中国法律领域的诸多制度创新一样,遵循了"规范滞后、实践先行"的生成逻辑。

1981年中央针对社会治安问题提出实行全面综合治理,要求各地党委、政府和司法机关采取政治的、法律的、经济的、行政的、教育的等多种措施,防止和减少犯罪的发生。在此背景下,检察机关创造性地把检察机关的"建议"引入社会治安综合治理和职务犯罪预防活动中,"通过办案,对一些机关、企事业单位在管理上存在的漏洞,及时提出建议,帮助发案单位采取措施,健全制度,加强管理"。[2]1995年《检察官法》第一次在法律中提及"检察建议"这一监督方式,但并未具体展开。1998年中央社会治安综合治理委员会《关于成员单位参与综合治理的职责任务的通知》要求检察机关将结合办案"分析掌握各个时期、各个行业的职务犯罪、经济犯罪以及其他刑事犯罪特点,提出预防犯罪的建议;推动有关部门建立规章制度,堵塞漏洞,完善防范机制"作为一项工作任务。检察机关借助履行参与社会治安综合治理的职责使得具有一般监督特性的检察建议获得"再造"。[3]

2009年最高人民检察院制定《人民检察院检察建议工作规定(试行)》,

---

[1] 参见张思卿主编:《检察大辞典》,上海辞书出版社1996年版,第4页。

[2] 参见《最高人民检察院工作报告》(1982年12月6日)。

[3] 参见姜伟、杨隽:《检察建议法制化的历史、现实和比较》,载《政治与法律》2010年第10期。

首次系统地规定检察建议的功能、原则、对象、标准、范围、程序、回访和管理等内容。[1]此后，随着社会结构调整、市场经济发展以及民主法治进步，检察建议所受到的限制日趋明显，已经不能满足人民群众对公正司法和强化法律监督的新期待、新要求。在这种情况下，为了补充诉讼监督的不足，最高人民检察院2001年9月颁布的《人民检察院民事行政抗诉案件办案规则》第48条规定，人民检察院在办案过程中发现"有关国家机关工作人员、企业事业单位工作人员严重违背职责，应当追究其纪律责任的""应当向有关单位提出检察建议的其他情形"时可以向有关单位提出检察建议，尝试通过检察建议形式拓宽检察监督范围，延伸和扩大监督的效果。[2]

按照《人民检察院民事行政抗诉案件办案规则》并不是最高人民检察院的司法解释，而只是检察机关内部的程序性规则，外部效力有限。2011年3月，最高人民检察院联合最高人民法院出台《关于对民事审判活动与行政诉讼实行法律监督的若干意见（试行）》，在充分吸收实践经验的基础上，明确检察机关有权向人民法院、行政机关提出检察建议[3]，并进一步规定了检察建议的适用范围、程序。该规定虽然较为笼统，且限制意味较为明显，但这是两高第一次以司法解释的形式明确了检察机关对行政违法行为的监督权。上述司法解释被之后修改的《民事诉讼法》《行政诉讼法》和《检察院组织

---

　　〔1〕《人民检察院检察建议工作规定（试行）》第1条规定："检察建议是人民检察院为促进法律正确实施、促进社会和谐稳定，在履行法律监督职能过程中，结合执法办案，建议有关单位完善制度，加强内部约束、监督，正确实施法律法规，完善社会管理、服务，预防和减少违法犯罪的一种重要方式"。第5条规定："人民检察院在检察工作中发现有下列情形之一的，可以提出检察建议：（一）预防违法犯罪等方面管理不完善、制度不健全、不落实，存在犯罪隐患的；（二）行业主管部门或者主管机关需要加强或改进本行业或者部门的管理监督工作的；（三）民间纠纷问题突出，矛盾可能激化导致恶性案件或者群体性事件，需要加强调解疏导工作的；（四）在办理案件过程中发现应对有关人员或行为予以表彰或者给予处分、行政处罚的；（五）人民法院、公安机关、刑罚执行机关和劳动教养机关在执法过程中存在苗头性、倾向性的不规范问题，需要改进的；（六）其他需要提出检察建议的"。

　　〔2〕《人民检察院民事行政抗诉案件办案规则》第48条规定："有下列情形之一的，人民检察院可以向有关单位提出检察建议：（一）有关国家机关或者企业事业单位存在制度隐患的；（二）有关国家机关工作人员、企业事业单位工作人员严重违背职责，应当追究其纪律责任的；（三）应当向有关单位提出检察建议的其他情形"。

　　〔3〕《关于对民事审判活动与行政诉讼实行法律监督的若干意见（试行）》第11条规定："人民检察院办理行政申诉案件，发现行政机关有违反法律规定、可能影响人民法院公正审理的行为，也可以向行政机关提出检察建议，并将相关情况告知人民法院"。

法》所吸收。检察建议不再单纯的作为参与社会管理的一种方式，其在程序法中得以体现，具备了检察机关法律监督的所有属性，为检察机关对行政机关履职行为直接进行监督提供了有力的法律基础。

2018年12月25日最高人民检察院正式制定《人民检察院检察建议工作规定》，其中第2条将检察建议定义为"人民检察院依法履行法律监督职责，参与社会治理，维护司法公正，促进依法行政，预防和减少违法犯罪，保护国家利益和社会公共利益，维护个人和组织合法权益，保障法律统一正确实施的重要方式"，不再限定为检察机关在执法过程中发现有关单位存在执法不规范、管理漏洞、制度不健全等，向发案单位或者涉案单位及其主管部门提出的综合管理类检察建议，而是突出强调了检察建议在维护司法公正，促进依法行政、保障法律统一正确实施的法律监督职能。

2. "两法衔接"相关司法解释及其他规范性文件

检察机关根据当时全国整顿和规范市场经济秩序领导小组的要求，积极推动建立和完善两法衔接机制。2001年最高人民检察院印发《人民检察院办理行政执法机关移送涉嫌犯罪案件的规定》，对检察机关受理、审查行政执法机关移送涉嫌犯罪案件的程序作出规定，明确了行政执法机关、公安机关和检察机关对涉嫌犯罪案件的移送、立案和立案监督的责任，对行政机关执法活动中向公安机关移送的犯罪线索和向检察机关移送的涉嫌职务犯罪线索分别作出了具体的审查程序和反馈规定，为行政执法机关移送涉嫌犯罪案件，以及检察机关办理该类案件提供了具体的操作规范。

2004年3月18日，全国整顿和规范市场秩序领导小组办公室（以下简称"整规办"）和最高人民检察院、公安部联合制定了《关于加强行政执法机关、公安机关和人民检察院工作联系的意见》（高检会［2004］1号），明确要求加强执法衔接和各有关部门的工作联系，加强各级整规办在执法衔接工作中的协调作用，并提出"建立起行政机关与公安机关、人民检察院相互配合的长效工作机制"，进一步规范了人民检察院推动行政执法与刑事司法相衔接机制建设。

2006年1月，最高人民检察院又会同全国整规办、公安部、监察部发布了《关于在行政执法中及时移送涉嫌犯罪案件的意见》（高检会［2006］2号）、《关于在整规工作中加强法制建设和执法衔接工作的通知》（高检会［2006］2号）等，进一步明确了行政执法机关、公安机关、检察机关、监察机关在行政执法和刑事司法衔接工作中的具体职责，对一些工作规程进行了细化。如，行政执法机关对案情复杂、疑难，性质难以认定的案件，可以向公安机关、人民检察院咨询，必要时可商请公安机关参与介入；行政执法机关在查处违法行为过程中，发现有贪污贿赂、渎职等违纪、犯罪线索的，应根据案件性质，及时向监察机关或人民检察院移送；在查办违法犯罪案件工作中，公安机关、监察机关、行政执法机关和人民检察院应当建立联席会议、情况通报、信息共享等机制。2012年最高人民检察院修订《人民检察院刑事诉讼规则（试行）》，规定"人民检察院接到控告、举报或者发现行政执法机关不移送涉嫌犯罪案件的，应当向行政执法机关提出检察意见，要求其按照管辖规定向公安机关或者人民检察院移送涉嫌犯罪案件"，对检察机关监督行政执法机关移送涉嫌犯罪案件作出规定。

此外，检察机关、有关国家机关还单独或者联合就特定领域的行政执法与刑事司法衔接问题作了暂行规定。这类文件为行政检察制度运行提供了必要的依据来源。如，1999年最高人民检察院、公安部、国土资源部、海关总署、国家税务总局、国家环境保护总局、国家工商行政管理局、国家林业局、国家质量技术监督局、国家保密局发布《关于在查办渎职案件中加强协调配合建立案件移送制度的意见》，其中规定检察机关可以对行政机关提出检察建议或纠正意见实施监督；根据个案具体情况，可以建议纪检监察部门追究有关行政机关工作人员和领导干部的纪律责任，建议发案单位和相关部门对管理和制度等方面存在的漏洞整改，对于行政机关没有积极履行职责、消极不作为的情形也可督促其履行职责。2006年监察部、最高人民检察院、国家安全生产监督管理总局印发了《关于加强行政机关与检察机关在重大责任事故调查处理中的联系和配合的暂行规定》。2006年公安部、国家工商行政管理总局印发了《关于在打击侵犯商标专用权违法犯罪工作中加强衔接配合的暂行规定》。2006年公安部、海关总署印发了《关于加强知识产权执法协作的暂行规定》。2006年公安部、国家版权局印发了《关于在打击侵犯著作权违法犯罪工作中加强衔接配合的暂行规定》。2007年国家环境保护总局、公安部、最高人民检察院下发了《关于环境保护行政主管部门移送涉嫌环境犯罪案件的若干规定》。2012年最高人民检察院下发《关于切实做好打击侵犯知识产权和制售假冒伪劣商品工作中行政执法与刑事司法衔接的通知》，对检察机关在侵权假冒领域完善两法衔接工作提出具体要求。2012年，国家工商行政管理总局、公安部、最高人民检察院下发了《关于加强工商行政执法与刑事司法衔接配合工作若干问题的意见》。2015 年 12 月，国家食品药品监管总局、公安部、最高人民检察院、最高人民法院、国务院食品安全办联合下发了《食品药品行政执法与刑事司法衔接工作办法》。2017 年 1 月，环境保护部、公安部、最高人民检察院又联合下发了《环境保护行政执法与刑事司法衔接工作办法》。两个《办法》的出台，是"两法衔接"长效机制建设在关键领域的重点突破，对于解决"发现线索难、立案监督难、监督处理难"的问题和促进依法打击破坏环境资源和危害食品药品安全犯罪形成合力将起到积极的推动作用。

2021 年《中共中央关于加强新时代检察机关法律监督工作的意见》指出健全行政执法和刑事司法衔接机制。为了加强与行政执法机关衔接配合，共同促进严格执法、公正司法，最高人民检察院先后印发《关于推进行政执法与刑事司法衔接工作的规定》《关于推进行刑双向衔接和行政违法行为监督构建检察监督与行政执法衔接制度的意见》，明确在内容上突出双向衔接并规定启动情形。其中关于反向"两法衔接"明确规定，其他检察部门在履行法律监督职责中发现行政违法行为监督线索的，移送行政检察部门统一筛查办理；属于公益诉讼案件线索的，移送公益诉讼检察部门办理。检察机关决定不起诉的案件，行政检察部门审查后认为需要给予行政处罚的，经检察长批准，提出检察意见，移送行政主管机关处理。行政检察部门对行政主管机关的回复和处理情况要加强跟踪督促，发现行政主管机关违法行使职权或不行使职权的，可以依照法律规定制发检察建议等督促其纠正。据此，检察意见的跟踪督促中，发现行政机关未依法作出行政处罚的，检察机关可以制发检察建议督促纠正。[1]

3. 地方行政机关与检察机关就行政违法行为监督会签的规范性文件

由于行政监督工作缺少法律层面操作依据，各地检察院也与行政部门会签了相关文件。如 2014 年 6 月山东省检察院首创性地与省监察厅、省政府法制办公室联合会签了《关于在行政执法检察监督工作中加强协作配合的意见》，并制定《山东省检察机关行政执法检察监督工作规范（试行）》等实

---

[1] 参见张相军、马睿：《检察机关开展行政违法行为监督的理论与实践》，载《法学评论》2023 年第 6 期。

施细则，理顺法律监督与行政机关内部监督的关系，取得良好的监督效果和宣示作用。[1]内蒙古自治区人民检察院与自治区法制办于 2014 年 11 月 21 日制定了《关于加强行政检察与行政执法监督衔接配合的意见》，规定了在行政检察与行政执法监督相衔接工作中的监督原则、重点和检察机关与行政执法部门开展工作的具体方式和方法等。[2]这类文件无疑也为行政检察活动在各地的开展提供了制度支持。

（五）党和国家政策中的行政违法行为检察

当前，对检察机关开展行政检察工作最直接、最有力的政策依据莫过于2013 年《中共中央关于全面深化改革若干重大问题的决定》（以下简称《全面深化改革的决定》）和 2014 年《全面推进依法治国的决定》。《全面深化改革的决定》提出要"加强对行政执法的监督……完善行政执法与刑事司法衔接机制"。《全面推进依法治国的决定》提出健全行政执法与刑事司法衔接机制、建立对涉及公民人身、财产权益行政强制措施的法律监督制度、建立对履行职责中发现的违法行政行为的监督纠正制度、探索建立检察机关提起公益诉讼制度。将行政检察的监督内容从过去行政诉讼监督拓展到行政活动领域。[3]上述两个《决定》是我国执政党的最高政治文件和最权威政治决策。党的文件虽不能代替法律，且该文件的目标就是依法治国而不是以文代法，但至少在法律没有明确规定行政检察制度的情形下，赋予了人民检察院大胆探索的思路和机会。在现行法律框架下，该文件是人民检察院开展行政检察工作最直接的政策性依据。

此后，2015 年中共中央、国务院制定的《法治政府建设实施纲要（2015-2020 年）》（中发〔2015〕36 号）第 20 点规定，"健全行政执法和刑事司法衔接机制，完善案件移送标准和程序，建立健全行政执法机关、公安机关、检察机关、审判机关信息共享、案情通报、案件移送制度。"第 27 点明确规定，"检察机关对在履行职责中发现的行政违法行为进行监督，行政机关应当

---

〔1〕 参见山东省人民检察院、省监察厅、省政府法制办公室《关于在行政执法检察监督工作中加强协作配合的意见》和山东省人民检察院《山东省检察机关行政执法检察监督工作规范（试行）》。

〔2〕 参见内蒙古自治区人民检察院、自治区法制办《关于加强行政检察与行政执法监督衔接配合的意见》。

〔3〕 详见《〈中共中央关于全面推进依法治国若干重大问题的决定〉辅导读本》，人民出版社2014 年版，第 60-61 页。

积极配合"。行政机关接受检察机关的法律监督，也有了直接明确的政策依据。2018 年中央政法工作会议明确提出，"要进一步完善刑事检察、民事检察、行政检察制度，强化检察机关对执法办案的监督，促进严格执法、公正司法。"更为重要的是，时隔数年，2021 年《中共中央关于加强新时代检察机关法律监督工作的意见》印发，重提检察机关"在履行法律监督职责中发现行政机关违法行使职权或者不行使职权的，可以依照法律规定制发检察建议等督促其纠正"，为行政违法行为检察监督指明探索方向。

　　"中国处于后发达国家的历史处境，要赶超西方必须采取跨越式发展道路来推进现代化；这就意味着中国法治建设始终要坚持通过政策和法律来改变社会，推动经济基础和上层建筑的变革。这种客观发展的必然性决定了中国法治在'实践'层面上必须采取以政策为主导的后现代法治模式，始终坚持党的路线、方针和政策在法治秩序建构中的主导作用，国家和法律始终是执行和落实党的政策的有效工具。"[1] 从法理角度而言，执政党政策并不属于法的渊源，但由于其执政地位，其政策不仅影响着法律的制定和实施，而且对于法治本身有着举足轻重的作用，甚至在实质上发挥着具有决定性的影响力。[2] 党的文件虽不能代替法律，且该文件的目标就是依法治国而不是以文代法。有关《全面推进依法治国的决定》的说明读本中，对为什么要建立行政检察制度也进行了详细分析和说明。[3] 开展行政违法行为检察监督工作是党中央赋予人民检察院的重大政治责任，是深入贯彻习近平法治思想，落实以人民为中心发展理念，促进法治政府建设，推进国家治理体系和治理能力现代化的重要举措。在法律没有明确规定行政检察制度的情形下，上述党和国家的政策性文件为探索行政违法行为检察改革提供政治合法性基础和思路，是人民检察院开展行政违法行为检察工作最直接的政策性纲领。检察机关要深入学习贯彻落实，紧紧抓住重大机遇，切实担负起全面深化行政检察监督的责任，促进行政机关严格执法、依法行政，维护宪法和法律权威，维护国家和

---

〔1〕　强世功：《从行政法治国到政党法治国——党法和国法关系的法理学思考》，载《中国法律评论》2016 年第 3 期。

〔2〕　参见周佑勇：《逻辑与进路：新发展理念如何引领法治中国建设》，载《法制与社会发展》2018 年第 3 期。

〔3〕　详见《〈中共中央关于全面推进依法治国若干重大问题的决定〉辅导读本》，人民出版社2014 年版，第 60-61 页。

社会公共利益以及公民、法人和其他组织的合法权益。

三、行权优势

（一）权威性和独立性

检察机关是"国家"的法律监督机关，是"国家法意志的代表人，而非政府的传声筒"。[1]检察机关代表国家并以国家的名义对法律的实施和遵守进行监督，维护国家和社会公共利益，维护国家法制统一，其不仅应当在出现行政公务罪案时对行政权加以控制，而且可以在任何时候对行政权的运用进行监督，是监督行政权的权威机关。[2]2016 年 2 月份，吉林省检察机关向吉林省政府发出保护环境类检察建议书，这在全国尚属首例，生动体现了检察监督的严肃性和权威性。[3]

检察机关是国家的"司法"机关。按照 1982 年国际律师协会第十九届双年会上通过的《司法独立最低标准》、1988 年联合国人权委员会《关于审判人员、陪审员和陪审技术顾问的独立性及律师的独立性的宣言草案》、1995 年第六届亚太地区首席大法官会议通过的《司法机关独立基本原则的声明》等国际或者地区宣言，司法机关应当具有独立性。检察机关与行政机关不存在隶属关系，检察监督权作为一项独立的国家权力，其本身就能通过国家权力之间的相互制衡机制发挥作用，具有更为直接的监督效力。[4]我国《宪法》、《刑事诉讼法》和《人民检察院组织法》都规定人民检察院独立行使检察权，不受行政机关、社会团体和个人的干涉。《全面推进依法治国的决定》提出的检察机关、审判机关人财物省级统管的改革措施，也为检察机关依法独立监督行政机关提供了可能。中共中央办公厅、国务院办公厅印发的《领导干部干预司法活动、插手具体案件处理的记录、通报和责任追究规定》、中央政法委印发的《司法机关内部人员过问案件的记录和责任追究规定》以及两高三

---

〔1〕 参见林钰雄：《检察官论》，法律出版社 2008 年版，第 8 页。

〔2〕 参见胡建淼主编：《公权力研究：立法权·行政权·司法权》，浙江大学出版社 2005 年版，第 331 页。

〔3〕 邢颖：《首份发往省政府的"建议书"》，载《北京青年报》2017 年 3 月 1 日，第 A5 版。

〔4〕 参见刘远、王大海主编：《行政执法与刑事执法衔接机制论要》，中国检察出版社 2006 年版，第 54 页。

部联合下发的《关于进一步规范司法人员与当事人、律师、特殊关系人、中介组织接触交往行为的若干规定》，进一步健全和完善检察权运行制约监督体系，切实杜绝说情打招呼、违规干预司法等情形，把干涉检察官办案的权力关进制度的笼子里，确保秉公用权、依法办案、廉洁司法。这些法律和规定为检察机关独立监督行政权提供了制度保障。

（二）具体性和积极性

检察机关是"具体"的法律监督机关。在我国，人大及其常委会是不直接处理案件的，它主要是通过听取报告、对执法活动进行检查、审查撤销规范性文件、行使决定权、任免权和质询权等方式对"一府两院"实施间接的、宏观的和抽象的监督。而根据宪法、检察院组织法和三大诉讼法的法律规定，检察机关的监督是通过司法办案开展的具体个案监督，其在过往的侦查和执行监督方面积累了丰富的经验，在行使职能过程中，能够发现具体的行政违法行为，在受理群众对于行政机关不法行为的抗告方面有着极大的优势。

检察机关是"主动"的法律监督机关。所谓检察权就是追查违法和检控违法的权力，即查控违法。检察权作为一种专门的法律监督权，其行使不受行政相对人申请的限制，检察机关一旦发现违法，即可依法及时启动监督程序，具有主动、及时、便捷的监督优势。例如，检察机关在审查批捕或者审查起诉公安机关移送的刑事案件时，发现遗漏犯罪嫌疑人或者遗漏罪行的，可以追捕、追诉，发现审判机关判决存在错误的，可以制发再审检察建议或者提起抗诉。因此，增加行政检察这一主动的监督方式，可以弥补行政复议、行政诉讼等被动型行政监督方式的不足，丰富对行政权的监督手段和方式。[1]

（三）法律性和程序性

检察机关是国家的"法律"监督机关。一方面，我国《宪法》第三章第八节对审判机关、检察机关的地位和职权并列作出规定，而在此之前已经对全国人大及其常委会以及国务院、中央军委等机构的地位和职权作出规定，并明确规定全国人大及其常委会有权对国务院、中央军事委员会、国家监察委员会、最高人民法院和最高人民检察院实施宪法和法律的情况进行监督。可见，只有人民代表大会才有全面监督法律实施的"统揽法律监督权"，检察

---

〔1〕　参见韩成军：《行政权检察监督的若干思考》，载《河南社会科学》2014 年第 8 期。

机关的法律监督是法定的、有限的，其由权力机关授予并受权力机关领导和监督。另一方面，国家法制的统一最根本的要统一于宪法，宪法法律只有在全国得到一体遵从、实施律才会有权威，也才能实现国家法治统一。在这一意义上，监督行政机关的行为是否合乎法律规定，本身就是检察机关的职责所在。并且与其他法律监督不同的是，检察机关法律监督职能的实现，并不是通过直接裁决受监督行为的合法性，而是通过诉讼行为获得司法裁决实现的。[1]

检察机关是"程序性"的法律监督机关。一方面，检察权的行使必须依照法定程序进行。法律对检察机关实施法律监督规定了一定的程序规则，这些程序规则可能因监督的对象不同而有所不同，也可能因监督的事项不同而有所不同，还可能因监督违法的程度不同而有所不同。例如检察机关对公安机关的违法行为可以制发纠正违法通知书，而对法院已经生效的裁判实施监督则需要遵循审判监督程序。另一方面，检察权的行使具有重要的程序意义。检察权与行政权、审判权不同，其责在监督，基本上没有实体的处分权，所作决定不具有实体性，不能强制性地改变或者作出终局性决定，只能启动相关程序，对行政权、审判权的违法行使提出异议，要求相关机关进行再考虑、审议，督促其纠正违法行为。[2]这种程序性特征，一方面限制了检察权的权力，使其不至陷入权力膨胀或者监督专权，造成对行政裁量权的过度干预，另一方面也肯定了其在实体监督程序中的发起效力，亦即通过检察权而激发人大监督权、政府行政权、监委监察权、法院审判权这些实体性、终局性权力，并最终通过上述权力的确认，实现改变行政权的终局性决定，确保行政权在法治轨道上正常运行。

（四）客观性和专门性

检察机关是"客观"的法律监督机关。在革命浪潮席卷欧陆的时代，法德等大陆法系国家创立检察制度之初衷有二：一是废除纠问式诉讼，由检察机关主导侦查并出任控方、决定是否提起公诉，形成检察机关与审判机关的彼此节制，以确保刑事司法的客观公正。二是监督警察行为，通过以"法治

---

〔1〕参见孙谦：《设置行政公诉的价值目标与制度构想》，载《中国社会科学》2011年第1期。

〔2〕参见谢鹏程：《行政处罚法律监督制度简论》，载《人民检察》2013年第15期；傅国云：《行政检察监督的特性、原则与立法完善》，载《人民检察》2014年第13期。

国"为目标的制度设计来防止国家滑入"警察国"的深渊。因此客观中立是检察机关的独特品格，检察机关行使行政检察监督职能，在行政机关与行政相对人之间保持中立，有利于保证监督的客观性和公正性。检察机关的客观属性还体现在检察官职业伦理中的客观义务上，客观义务又称客观公正义务，是指检察官为了发现真实情况，应站在客观的立场上进行活动，而不应站在当事人的立场上，忠于事实真相，实现司法公正。"检察官应仅力求真实与正义，因为他知晓，显露他（片面打击被告）的狂热将减损他的效用和威信，他也知晓，只有公正合宜的刑罚才符合国家的利益。"[1]不管是大陆法系还是英美法系，检察官作为法律的守护人和国家公益的代表，其职业伦理都要求检察官代表国家追诉犯罪，公正严明，不惧权贵，维护社会公平正义，保障社会公共利益；同时要求保障人权，尊重程序正义，客观中立，依法追诉，防止过度追诉，防范陷无辜者于罪名。[2]我国《刑事诉讼法》也明确规定检察机关有全面调查义务，即检察人员像审判人员一样，要依照法定程序，全面收集能够证实犯罪嫌疑人、被告人有罪或无罪、犯罪情节轻重的各种证据。人民检察院审查起诉时，既应听取犯罪嫌疑人及其辩护人的意见，又应听取被害人及其代理人的意见，以全面了解案情，客观履行职责。可见行政检察不仅可以防止行政权懈怠或者滥用，而且可以通过对行政权的监督实现对私权的救济，对公益的维护，也可以对正当行政行为予以保障匡扶，从而达到行政机关权力、责任与行政相对人权利、义务的合理分配和各种冲突利益的有效平衡。

检察机关是"专门"的法律监督机关。这种"专门"主要表现在监督主体的专门性、监督手段的专门性和监督人员的专门性。监督主体的专门性，是指法律监督机关只能是检察机关，这是由《宪法》第134条"中华人民共和国人民检察院是国家的法律监督机关"所明确规定的。行政权监督机构的专门化是世界监督制度的发展方向，有利于弥补内部监督的缺陷，使得行政权的监督效果更加显著。目前世界范围内，已有不少国家在检察机关或者行使类似职权的机关监督行政权方面形成了较为成功的模式，为我国构建行政

---

〔1〕　林钰雄：《检察官论》，法律出版社 2008 年版，第 3 页。

〔2〕　参见张志铭、于浩：《国际检察官职业伦理评析》，载《国家检察官学院学报》2014 年第 1 期；王永：《我国检察官职业伦理规范研究》，山东大学 2012 年博士学位论文。

违法检察监督制度提供了很好的学习和借鉴范例。[1]监督手段的专门性是指根据有关法律规定，检察机关享有完整的诉讼监督权力，除了对职务犯罪进行立案侦查、批准逮捕、提起公诉，对公安机关的立案侦查活动实施监督，对人民法院的判决裁定提起抗诉等职权外，还具有一定的诉讼外监督权和调查核实权。[2]这些手段是其他任何国家机关都不具有的，也是保障检察机关法律监督权行使所需的专门的手段。监督人员的专门性是指检察机关拥有法律专业知识扎实、实践监督经验丰富的队伍，其监督具有法定性、专业性、权威性，有利于对行政权运行过程中涉及的复杂法律问题的监督，也有利于弥补非制度化的社会监督存在的固有缺陷，具备行政检察的专业优势。

---

〔1〕 参见肖中扬：《论新时代行政检察》，载《法学评论》2019 年第 1 期。

〔2〕《人民检察院组织法》第 21 条第 1 款规定："人民检察院行使本法第二十条规定的法律监督职权，可以进行调查核实，并依法提出抗诉、纠正意见、检察建议。有关单位应当予以配合，并及时将采纳纠正意见、检察建议的情况书面回复人民检察院。"《民事诉讼法》第 221 条规定："人民检察院因履行法律监督职责提出检察建议或者抗诉的需要，可以向当事人或者案外人调查核实有关情况。"《行政诉讼法》第 101 条规定："人民法院审理行政案件，关于期间、送达、财产保全、开庭审理、调解、中止诉讼、终结诉讼、简易程序、执行等，以及人民检察院对行政案件受理、审理、裁判、执行的监督，本法没有规定的，适用《中华人民共和国民事诉讼法》的相关规定。"

行政违法行为检察制度的
内部需求与外部机遇

一项新的法律制度或者规则的提出，往往是为了应对变化了的社会现实，或者是为了弥补原有制度的不足。党的十九大报告指出，"我国社会主要矛盾已经转化为人民日益增长的美好生活需要和不平衡不充分的发展之间的矛盾"。党的二十大报告指出，"坚持依法治国、依法执政、依法行政共同推进，坚持法治国家、法治政府、法治社会一体建设"。行政违法行为检察概念的提出，正是与我国行政法治领域出现的问题以及传统行政法理论面临的挑战密切相关。因此，在讨论新时代行政违法行为检察的定位和发展之前，首要之举应当是审视当前我国行政法治建设在理论和实践中存在着何种缺陷。这种缺陷不仅为行政违法行为检察制度的运行提供不可错失的良机，同时也指明了行政违法行为检察对于解决或者弥补这种缺陷具有怎样的意义。

一、行政监督制度发展的需要

客观上讲，立法存在缺陷，执法主体素质参差不齐，执法体制不顺，执法责任追究不严，行政内部监督不实，行政外部监督软弱，皆是导致上述问题的现实因素，但最根本、最主要的还是缺乏监督、制约、规范行政权力的制度。党中央在经济领域提出供给侧改革，在人民对于公平正义的需要领域也需要提供优质高效的法治制度供给。现有对行政权力的制约和监督制度有党内监督、人大监督、民主监督、监察监督、行政监督、司法监督、审计监督、社会监督、舆论监督等，从总体上来看，上述九种行政监督方式似乎已经涵盖对整个行政活动的监督，但如果结合上述行政法治难题进行深入研究，可以发现许多执法领域客观上还存在着监督的死角和空白，各种监督权力配置还存在一定的弊端，行政权力运行制约监督体系尚不完善。对此有人形象地指出，"上级监督下级太远，同级监督同级太软，下级监督上级太难，组织监督时间太短，纪委监督为时太晚。"[1]因此，要形成监督合力和实效，还需要有新的全面及时有效的制度供给。

（一）党内监督、人大监督、民主监督发展的需要

党内监督、人大监督、民主监督在监督功效上，各具特色，也相互协同，故在我国有着充分的制度依据和丰富的实践经验。但不可否认，这些监督制度也有自身的不足，大体表现为如下三个方面。

第一，党内监督具有特殊性，不能完全覆盖行政机关及其工作人员。《中国共产党章程》第39条规定："党的纪律是党的各级组织和全体党员必须遵守的行为规则，是维护党的团结统一、完成党的任务的保证。党组织必须严格执行和维护党的纪律，共产党员必须自觉接受党的纪律的约束。"《中国共产党纪律处分条例》第6条规定："本条例适用于违犯党纪应当受到党纪责任追究的党组织和党员。"可见，纪律检查对象包括党的组织和党员两类主体。2016年10月27日党的第十八届六中全会通过《中国共产党党内监督条例》，这是党在长期执政和全面依法治国条件下，实现依规管党治党、加强党内监督的重大举措，对于深入推进党风廉政建设和反腐败斗争具有十分重要的意义。从《中国共产党党内监督条例》第5条、第6条和第9条看，党内监督的主要内容是对党组织和党员的组织监督和纪律监督，其监督的重点对象是党的领导机关和领导干部特别是主要领导干部，其监督体系由党中央统一领导，党委（党组）全面监督，纪律检查机关专责监督，党的工作部门职能监督，党的基层组织日常监督，党员民主监督等部分组成。因此，党内监督对于行政权力的制约和监督主要体现在对各级行政机关的党组织、党员领导干部的组织和纪律监督，例如要求党员领导干部廉洁自律、秉公用权，纪律检查机关认真处理信访举报等，在监督对象和监督范围上具有特殊性，不能完全覆盖行政机关及其工作人员。

第二，人大监督具有宏观性，一般不对行政个案或者具体行政行为实施监督。我国《宪法》第3条规定，国家机构实行民主集中制的原则。全国人

---

[1]《监督创新亟须重视舆论监督》，载《共产党员》2008年第3期。

民代表大会和地方各级人民代表大会都由民主选举产生，对人民负责，受人民监督。国家行政机关、监察机关、审判机关、检察机关都由人民代表大会产生，对它负责，受它监督。因此，行政机关是权力机关的执行机关，全国和地方各级人民代表大会及其常委会有权对行政权的行使进行监督，有权撤销政府制定的行政法规、规章和决定、命令，也有权罢免政府的组成人员，具有其他监督制度不可比拟的权威性和效力性。但由于人民代表大会一年召开次数少，人大代表又是普选产生，在选举时没有专业上的要求，而各级人大常委会在人员力量、时间精力、专业能力等方面存在不足，实际运作中人大监督主要是通过听取报告、审查规范性文件、执法检查、组织观察、专题调研、任免质询等方式来实现，远达不到监督的深度、广度和专业程度，难以完成对行政权运行的常态化监督。例如，人大执法检查监督除了相关法律概括性规定外没有具体的操作规程，其内容主要侧重于对行政机关实施宪法、法律和法规的监督等，通常比较抽象、宏观、宽泛，监督的对象一般也不直接针对具体行政行为，不介入具体的行政执法办案程序，也决定了其无法对行政机关进行经常性、连续性的监督。又如，法律文件的立法审查，从实际运作的情况来看，由于立法规定得过于原则，权力机关内部也缺乏专门的监督机构和人员配置，导致无法对大量的行政法律、法规和规章制度进行实质性审查，为地方保护主义、部门保护主义留下隐患。再看人大特定问题调查制度，我国《宪法》第71条、《各级人民代表大会常务委员会监督法》第9条、第39条和《地方各级人民代表大会与地方各级人民政府组织法》第36条规定，全国和地方各级人民代表大会及其常委会认为必要的时候，可以组织关于特定问题的调查委员会，并根据调查委员会的报告，作出相应的决议、决定。实践中海南、安徽、四川、辽宁、湖南等地方人大及其常委会也曾将该项职权付诸实践，但这种监督具有偶然性，并且成本高、效率低，监督效果也不尽人意。[1]

第三，民主监督具有松散性，难以对行政违法行为监督聚焦与整合。从历史上看，人民政协自产生以来，围绕民主和团结两大主题，积极履行政治协商、民主监督、参政议政的职能，针对执政党和国家的方针政策、国家重要事务提出了许多建设性的意见和建议，对推进社会主义民主政治建设，促

---

[1]　参见温泽彬：《人大特定问题调查制度之改革》，载《法学》2015年第1期。

进执政党和政府科学化、民主化决策起到独特的作用。从体制看，人民政协作为多党合作和政治协商的重要机构，不同于国家权力机构和行政管理机构，政治地位虽高但监督权威不够。[1]从制度上看，尽管《中共中央关于坚持和完善中国共产党领导的多党合作和政治协商制度的意见》《政协全国委员会关于政治协商、民主监督、参政议政的规定》《中国人民政治协商会议章程》《中共中央关于加强人民政协工作的意见》《中共中央关于加强社会主义协商民主建设的意见》《关于加强人民政协协商民主建设的实施意见》等对民主监督及其管理体制都有明确的规定，但从这些文件形式和内容也可以看出，目前人民政协的民主监督还仅仅停留在政策层面，关于民主监督的内容、形式、程序、效力等也仅为原则性规定。因此政协实施的民主监督不具有法律效力，也没有党纪、政纪的约束功能。受监督者对于批评建议听不听取、接不接受、采不采纳，完全取决于自觉程度。从实际工作情况看，囿于思维观念、外部环境、内部运行机制等多个方面原因，人民政协在履行三大职能的过程中，对内在政协开展的各种会议提案、走访调研、社情民意反映以及特约监督员工作中缺乏监督整合和保障机制，对外与党内监督、人大监督、行政监督、社会监督、舆论监督等监督形式尚缺乏实质性的联动，客观存在协商顺畅监督有阻力、议政充分监督有难度的问题，对行政违法行为监督相对薄弱。

（二）行政内部监督发展的需要

行政监督，本书泛指政府内部行政系统内的上下级行政机关相互之间或行政系统内专设的监督部门（如审计、督察）对行政机关及其公务人员的执法活动和执法行为所进行的监察和督促。行政机关的监督主体与监督对象之间存在着一定的领导与被领导的服从关系，因而更具有及时性、隶属性和广泛性的特点。但由于行政机关的监督是一种内部监督，其性质上属于同体监督。同体监督是指监督主体与监督客体属于同一个组织或系统，是权力部门内部的一种自我监督，简言之，即自己监督自己。同体监督模式有其天生的缺陷，如果监督者所需要的核心资源如人事任免权、财政权、福利待遇等受制于监督对象，后者就可以利用他们对资源的控制来与监督者讨价还价，做

---

[1] 参见王锐：《增强人民政协民主监督的实效性》，载《党政论坛》2011年第3期。

交易，干涉监督权，甚至直接胁迫监督者听话和恭顺。可见同体监督在独立性、公开性、客观性等方面存在不足，其公正性和权威性容易受到质疑。具体来说：

1. 行政复议机关缺乏中立性和独立性

行政复议是行政主体内部自我纠错的一种监督方式，是行政主体上下级的层级监督。我国《行政复议法》第11条规定，行政相对人认为行政机关的具体行政行为侵犯其合法权益的可以申请行政复议。与《行政诉讼法》第12条规定的受案范围相比，行政复议受案范围比行政诉讼受案范围更大，其不仅仅局限于受理侵犯行政相对人的人身权和财产权的行政行为，还可以针对行政行为的合法性和合理性进行全面审查，具有全面高效经济便捷的制度特点，与同作为化解行政争议的"三驾马车"的行政诉讼和信访制度相比，行政复议理应是官民争议解决的"主渠道"和"减压阀"。[1]从实际情况看，尽管有一部分行政违法行为是通过行政层级监督实现的，但由于行政机关和作为复议机关的上一级行政机关及本级人民政府之间存在类似同体关系，与"任何人不得担任自己案件的法官"的自然正义法则的基本要求相悖，其公正性、中立性缺乏制度保证，使得行政机关的自我监督和自我纠错功能并未充分体现。[2]比如下级行政机关作出的很多决定的依据是上级行政机关或者所属的同级人民政府制定的方针、政策，有的重大疑难的行政执法事项，执行前下级行政机关可能已经请示过上级，有时可能还是按照上级指示执法。在这种情况下，下级行政机关的违法行为就很难通过上级行政机关的监督予以纠正。

针对复议机关往往成为维持机关，以及行政复议机关为避免当被告对行政复议申请采用调解、促成和解的方式进行"和稀泥"等问题，2014年修改的《行政诉讼法》规定，只要经过复议的案件，复议机关无论是否改变原具体行政行为，只要行政相对人提起行政诉讼，复议机关都会成为被告。但是，这种治标不治本的复议机关共同被告制度，过高地估计了复议机关的工作能力，忽视了近年来部分行政相对人滥诉、缠诉的不良现象以及行政诉讼管辖制度的规定，

---

〔1〕 参见章志远：《行政法学总论》，北京大学出版社2014年版，第346-365页；彭东昱：《行政复议：官民争议"减压阀"》，载《中国人大》2013年第24期。

〔2〕 参见杨小君：《我国行政复议制度研究》，法律出版社2002年版，第24页。

导致原本就人少活重的复议机关疲于应诉，不仅浪费办案资源，影响到复议机关正常工作，也降低了复议制度和复议机关的权威性，使得复议制度在原有"大信访、中诉讼、小复议"的行政争议解决格局中雪上加霜。[1]

2020 年 2 月，中央全面依法治国委员会第三次会议审议通过《行政复议体制改革方案》，要求落实行政复议体制改革方案，优化行政复议资源配置，推进相关法律法规修订工作，发挥行政复议公正高效、便民为民的制度优势和化解行政争议的主渠道作用。为落实《行政复议体制改革方案》，各地纷纷出台行政复议体制改革实施方案，积极整合行政复议职责，明确行政复议机构，取得了显著的成效。[2] 以上海为例，行政复议体制改革两年多来，全市行政复议申请数量迅猛增长，改革第一年受案数同比翻番，第二年又同比增长了六成多，其制度优势和主渠道作用日益凸显。2023 年 9 月 1 日，十四届全国人大常委会第五次会议审议通过新修订的《行政复议法》，对于行政复议体制改革成果予以及时固定，取消地方人民政府工作部门的行政复议职责，除了实行垂直领导的行政机关、税务和国家安全机关的特殊情形外，一般由县级以上地方人民政府统一行使，提升行政复议的公信力和权威性。此次修订扩大行政复议范围，明确对作出行政强制措施的决定、行政赔偿、工伤认定、行政协议、政府信息公开等行为不服的，可以申请行政复议。应该说，此次修订多项制度和规定是根本性、系统性重构，对于解决上述行政复议机关缺乏中立性和独立性的问题也作出回应。但在复议受理范围、过程公开、安排阅卷、法律责任、办案机制、文书署名以及行政赔偿等方面还存在一定的不足，实践成效还有待进一步观察。

2. 行政监察和审计监督监督实效不突出

各级行政机关通过改革行政执法体制，也逐步实现执行权与监督权适当分离，并在内部设有监察室或者督查室具体负责内部执法检查。但"再锋利的刀刃，也砍不了自己的刀把。"行政监察和审计部门隶属于行政机关，行政监察权和审计权本身就是行政权的一个组成部分，而且其人财物缺乏独立性，很难摆脱行政权的干涉和影响，兼之内部监督程序不公开不透明，监督效果

---

[1] 参见沈福俊：《复议机关共同被告制度之检视》，载《法学》2016 年第 6 期。
[2] 参见马怀德：《行政复议体制改革与〈行政复议法〉修改》，载《中国司法》2022 年第 2 期。

不甚理想。虽然行政监察部门产生于党政分离的要求下，但在《监察法》未颁布之前，纪委在执纪检查工作上存在重反贪轻反渎的特点，间接导致行政监察部门对行政执法的监督范围局限于国家行政机关及其工作人员违法乱纪的行为，对相关人员作出行政监察处理，对行政效能、良好行政等事务进行行政法制监督的职能日渐萎缩。[1]退一步讲，即使行政内部监督机构具有一定的独立性，但具体到负责日常监督的行政机关内部监督机构工作人员，也难以排除自身利益冲突或者具有共情心理，彼此之间很难实施真正的监督。[2]现阶段行政监察为监察机关之监察职能所吸收，即便如此，仅局限于对行政公职人员的监察尚无法涵盖对行政违法行为的全面监督。

（三）行政诉讼监督发展的需要

"没有外力的监督，不是严格科学意义上的监督"。[3]在我国，国家司法机关包括人民法院和人民检察院，两院在国家权力结构中与行政机关平行，同由人民代表大会产生，对人民代表大会负责，因此司法监督属于异体监督、外部监督，在专业性、独立性和公正性上具有无可比拟的作用。但在国家权力框架下，权力之间的制约与平衡非常重要，人民法院通过行政审判对行政活动监督范围的大小关系到司法权与行政权的边界问题。因此，人民法院自身的有限资源和行政行为数量庞大之间的矛盾决定了人民法院的行政诉讼监督只能是有限监督，司法机关不能代替行政主体进行决策，更无法直接进行社会管理。

行政诉讼是人民法院通过审理行政诉讼案件，对行政权力侵犯公民权利的现象以及相关行政行为进行合法性审查的一种司法监督方式。与自决、和解、调解以及申诉专员、行政复议、行政裁判所和信访等制度相比，通过司法权来解决行政争议、提供权利救济，具有独立性、公正性、强制性、程序性和终局性等优点。[4]2014年修改后的《行政诉讼法》对行政诉讼的受案范围予以拓宽，将原有的"具体行政行为"修改为"行政行为"，防止法院将应当

〔1〕　参见解志勇：《行政检察：解决行政争议的第三条道路》，载《中国法学》2015年第1期。
〔2〕　参见魏琼、梁春程：《双重改革背景下警察执法监督的新模式——兼论检察监督与监察监督的协调衔接》，载《比较法研究》2018年第1期。
〔3〕　蔡定剑：《国家监督制度》，中国法制出版社1991年版，第2页。
〔4〕　参见孔繁华：《行政诉讼性质研究》，人民出版社2011年版，第71-74页。

受理的案件不予受理；对原法第 11 条第 1 款列举的 8 项增加到 12 项，进一步保护公民合法权益不受行政机关侵犯。近年来，随着《行政诉讼法》修改和行政诉讼立案登记制等制度的实施，行政诉讼案件量大幅增长，2013 年至 2017 年法院审结一审行政案件 91.3 万件，同比上升 46.2%，其中 2017 年法院审结的行政案件数量接近是 2013 年的 2 倍。但出于权力划分的界限，司法监督也存在限制，诸如管辖权、原告资格等限制规定即体现了国家利益和个人利益的矛盾统一以及民主与效率的矛盾统一。[1]行政诉讼制度在权力制约方面显得相当力不从心，其应有的制度功能并未充分发挥，当事人通过诉讼渠道解决行政纠纷的途径并不顺畅。具体来说：

第一，行政诉讼监督范围有限。一是对于规章以下的规范性文件法院只进行附带性审查，不作出判决。二是行政诉讼原告资格限制多。2014 年修改后的《行政诉讼法》规定原告资格为"行政行为的相对人以及其他与行政行为有利害关系的公民、法人或者其他组织"，对于公民、组织为了公共利益而提起的行政诉讼，《行政诉讼法》和相关司法解释规定起诉人必须要与被诉行政行为有法律上的利害关系，但究竟何为"有利害关系"，标准过于抽象，缺乏具体可操作性。司法实践尝试通过区分私益和公益、反射利益、主观公权和保护规范理论等方法来判定其原告资格的有无。[2]但这种治标不治本的方法并未从根本上解决公民对于侵害公共利益的违法行政行为通过行政诉讼进行监督的困境。尤其是一些因行政机关未依法履职或者国家工作人员与当事人双方恶意串通致使国有资产流失的情况，由于没有与之有法律上利害关系的行政相对人，或者该行政相对人因是该违法行政行为的受益人，而无人或者无法提起行政诉讼，造成大量国有资产流失，侵害了国家和社会公共利益。三是人民法院只能对行政行为的合法性进行审查。为避免机械式的合法性审查，2014 年修改后的《行政诉讼法》第 70 条在原有"滥用职权"的情形之外增加了"明显不当"的行政违法情形，但基于诉讼制度定位和实际情况，并未确立全面的合理性审查。[3]

第二，行政诉讼监督实效有限。一方面，行政审判监督遵循"不告不理"

---

〔1〕 参见林莉红：《行政诉讼法学》（修订版），武汉大学出版社 2001 年版，第 11 页。

〔2〕 参见赵宏：《保护规范理论在举报投诉人原告资格中的适用》，载《北京航空航天大学学报（社会科学版）》2018 年第 5 期。

〔3〕 参见信春鹰主编：《中华人民共和国行政诉讼法释义》，法律出版社 2014 年版，第 189 页。

原则，其对行政违法行为的监督因行政相对人提起行政诉讼而启动，具有被动性特点。同时，行政诉讼属于事后监督，对限制人身自由等行政强制措施的监督存在滞后性。另一方面，行政诉讼耗时耗力。与讲究效率效益的行政行为相比，行政诉讼存在诉讼时间长、诉讼费用高、诉讼过程易受干扰等弊病，行政诉讼中只有行政赔偿、补偿以及行政机关行使法律、法规规定的自由裁量权的案件可以调解，其余案件都必须经过漫长的庭审、判决、执行程序，不利于及时监督涉及行为违法的行政活动。

第三，行政诉讼实质性解决争议不足。"行政争议实质性解决"是促进诉源治理的一体两面，其要求司法机关在办案过程中要着眼于当事人的实质性诉求，以践行能动司法为手段，以案结事了为目标，实质性而不是程序性解决纠纷，力求实质正义与形式正义的统一。[1]行政诉讼制度在推动依法行政、实现依法治国方面发挥了巨大的作用，但因程序空转问题日益突出，很多案件未进入实体审理阶段，案结事不了就成为行政诉讼的顽瘴痼疾，而当事人的诉求得不到解决，对政府的怨气、戾气越来越大，就极易影响社会稳定。另一方面，在程序空转的背后，反映出的是司法制约对行政违法的失之于宽，行政权得不到有效制约的问题。实践中，相较于全国信访量自1992年连续十几年持续上升达到年均千万件/人次，我国历年行政案件基本维持在20-30万件范围，在全国一审案件中的比例都未超过1.9%。[2]面对始终居高不下的信访浪潮，行政诉讼收案数严重不足，诉讼申诉成功率低下，撤诉率却高得出奇，且相当一部分是非正常撤诉，如此种种挫伤了公民对的信心，阻却了他们通过诉讼寻求救济的积极性，导致一些行政相对人寻求上访、闹访甚至采取群体性冲突的方式来表达诉求，以致形成了"信访不信诉""信抗不信法"的局面。[3]这表明通过行政诉讼化解行政违法引发的行政纠纷，其效果不是最优。

基于行政审判实践的困惑提出"实质性化解行政争议"这一命题，最高

---

〔1〕 参见章志远:《行政争议实质性解决的法理解读》，载《中国法学》2020年第6期。

〔2〕 参见王东进等:《积极化解人民内部矛盾，妥善处置群体性事件》，载《中国社会发展战略》2004年第3期;应星、徐胤:《"立案政治学"与行政诉讼率的徘徊——华北两市基层法院的对比研究》，载《政法论坛》2009年第6期。

〔3〕 参见应星:《作为特殊行政救济的信访救济》，载《法学研究》2004年第3期。

人民法院对此进行了一系列的制度创新和工作机制的完善〔1〕。随着 2014 年《行政诉讼法》的修改，在立法目的中增加了"解决行政争议"的内容，同时规定，对特定事项，人民法院可以主持调解。此后，各地法院积极探索在行政诉讼过程中实质性化解行政争议的机制，并逐步向诉讼、复议外探索化解路径。例如，法院联合政府部门积极创建行政争议实质性化解机制，并联合开展行政执法专项监督，已经突破了行政审判的限制，将司法监督触角延伸到诉前领域。同一时期，最高人民检察院制定了《人民检察院行政诉讼监督规则（试行）》，对行政诉讼监督的原则、范围、对象、方式等内容予以规范，2013 年至 2017 年检察机关受理的行政申请监督案件数量上升了 86.9%，检察职能从之前的行政诉讼生效裁判监督，扩展到审判违法行为监督和非诉执行监督，有助于丰富司法权对行政权实施监督的领域和手段。

（四）传统检察监督发展的需要

我国检察机关是宪法规定的国家法律监督机关，检察机关的法律监督是指为了维护国家法制的统一和法律的正确实施，根据法律的授权，运用法律规定的手段对法律的实施情况进行检查督促并能产生法定效力的法律行为。〔2〕由于一般监督被取消，"检察院对国家机关和国家工作人员的监督，只限于违反刑法需要追究刑事责任的案件。"〔3〕长期以来，行政法界并未把检察监督纳入行政法制监督体系，即使纳入也认为人民检察院的行政法制监督主要限于严重违法乱纪，可能构成犯罪的公务员和其他公职人员的监督。除此之外，人民检察院还具体对监狱、看守所、拘留所及其管教人员实施日常监督，通过处理这些场所中的违法行为，保障这一特定行政管理领域的行政法治。〔4〕但实践中，行政违法行为构成刑事犯罪的毕竟是少数，更多的是乱作为、不作为。

---

〔1〕 参见江必新：《论行政争议的实质性解决》，载《人民司法》2012 年第 19 期。

〔2〕 参见朱孝清、张智辉主编：《检察学》，中国检察出版社 2010 年版，第 184 页。

〔3〕 1979 年第五届全国人大二次会议上，时任全国人大法制委员会主任委员的彭真同志在对《人民检察院组织法（草案）》作了如下说明，"第一，确定检察院的性质是国家的法律监督机关……各级检察院都设立检察委员会，实行民主集中制；第二，把检察院上下级关系由原来的监督关系改为领导关系，地方各级人民检察院对同级人民代表大会和它的常务委员会负责并报告工作，同时受上级人民检察院领导，以保证检察院对全国实行统一的法律监督；第三，检察院对于国家机关和国家工作人员的监督，只限于违反刑法，需要追究刑事责任的案件。"

〔4〕 参见姜明安主编：《行政法与行政诉讼法》，北京大学出版社、高等教育出版社 2015 年版，第 146 页。

　　至于行政诉讼检察监督，主要包括对生效裁判的行政抗诉和再审检察建议监督、诉讼活动中违法情形监督、行政执行监督三个方面。行政诉讼检察监督是检察制度与行政诉讼制度结合的产物，其价值不仅在于对行政审判活动和当事人的诉讼活动进行监督，还在于通过这种监督，使得检察权和审判权联合起来对行政权进行制约，因此在我国的检察监督体系中具有重要的地位。[1]然而，行政诉讼检察监督附属于行政诉讼，其同样存在受案范围、被动受理等行政诉讼所固有的缺陷。又由于行政诉讼检察涉及检察权与审判权的关系，其更明确的指向是审判权，而非行政权，启动行政审判监督程序成本更大、效率更低，在现行诉讼监督体制下，通过行政诉讼检察监督对行政执法行为进行监督的意义极其有限，不符合检察机关的法律监督者的宪法地位。从实践办案数量看，与人民法院一年几十万件的行政诉讼案件量相比，行政诉讼检察一年受理案件量仅数千件，只有不到一半的案件能得到结案处理，以抗诉或者再审检察建议方式启动监督程序的不超过一千件，其中只有约20%的案件能得到法院改判支持，可见，通过行政诉讼检察监督纠正行政违法行为的实效小之又小。[2]

　　至于行政非诉执行检察监督，《人民检察院组织法》原则性地规定"对判决、裁定等生效法律文书的执行工作实行法律监督"。2021年11月，最高人民检察院第七检察厅印发《人民检察院行政非诉执行监督工作指引（试行）》，为行政非诉执行检察监督实践提供指南。但非诉执行案件本身具有非诉讼性，相对简便的执行审查和实施程序主要是"体内循环"，检察机关无论从哪个环节切入，都有困难，对其中的执行活动违法、执行依据违法难以发现。[3]兼之《行政强制法》等相关法律规定不完善、国土等案件非诉执行本身较难以及检察机关自身能力建设尚不足，在具体工作中仍然会面临许多难题，在促进行政权在法治轨道运行，"实质性化解行政纠纷"，实现保护公民、法人和其他组织合法权益方面有待进一步完善。

---

　　[1]　参见胡卫列：《行政权的法律监督制度研究——以检察机关为视角》，载孙谦主编：《检察论丛》（第20卷），法律出版社2016年版，第37页。

　　[2]　参见马怀德主编：《行政法前沿问题研究：中国特色社会主义法治政府论要》，中国政法大学出版社2018年版，第512-514页。

　　[3]　参见孙晓茹：《浅析行政非诉执行案件检察监督工作》，载《中国检察官》2019年第5期。

（五）社会舆论监督发展的需要

我国《宪法》第41条的规定，公民对于任何国家机关和国家工作人员的违法失职行为，有向有关国家机关提出申诉、控告或者检举的权利。从现实情况看，行政机关的滥用职权和失职、渎职等行为是导致和激化诸多社会矛盾的主要原因，同时相当数量的行政违法行为又难以及时得到纠正，导致一些行政相对人寻求上访、闹访甚至采取群体性冲突的方式来表达诉求。[1]信访作为一项了解民情、集中民智、维护民利，凝聚民心的工作，契合中国传统法律文化，符合执政党群众路线的传统作风，在制度设计上承担着政治参与、权力监督和权利救济三大功能。但因其存在法律调整与非法律调整的制度混同弊端，负面效应日益凸显。以警察执法监督领域为例，考察近年来因警察粗暴执法、渎职失职而引发的警察执法争议事件，信访机制对警察权并没有形成规范、有效的控制，反而呈现出控制主体单一化、控制对象个体化、控制目标宽泛化以及控制手段指标化等警察权控制内卷化的趋势，进而导致涉警信访居高不下且功能异化，不仅无法减少警察权失范事件的发生，也影响了警察执法的公信力的建立。[2]对此，党的十八届四中全会明确要求"把信访纳入法治化轨道，保障合理合法诉求依照法律规定和程序就能得到合理合法的结果"。

随着网络时代和自媒体时代的到来，以自媒体、互联网为主要载体的社会和舆论监督发挥了越来越重要的作用，推动诸如"昆山反杀案""收购玉米获刑案"[3]等一系列法治事件最终获得公正的处理。社会和舆论监督一方面具有主体的广泛性、形式的多样性等优点，容易引起社会关注，达到监督效果。但另一方面，也具有自发性、被动性和偶然性。一般的社会监督，受限于行政管理体制的现状，以及行政相对人的弱势地位，普遍缺乏专业的法律知识和调查手段，有的时候甚至连知情权都无法保障，使得监督与维权针对

---

〔1〕 参见孙谦：《设置行政公诉的价值目标与制度构想》，载《中国社会科学》2011年第1期。

〔2〕 参见林辉煌：《涉警上访与转型中国的法治困境》，载《法制与社会发展》2014年第2期；蒋勇：《何以"内卷化"：我国警察权控制格局的审视——一种政治社会的视角》，载《东方法学》2016年第5期。

〔3〕 参见梁宏、马蓓蓓：《〈王立军非法经营再审改判无罪案〉的理解与参照——正确理解适用非法经营罪中"其他严重扰乱市场秩序的非法经营行为"》，载《人民司法》2021年第17期。

性和深度不够，举步维艰，从而未能发挥应有的监督作用。[1]囿于种种体制因素，我国新闻媒体难免会受到行政机关的规制和干预，不敢真实报道、公开曝光行政执法问题的现象也客观存在。[2]此外，社会公众和媒体出于追求流量和眼球效应，往往更关注"大事件"，容易忽视更为常态的行政执法违法等诸多小问题。此外，社会监督存在"乌合之众"的群体效应，极容易出现法律碎片化现象，会导致"一人一是非"混乱状态，甚至在被利用后形成错误的舆论导向，如网络谣言第一案的秦火火案。因此，缺乏程序规范和制度保障的社会和舆论监督，监督效力刚性不足，监督效果松散乏力，很难独立发挥实效。

二、法治政府建设的需要

党的二十大指出，当前我国正处于全面建设社会主义现代化国家新征程，向第二个百年奋斗目标进军的关键时期。从整体来看，政治社会大局稳定，经济建设成绩斐然，生态文明绿色发展，深化改革全面突破，人民生活不断改善，取得了历史性的成就。然而，与此同时，随着时代的变化发展，社会转型时期共生的各种矛盾和问题也在逐步凸显：城乡二元发展结构不平衡导致的区域贫富差距不断拉大，城市化工业化进程中生态环境资源保护形势依然严峻，就业、教育、医疗、居住、养老等关乎群众基本生活的民生保障有待提高，因征地拆迁、企业改制、人口管控而产生的利益纠纷和社会矛盾交织叠加，给国家治理和建设带来困难和挑战。客观地说，产生上述问题的原因错综复杂，需要各种力量从经济、科技、社会、文化等多方面努力解决。但从根本上说，要维护社会和谐稳定、推动社会健康发展、促进社会公平正义，最有效、最长久的主要还是要靠制度、靠法治。

"法治中国"是一种"运用法治思维和法治方式深化改革、推动发展、化解矛盾、维护稳定"的现实阐释。[3]建设法治中国，必须坚持依法治国、依

---

[1]　如在"躲猫猫"事件中，云南省委宣传部副部长伍皓组织的网民调查团成为超越案件本身的热点，而网民调查团由于没有法律依据，连监控录像都没有看到。参见尹鸿伟：《"躲猫猫"的惨剧、闹剧与正剧》，载《南风窗》2009年第6期。

[2]　参见崔晓晖：《试论我国行政执法的现状及完善》，载《云南行政学院学报》2002年第3期。

[3]　参见周佑勇：《逻辑与进路：新发展理念如何引领法治中国建设》，载《法制与社会发展》2018年第3期。

法执政、依法行政共同推进，坚持法治国家、法治政府、法治社会一体建设，其中法治社会是构筑法治国家的基础；法治政府建设是全面依法治国的重点任务和主体工程。与立法权、司法权等国家权力相比，行政权具有管理领域广、自由裁量度大、以国家强制力保证行使等特点，其与公民、法人联系最紧密。尤其是在我们这样一个有着对国家作用或者全能政府推崇传统的国家，行政权覆盖和伴随着我们的出生和死亡，在公共安全、城市管理、社会保障、环境保护等几乎所有领域都扮演着不可或缺的重要角色，可以毫不夸张地说，一个公民一生可能不跟立法或者司法机关产生联系，但却肯定要与行政机关打交道。[1]因此，不管是国家和社会的正常运转，还是每个公民的衣食住行，行政权就像太阳、大海和陆地一样为大家提供阳光、水分和生存资源。但正因为这些行政资源极端重要，行政权又是最动态、最容易违法或滥用的一项国家权力，一旦迷失自我则极易伤人，小则烈日灼眼、风急浪高，大则天翻地覆、陷入汪洋。正是在这个意义上，学者普遍认为制约与监督行政权是法治的精髓，是制约与监督权力的核心。[2]行政违法行为检察制度的有效运行正是彰显法治精神的一大利器。

（一）防范化解社会矛盾和诉源治理的需要

"行政"一词一般作"执行""管理"等通用语义的解读，相应的行政权一般也具有强制性、单方性等特性以及其对行政相对人影响的直接性。因此，行政权在行使过程中容易引发社会矛盾或者激烈冲突。以近年来社会舆论广为关注的警察执法争议案事件为例：2016年5月7日夜，北京昌平警方在抓捕涉嫌嫖娼的人大硕士雷某过程中，五人采取追赶、盘查、拦截并抱腰摔倒、用手臂围圈颈项部、膝盖压制颈面部、摁压四肢、掌掴面部、脚踩颈面部、强行拖拽上车等方式对雷某采取强制措施，导致雷某死亡。随后引起网民对警察执法动机以及暴力执法行为的强烈质疑，而公安机关在案件调查初期即让涉案民警在权威媒体描述案发经过、自行发布调查结论，丝毫没有自我回避的正当程序意识。2016年5月21日，深圳宝安"警察警车内诫斥、恐吓两

---

〔1〕 例如我们每个人出生需出生登记，殡葬要有死亡证明；再如我们一直宣传和教育的"有问题找政府""有困难找警察"等。

〔2〕 参见张文显：《法哲学范畴研究》（修订版），中国政法大学出版社2001年版，第166页；袁曙宏：《论加强对行政权力的制约和监督》，载《法学论坛》2003年第2期。

女孩"的视频走红网络，深圳警方在没有满足任何条件的情况下将两个无辜女孩带至公安机关盘问，在警车里警察行为的恣意和语言的嚣张甚至让其领导都难以置信。时逢上海交通大整治阶段，"交警滥用手铐"的小视频也引起了一定的网络关注，例如"上海警察抱摔抱婴妇女案"，虽然事后警方声明称使用警械的原因是对方暴力抗法，但是质疑警方滥用强制措施的声音仍难平息。[1]

正如德国法学家耶林所言：世上不法之事莫过于执法之人自己破坏法律，此乃天底下最悖公理之事。这几起事件的共同之处在于，都是警方在行政执法过程中滥用限制人身自由的行政强制措施并造成相对人包括身体伤残、心理伤害、名誉败坏乃至生命消逝的严重后果，后经网络曝光引发民众广泛关注和质疑。[2]根据"蝴蝶效应"理论，互联网时代发生的任何一件执法争议事件随时都有可能演变为一场公共事件，2010年突尼斯一名青年商贩因不满城管执法而自焚引发了多国颜色革命，更提醒我们行政违法行为，不仅体现在侵犯公民合法权益的"私害"上，更可能对国家社会的整体利益造成无法估量的"公害"。

在民主制度下，行政的实质是执行人民意志，而人民意志的集中体现是法律，故民主制度下的行政的实质即是执法。执法的目的是服务于人民的，然而"徒法不足以自行"，必须借助于行政行为和司法行为才能够得以贯彻，如果法律不能保护它所应当保护的所有利益，即行政行为、司法行为偏离法律，法律保障下的许多人民利益必将受损。对公民而言，行政行为违法可能会对行政相对人的合法权益造成侵害，造成的侵害一般都是特定的、直接的，对当事人造成的损害也是显然的、直观可知的。对国家社会而言，行政违法行为对法律的权威造成了威胁，损害了国家政府的形象，激化国家与民众的矛盾，破坏社会的正常秩序，对社会整体利益造成的侵害是隐性的、间接的，其损害影响深远，甚至能摧毁一个政权的根基。因此，作为防范化解社会矛盾和纠纷的一种重要补充，行政违法行为检察也有存在与运行的必要。

诉源治理，"诉"是法院的诉讼案件，"源"是纠纷产生的根源，而"治理"则是要求有关职能单位、社会个体和其他主体调动包括行政、司法等资

---

〔1〕　参见周伟：《论人身自由权的暂时性法律保护——以行政强制措施检察监督为视角》，载《云南大学学报（社会科学版）》2018年第4期。

〔2〕　如周秀云、雷洋因行政强制措施行为而死亡，"夫妻嫖娼卖淫"案中崔坤菊殴被打成重伤。

源，助力矛盾化解。本质上，诉源治理具有多元化预防、治理手段，有效化解纠纷等多元内涵，最终形成"源头预防为先、非诉机制挺前、法院裁判终局"的工作格局。在促进诉源治理的过程中，除行政检察外，行政审判、监察监督、司法行政法制监督等法律制度亦发挥着特定作用。但相较于其他法律制度，行政违法行为检察在契合中国特色法律监督体系要求、符合新时期以人民为中心的发展理念和法治国家建设要求的同时，作为行政检察监督规律的必然延伸，使其既满足新时代行政检察发展的客观需求，更使其在促进诉源治理中具有特定职能优势。检察机关作为国家法律监督机关，"一手托两家"，既监督人民法院公正司法，又促进行政机关依法行政。新时期人民群众对司法公正、依法行政的要求越来越高，自身民主、权利、法治意识以及依法维权意识也越来越强。行政检察促进诉源治理，开展"穿透式"监督，不仅是为避免程序空转、化解矛盾纠纷、实现案结事了政和，更是为提高人民群众的满意度、信任度。为了更好地推进行政机关依法履职、维护行政相对人合法权益，需要行政检察参与到多元纠纷解决机制当中。充分发挥行政违法行为检察职能，促进诉源治理，有利于在新时代打破传统监督路径，实现行政检察工作创新发展。具体来看，一是有利于将监督范围由司法领域扩展到执法领域；二是有助于将监督重点从侧重于审判权转向审判权与行政权并重，通过行政争议实质性化解工作，实现将检察监督的对象扩展到行政机关的行政权的目的，进而拓展行政检察的案源；三是有助于将对行政机关的监督方式由间接监督转向直接监督。通过行政诉讼对行政机关进行督促制约是一种间接的监督方式，这种方式很难穿透诉讼程序的形式外衣直指行政争议的实质症结，相比之下，行政违法行为检察工作更能够直接地规范行政执法行为，实质性化解行政争议，让监督过程更为简明、直接。

（二）保护国家和社会公共利益的需要

"公共利益的保护和公共事务的维持，乃是现实政治的直接的也是根本性的重大目的"。[1]中外行政法学界都公认行政是以公共利益为出发点，积极的、针对将来的采取具体措施或执行特定计划的社会塑造活动。[2]我国主流

---

〔1〕 姚建宗：《法律的政治逻辑阐释》，载《政治学研究》2010 年第 2 期。
〔2〕 参见 ［德］哈特穆特·毛雷尔：《行政法学总论》，高家伟译，法律出版社 2000 年版，第 6—7 页。

的行政法学教科书和专著也都认为公共利益构成行政目的的核心，行政的逻辑起点和终极目的是实现公共利益或在公共利益之间保持平衡关系。[1]因此，尽管行政的疆域随着社会实践形态演变，以及个人、社会和国家在公共事务领域权利和权力相互扩张和缩减，呈现出"自治行政—国家行政—社会行政"的概念演变，在司法审查领域，行政的判断标准也经历了从形式标准到实质标准的演变，但公共利益始终作为行政的核心，广泛存在于法律领域。维护公共利益已经成为现代法治社会的一项重要原则和发展理念，得到许多国家或地区立法例的支持。[2]我国《宪法》第 10 条和第 3 条对公共利益优先也作出特别规定，《中华人民共和国民法典》《中华人民共和国城市房地产管理法》等法律对其运用也加以具体规定。

　　然而，一方面，什么是公共利益，公共利益的范围包括哪些，除了个别司法解释和行政法规概括性列举之外，法律并没有明确的答案。[3]这也导致在实践工作中，一些政府出于提高经济数据指标、安排就业人口、吸引招商引资等需要，在环境保护、土地出让等领域具体决策时片面强调"经济优先""特殊照顾"，以"国家利益""公共利益"之名实施政绩工程，而实际上这些项目仅仅代表短期、局部国家利益，常常与国家的长期性、全局性利益发生冲突。[4]以国有土地使用权出让领域为例，不少地方政府为了招商引资，往往以减免土地出让金作为噱头，抑或以旧城改造、国有企业改制等方式，变相减免巨额土地出让金，这背后就涉及发改、国土、城乡规划等行政部门的违法问题。以环保领域为例，近年来我国不少城市遭遇到"雾霾"危机，河北省石家庄、邯郸、保定等城市全年几乎有三分之一的时间都被雾霾笼罩，2016 年山西省除了大同市之外其余城市空气质量预警均处于红橙色状态，西

---

　　〔1〕　参见章剑生：《现代行政法总论》，法律出版社 2014 年版，第 6 页、第 12 页。

　　〔2〕　参见梁上上：《公共利益与利益衡量》，载《政法论坛》2016 年第 6 期。

　　〔3〕　国务院 2011 年 1 月 21 日发布的《国有土地上房屋征收与补偿条例》第 8 条规定："为了保障国家安全、促进国民经济和社会发展等公共利益的需要，有下列情形之一，确需征收房屋的，由市、县级人民政府作出房屋征收决定：（一）国防和外交的需要；（二）由政府组织实施的能源、交通、水利等基础设施建设的需要；（三）由政府组织实施的科技、教育、文化、卫生、体育、环境和资源保护、防灾减灾、文物保护、社会福利、市政公用等公共事业的需要；（四）由政府组织实施的保障性安居工程建设的需要；（五）由政府依照城乡规划法有关规定组织实施的对危房集中、基础设施落后等地段进行旧城区改建的需要；（六）法律、行政法规规定的其他公共利益的需要。"

　　〔4〕　参见陈瑞华：《论检察机关的法律职能》，载《政法论坛》2018 年第 1 期。

部城市兰州因大气污染曾经"在卫星地图上消失",这背后的人为原因主要就是地方政府几十年来采取粗放型经济模式,毫无节制地发展煤炭、钢铁、水泥、化工等高消耗、高污染、高排放产业。[1]

另一方面,环保、国土等具体执法部门在履行职责时,也可能受到政府及其他经济发展部门"以地方经济发展为重"的不当影响制约,或者被相关公司企业采取金钱利益"管制俘获",也可能会出现"网开一面""以罚代刑"等怠于执法、不严格执法等问题。[2]例如,在河北大力整治环境污染背景下查办的河北环保系统腐败窝串案中,包括省环保厅原副厅长李葆在内的11人在污染物排放监控、排放超标免予处罚、环保工程验收等环节存在收受贿赂、失职渎职等腐败行为。[3]可见要打好污染防治的攻坚战,除了坚决制止和惩处破坏生态环境行为外,还要防治环保行政执法领域中的不作为和乱作为。

(三) 维护国家法律统一正确实施的需要

宪法和法律在国家政治生活和社会生活中得到统一遵守是现代法治国家的重要标志。我国是一个拥有960万平方公里、14亿多人口、56个民族的单一制国家,幅员辽阔,人口众多,民族杂居,必须坚持中央集中统一领导。法律是全国人民共同意志的体现,代表着人民群众的共同愿望和整体利益,必须坚持统一正确实施。我国《宪法》第5条对法律权威的基本要求作了明确的规定:"中华人民共和国实行依法治国,建设社会主义法治国家。国家维护社会主义法制的统一和尊严。一切法律、行政法规和地方性法规都不得同宪法相抵触。一切国家机关和武装力量、各政党和各社会团体、各企业事业组织都必须遵守宪法和法律。一切违反宪法和法律的行为,必须予以追究。任何组织或者个人都不得有超越宪法和法律的特权。"该条强调了宪法法律的尊严、权威。然而,有些地方性法规、规章,尤其是规范性文件,与国家法律规定相抵触的现象是比较严重的,国家的法治标准往往被地方过于"具体

---

〔1〕 参见张义丰等:《资源型城市转型发展的绿色实践——以山西省"大同蓝"为例》,载《中国科学院院刊》2017年第8期;曹雪彦:《京津冀协同发展视角下河北省精准治霾研究——基于石家庄的典型调查》,载《山西经济管理干部学院学报》2018年第2期。

〔2〕 参见查庆九:《现代行政法理念——以可持续发展为背景》,法律出版社2012年版,第27-31页。

〔3〕 参见戴佳、刘子珍:《腐败,在雾霾的遮掩下……》,载《检察日报》2015年11月24日,第5版。

化"，损害国家法治的权威，出现法治"被滥用"，法治发展"碎片化"的现象。[1]同时，"法律的生命力在于实施，法律的权威也在于实施。"法律权威不仅体现在立法的客观性、确定性、安定性和可预期性上，还要通过执法、司法和守法保证任何个人、组织和国家机关在法律规定的范围内活动，保证中央政令畅通。在我国，由于受传统文化的影响，社会公众对行政权的期望值要远高于立法权和司法权，在公共安全、城市管理、征地拆迁、社会保障、环境保护等领域，行政权更是扮演着不可或缺的重要角色。[2]因此，要保障宪法法律正确实施、行政机关依法行政的基础。

以对规范性文件的监督为例，我国行政执法的法律渊源十分庞杂，除了全国人大及其常委会制定的法律外，更多的是国务院及其各部委制订的行政法规、部门规章、行政解释以及地方人大及政府制定的地方性法规、政府规章以及其他规范性法律文件，立法监督审查的不足，上位法的规定模糊疏漏，以及上位法之间的条文冲突，往往为地方和部门保护主义留下隐患。

一方面，在行政职权范围扩大、行政裁量权扩展的大背景下，不少地方和部门依托地方立法权，或者以贯彻执行上位法之名，为了某个地方、部门的局部利益，置全局利益和法制统一于不顾，破坏社会主义法治，妨碍和影响大局。有的通过制定地方"土政策"或者出台"红头文件"，法外设定权力，减损公民利益、施加公民义务，意图设租寻租。

另一方面，面对不同性质经济主体或者不同区域经济主体，有的行政机关通过选择性执法，搞行政垄断和地区封锁，保障短期和局部的经济利益，忽略了长期和全局的经济利益，破坏统一开放公平竞争有序的现代市场体系形成。例如，在反垄断领域，我国在查处市场垄断方面成效明显，但对实际生活中危害竞争最大的反行政垄断执法及反行政垄断诉讼则一直步履蹒跚。[3]一直到《反垄断法》颁布实施 7 年后，行政垄断案件才被纳入行政诉讼管辖范围。2015 年广州市中级人民法院判处深圳市斯维尔科技有限公司诉广东省教育厅在"工程造价基本技能赛项"省级比赛中指定广联达股份软件有限公司软件

---

[1]　参见韩大元：《"法治中国"的宪法界限》，载《环球法律评论》2014 年第 1 期。

[2]　参见袁曙宏：《深化行政执法体制改革》，载《光明日报》2013 年 11 月 27 日，第 2 版。

[3]　最高人民法院王闯法官将司法审判情况与反垄断行政执法情况对比后发现，截至 2015 年，中国法院七年来受理的反垄断民事诉讼案件是 430 件，而行政执法机构公布的查处案件不到 100 件。参见王闯：《中国反垄断民事诉讼概况及展望》，载《竞争政策研究》2016 年第 2 期。

为独家参赛软件涉嫌行政垄断案胜诉，我国才产生首例诉行政垄断获胜的司法判决。而在实践中，行政垄断行为屡见不鲜：某地发文禁止其他省份食盐流入当地进行批发、零售；某部门确定某银行作为当地交通违章罚款唯一代收银行；在医疗保险业务中统一规定社会保障卡读卡器品牌、价格以及指定购买地点。[1]

三、国家机构改革衔接的需要

任何一个领域的改革都会牵动其他领域，同时也需要其他领域改革密切配合。[2]除了检察行政公益诉讼制度之外，新一轮党和国家机构改革与行政检察制度也密切关联，其中国家监察机关的增设、检察机关反贪、反渎、预防三部门以及政府行政监察机构的转隶和政府法制部门并入司法行政部门等三项内容涉及我国行政法制监督职能体系的调整，如何更好地实现国家机构改革后的行政监督合力，行政检察需要承担串联衔接、优化整合的作用。

（一）强化对行政违法事项监督的需要

毋庸置疑，权力腐败中行政违法问题抑或行政违法导致的权力腐败是改革开放以来最为突出的现象。一直以来，对这类行政违法以及腐败活动的监督是由多个部门分散进行的。如原"合署办公"的行政监察部门与纪律检查机关，只能相互配合，形成一种中国特色的反腐败路径。[3]为了整合监督及反腐败资源，2016年下半年我国遂开启了监察体制改革的序幕。

1. 国家监察体制改革的背景

党的十八大以来，中央纪委和各级纪检监察机关坚决贯彻中央决策部署，强调纪严于法、纪在法前，实现纪法分开；聚焦党风廉政建设和反腐败斗争，严明党的纪律特别是政治纪律和政治规矩，坚决维护党的集中统一；扭住落实中央八项规定精神、纠正"四风"不放；坚持"老虎""苍蝇"一起打，惩治腐败毫不手软，形成强力震慑；实现中央巡视、派驻两个"全覆盖"，赢

---

〔1〕 参见乙智：《破除行政垄断关键是消除滋生土壤》，载《中华工商时报》2018年7月5日，第3版。

〔2〕 参见《关于〈中共中央关于全面深化改革若干重大问题的决定〉的说明》。

〔3〕 参见魏琼：《我国监察机关的法理解读》，载《山东社会科学》2018年第7期。

得了全党和全国广大人民群众的大力支持与坚决拥护。2016 年初，习近平同志在十八届中央纪委六次全会上指出："要完善监督制度，做好监督体系顶层设计，既加强党的自我监督，又加强对国家机器的监督""要健全国家监察组织架构，形成全面覆盖国家机关及其公务员的国家监察体系"，释放了监察体制改革的信号。[1] 2016 年 10 月，党的十八届六中全会决定推行国家监察体制改革试点，整合反腐败力量，将行政监察机关和检察机关反贪、反渎、预防部门整体转隶，建立国家监察委员会，实现对所有行使公权力的公职人员监察全覆盖，强化对公权力行使的外部监督。此后随着《监察法（草案）》和《人民检察院组织法（修订稿）》的征求意见和讨论审议，对于检察机关与监察机关的关系、检察机关的职能以及检察机关的法律监督性质等问题聚讼纷纭：一种观点认为，侦查权的剥离将使得监察机关在事实上取代检察机关，成为真正意义上的法律监督机关，建议检察机关重新定位为公诉机关与诉讼监督机关。[2] 检察机关与监察机关可以在一定程度上进行整合，而不必在机构设置上"叠床架屋"。[3] 但相反的观点认为，国家监察体制改革并未改变检察机关国家法律监督机关的宪法定位，检察机关在三大诉讼法领域依然享有从立案到执行的法律监督职权。[4] 新时代检察机关的法律监督不具有"一般监督"的性质，但其法律监督地位除了体现在诉讼监督领域外，还体现在"行政检察"或者"行政监督"的职能上，国家监察体制改革与行政检察改革联系紧密、相互关联。[5]

2018 年 2 月 28 日，中国共产党第十九届三中全会通过的《深化党和国家机构改革方案》，决定组建国家监察委员会，同中央纪律检查委员会合署办公。2018 年 3 月，第十三届全国人民代表大会第一次会议通过《监察法》，

---

〔1〕　参见习近平：《在第十八届中央纪律检查委员会第六次全体会议上的讲话》，载《人民日报》2016 年 5 月 3 日，第 2 版。

〔2〕　参见胡勇：《监察体制改革背景下检察机关的再定位与职能调整》，载《法治研究》2017 年第 3 期。

〔3〕　参见翟国强：《设立监察委员会的三个宪法问题》，载《中国法律评论》2017 年第 2 期。

〔4〕　参见夏金莱：《论监察体制改革背景下的监察权与检察权》，载《政治与法律》2017 年第 8 期；王玄玮：《国家监察体制改革和检察机关的发展》，载《人民法治》2017 年第 2 期。

〔5〕　参见韩大元：《论国家监察体制改革中的若干宪法问题》，载《法学评论》2017 年第 3 期；秦前红：《两种"法律监督"的概念分野与行政检察监督之归位》，载《东方法学》2018 年第 1 期；陈瑞华：《论检察机关的法律职能》，载《政法论坛》2018 年第 1 期。

表决通过《国务院机构改革方案》，选举产生国家监察委员会，选举中纪委副书记杨晓渡为首届国家监察委员会主任，赋予监察委员会对公职人员的公务行为履行监督、调查、处置职责。[1]新设立的国家监察机关位高、权重、面广，提升了监察主体地位，拓展了监察权限措施，扩大了监察对象范围，实现了从行政监察到国家监察的制度升级。[2]但仔细研究，《监察法》并没有特别关注到对行政权力的监察监督，国家监察对同样具有监督属性的行政检察工作的影响不容回避，行政检察的必要性及可行性都会受到一定程度的削弱。那么行政违法行为检察制度与国家监察是否存在冲突，在没有获得明确的法律确认的前提下是否有继续探索的空间？理由是什么？如果可以继续探索，那么行政检察制度的对象和范围是什么？其与国家监察以及现有的是什么关系？

2. 国家监察与行政违法行为检察的区别

笔者认为，当下国家监察体制改革作为一项对国家权力结构和权力运行机制重新配置与调整的重大政治改革，既给检察机关法律监督职能的有效实施带来了挑战，同时也为行政法制监督体系的又一轮改革创造了机遇。但国家监察与行政违法行为检察在性质、目标、对象、内容、范围、方式等方面都存在区别。

第一，性质不同。《监察法》是国家监督领域的基本法，属于宪法性法律。[3]监察权作为在新时期反腐工作中诞生的新型权力，与传统的立法权、行政权、司法权并立。而行政违法行为检察监督的权力性质属于检察权，从法律事实上讲，检察权属于司法权，故行政违法行为检察监督权与监察权是属于两种截然不同的权力。

第二，目标不同。监察是政治监督，行政违法行为检察是法律监督。监

---

[1]《监察法》第11条规定："监察委员会依照本法和有关法律规定履行监督、调查、处置职责：（一）对公职人员开展廉政教育，对其依法履职、秉公用权、廉洁从政从业以及道德操守情况进行监督检查；（二）对涉嫌贪污贿赂、滥用职权、玩忽职守、权力寻租、利益输送、徇私舞弊以及浪费国家资财等职务违法和职务犯罪进行调查；（三）对违法的公职人员依法作出政务处分决定；对履行职责不力、失职失责的领导人员进行问责；对涉嫌职务犯罪的，将调查结果移送人民检察院依法审查、提起公诉；向监察对象所在单位提出监察建议。"

[2] 参见刘峰铭：《国家监察体制改革背景下行政监察制度的转型》，载《湖北社会科学》2017年第7期。

[3] 参见姜明安：《国家监察法立法的若干问题探讨》，载《法学杂志》2017年第3期。

察委员会是新时期反腐败工作深入推进的必然结果，从本质上讲是反腐败机构。因此，监察委员会的职能目标很明确：推动制度创新，预防和惩治腐败，确保公务人员廉洁勤政。而行政违法行为检察的目标侧重于国家法制统一、司法公正和权利保障，主要通过预防和监督行政机关不作为或乱作为，进而维护社会公共利益。二者的目标任务虽有边缘重合，但核心目标仍具有分别独立存在之意义。

第三，对象不同。监察权所具有的监督属性及监督对象具有特殊性。在现代国家政治权力结构中，根据权力行使对象的不同，分为对事权和对人权。立法权、行政权和司法权属于对事权，此次改革产生的监察权则属于对人权。监察权和行政检察权同为监督权，二者的监督对象或者相应法律后果的承担主体是不同的。从古至今，监察权的设置最直接、最核心的目的是监督公职人员、治理贪污腐败等的行为。一旦公职人员存在腐败行为，则应由其本人承受监察机关对其进行的调查和处置。而行政违法行为检察监督的对象是行政机关本身，是行政机关本身的执法活动，是行政主体违法行使职权或者违法不作为的情形。因此，检察机关享有的监督权侧重于对法律实施情况的监督，即对"事"的监督；而监察机关的监督职能侧重于对公职人员的监督，即对"人"的监督。[1]

第四，监督内容和范围不同。作为我国法律监督机构的检察机关，在移出主要的职务犯罪侦查权后，仍可以行使部分职务犯罪案件的侦查权以及刑事案件的逮捕权和公诉权，同时检察机关作为法律监督机关，还可以对侦查活动、诉讼活动和行政执法活动实施法律监督，体现的是法律性和合规性。其中行政违法行为检察监督重点围绕行政主体的行政行为进行监督，重点包括以下五个方面：一是行政主体是否存在无权、越权、滥用执法权行为；二是行政主体是否怠于履行法定职责；三是行政主体执法是否违反法定程序；四是行政处理案件是否达到事实清楚、证据充分；五是行政主体执法是否存在适用法律错误。而《监察法》第 15 条规定："监察机关对下列公职人员和有关人员进行监察：（一）中国共产党机关、人民代表大会及其常务委员会机关、人民政府、监察委员会、人民法院、人民检察院、中国人民政治协商会议各级委员会机关、民主党派机关和工商业联合会机关的公务员，以及参照

---

〔1〕　参见马怀德：《再论国家监察立法的主要问题》，载《行政法学研究》2018 年第 1 期。

《中华人民共和国公务员法》管理的人员；（二）法律、法规授权或者受国家机关依法委托管理公共事务的组织中从事公务的人员；（三）国有企业管理人员；（四）公办的教育、科研、文化、医疗卫生、体育等单位中从事管理的人员；（五）基层群众性自治组织中从事管理的人员；（六）其他依法履行公职的人员。"监察委员会的职权内容主要包括对公职人员的依法履职、秉公用权、廉洁从政的公务行为，对贪污贿赂、权力寻租、公务渎职等职务违法和犯罪进行调查，具体到行政机关而言，监察内容就是对行政机关工作人员与职务行为有关的活动进行监督、调查，体现的是纪律性和廉洁性。

第五，监督措施不同。行政违法行为检察的监督措施主要针对行政机关整体而言，包括检察建议、督促起诉、支持起诉、申请禁制令或制止令、公益诉讼等，上述措施体现出检察监督的法律性、程序性和协同性。监察委员会的措施主要针对公职人员，主要包括谈话、询问、查询、冻结、调取、查封、扣押、搜查、勘验检查、鉴定、留置等措施。通过对比不难发现，二者采取的措施截然不同，威慑力来源截然不同。行政检察监督威慑力来源于重新配置的行政违法行为监督和行政公益诉讼权力，而国家监察威慑力来源于对具体违法人员的纪律检查、行政处分、职务犯罪调查以及政治问责的权力。

3. 国家监察与行政违法行为检察的联系

尽管检察机关与监察机关的法律定位不尽相同，功能也各具特色，但二者都同属于人民代表大会制度下的监督机关，在监督地位上均具有独立性和权威性，在监督目的上也具有纠错和控权双重目标，行政违法行为检察与国家监察在职权行使时可以同时进行，没有冲突。司法实践中，当行政机关怠于履职或违法履职时，对于行政机关工作人员存在违反党纪或者违反国家法律的情形时，监察委员会可以进行监察；对于行政机关，则需要检察机关监督纠正行政违法行为或者采取其他措施，维护法秩序统一，二者在各自的职权范围内各司其职，并行不悖。

国家监察与行政违法行为检察在工作中存在配合衔接空间。行政行为违法与公职人员不履行职责或违法履行职责往往相互依存，侵害国家利益、公共利益的行政违法，可能涉及行政机关主管人员、直接责任人员违法违纪，而国家监察委员可能只会注重对行政机关工作人员违法行为本身的监督和惩罚，对造成国家工作人员违法事实原因的追究以及违法事实造成损害后果的救济则关注较少。比如林业违法、土地违法、环境违法、安全生产违法等，一旦发现严重的行政违法行为，除对行政机关追责外，还面临要不要对责任人移送监察委员会的问题，反之，对监察委员会亦然。如某县民政局工作人员在审核低保户是否享有领取低保资金资格的过程中存在渎职行为，监察委员会调查后移送检察机关起诉，人民法院判决构成渎职罪追究刑事责任，但渎职行为造成的国有财产尚未追偿到位，那么此时检察机关则可以对行政机关怠于履职的行为进行监督。

此外，随着法治建设的推进，群众信访不信法的局面有所改善，越来越多的人愿意将其诉求付诸司法，这也为行政违法行为检察工作的发展提供了土壤。可见，行政违法行为检察与国家监察的工作存在衔接空间，将行政法制监督纳入新时代检察机关的检察监督与监察机关的监察监督视阈，可以把对事的监督和对人的监督结合起来，在现行体制下和法律框架内对行政权运行形成多方面的立体监督体系，是当下强化与提升行政法制监督的不二之选，应当加强两机关之间机制衔接来实现制度功能的互补兼容，在国家权力监督制约体系中共同发挥作用。[1]

（二）完善行政执法和效能监督的需要

除了人民检察院查处贪污贿赂、失职渎职以及预防职务犯罪等部门的相关职能整合至监察委员会外，原隶属于人民政府的监察厅（局）也要求职能和部门整体转隶，改变了我国行政监察在制度设计上存在的同体监督效果差、部门监察地位低、行政监察权限小、行政内部范围窄等弊端。兼之，党的纪律检查系统与国家监察委员合署办公，纪委在各行政机关派驻纪检组，各行政机关也都有专司内部监督监察部门，国家监察机关预期职能的充分发挥无疑会提高监察权监督行政权的制度功效。

按照童之伟教授提出的法权分析理论，公民权利和国家权力从产生并成熟以后总和不变，其中国家权力在国家发展的某一特定时段视为恒量，并会分解为不同的存在形式，由不同主体掌握和运用。新的国家机关在原有国家机构框架内出现会压缩其他国家机关权力以获得自己的权力，从而引起权力与

---

〔1〕　参见魏琼、梁春程：《双重改革背景下警察执法监督的新模式——兼论检察监督与监察监督的协调衔接》，载《比较法研究》2018 年第 1 期。

权力之间发生配置比例的变化。[1]在行政监察升级为国家监察的制度改革下，检察机关和行政监察机关原有对行政机关及其工作人员的职务犯罪侦查和行政监察职权发生了转移，新的监察机关集查处办理所有公职人员行政违法、违纪、犯罪等反腐败权力于一身，在行政监督领域所具有的外部监督地位和调动资源能力显然强于检察机关，势必会减损检察机关在行政监督职权体系中的力量和空间，也会间接影响到公民在受到行政权力侵害后寻求国家权力监督，维护和救济其个人权利的途径选择。为此，有观点认为，检察机关行政检察职能与监察委员会对行政机关全面监察的职能可能存在交叉冲突，行政违法检察监督试点改革应当暂停，待监察委员会改革完成后另行确定。行政检察与国家监察在行政法制监督的权力竞争场能否并存发展，其必要性和可行性值得进一步考量。

笔者认为，一方面，国家监察和行政检察在监督对象上有所不同，但在行政法制监督起点上具有共性，可以相互配合形成优势互补。另一方面，国家监察和行政检察在行政执法检查和效能监督方面存在衔接空间。行政监察除了廉洁监察的职能外，还承担着执法监察和效能监督的职责，目前监察体制改革过程中，行政监察的廉洁监察职能比较突出，行政执法监察和行政效能考核功能萎缩，可以通过联合行政检察一起，强化日常的执法检查和效能监督。[2]

(三) 衔接行政复议和规范审查的需要

新一轮国家机构改革中，原来主要负责行政复议、行政规范审查和代表政府应诉的政府法制部门，经过分分合合又归并到司法行政部门，部分地区还在政府层面成立了行政复议局或者行政复议委员会，但实际办事机构仍设在司法行政部门。根据改革方案，重组后的司法部职权，行政立法工作回到司法部，提高了司法行政工作在社会中的地位，减少了职能交叉、重叠，对于推动国家治理现代化格局、全面深化依法治国、法治政府和法治社会一体化建设等方面都有积极意义。重组后的司法部形成了"一个统筹、四大职能"的工作局面，即司法行政部门统筹协调全面依法治国，全面履行行政立法、

---

〔1〕 参见童之伟：《法权中心主义要点及其法学应用》，载《东方法学》2011 年第 1 期；童之伟：《将监察体制改革全程纳入法治轨道之方略》，载《法学》2016 年第 12 期。

〔2〕 参见江利红：《行政监察职能在监察体制改革中的整合》，载《法学》2018 年第 3 期。

行政执法、刑事执行、公共法律服务等职能。然而，重组后的司法行政部门依然属于政府的组成部门，其行使行政复议和规范审查职能，依然没有改变行政机关"自我监督"的局面，其能否在重大行政决策中做好合法性审查，能否在行政复议中相对于其他行政部门或行政机关保持中立，以及如何在司法行政部门自身面临行政复议时公正审查承担监督和纠错的功能，都存在疑问。

上述机构改革给检察机关开展行政违法行为检察工作也带来一定影响。一直以来，检察机关对行政违法行为的监督主要是对行政诉讼活动的监督，侧重于对生效行政判决、裁定的检察监督。但司法实践中，行政诉讼的高撤案率挤压了检察机关的监督空间，甚至大部分行政违法行为未进入到诉讼监督程序，这使得部分行政违法行为得不到有效监督纠正。行政复议是行政主体内部的层级监督，与行政诉讼相比较，具有方便快捷、成本低廉的优势，司法实践中，适用的比率高于行政诉讼，但大量的行政复议案件未进入司法监督范围，存在监督空白。

同时，行政复议中复议机关既要审查行政行为的合法性，又要审查行政行为的合理性，具有层级监督的独特优势。而我国《行政诉讼法》第26条第2款规定："经复议的案件，复议机关决定维持原行政行为的，作出原行政行为的行政机关和复议机关是共同被告；复议机关改变原行政行为的，复议机关是被告"。该条文一改过去经复议的案件，复议机关决定维持原具体行政行为的，作出原具体行政行为的行政机关是被告的规定，复议机关不管是否改变原行政行为，都将是被告。这将导致大量行政复议案件的产生，给检察机关对行政复议案件的监督提供了一个重要契机。

在实践中，检察机关在行政执法监督、司法行政等工作领域与政府法制部门、司法行政部门建立了良好的联系协作机制，例如，2007年河南省卢氏县人民检察院就与县政府法制办会签了《关于加强行政执法监督若干问题的规定》，对行政执法监督的内容、来源、方式、责任等作了有益探索。2014年呼伦贝尔市额尔古纳市人民检察院与呼伦贝尔市额尔古纳市人民政府法制办公室于会签了《关于开展行政执法监督工作细则》，规定了检察机关与政府法制机构通过开展专项行动、案件线索移送反馈、联合监督检查、信息资源共享等各项执法活动整合监督职能，形成监督合力，实现外部检察监督与行政执法内部层级监督的有效衔接，及时纠正行政违法行为。2016年浙江省绍兴市人民检察院和绍兴市人民政府法制办公室会签《关于检察机关和政府法制办加强行政执法监督工作协作配合的若干意见（试行）》。2021 年 11 月，上海市嘉定区检察院与区行政复议局共同会签了《关于在行政复议阶段共同推进行政争议实质性化解的若干意见》，进一步加强行政复议和行政检察的衔接配合，推进行政争议实质性化解，真正实现案结事了人和。上述这些文件会签和案件办理，为行政违法行为检察与行政复议衔接积累了很好的经验。检察机关与司法行政机关协作配合，有利于拓宽行政违法行为检察案件线索和监督范围，强化对行政机关依法行使职权的检察监督，同时也可以借力检察机关的外部监督职能，支持和促进依法行政，达到既监督又支持的共赢局面。

四、行政公益诉讼有效实施的需要

公诉权在检察制度产生之初就是其最核心的职能，也是世界各国检察机关享有的最具共性的职权。行政机关代表国家利益和社会公共利益履行保护职责，既是管理者又是裁判者，客观上很难保障两益的实现。在这种情况下，国家对社会进行了适度干预，引入新的公权机关提起民事和行政公益诉讼，不仅有利于弥补我国一直以来对破坏公益的行为无法进行处罚的漏洞，也为检察制度未来的发展预留了广阔的空间。[1] 从试点的经验成果和目前出台的有关规定指南来看，我国检察机关提起行政公益诉讼制度属于客观诉讼制度，这在世界范围内也是独特的，属于中国本土的司法治理模式。检察行政公益诉讼包括诉前程序和诉讼程序两个核心环节，刚柔并举，检察机关通过诉前程序督促行政机关依法履职，体现司法对行政自制的尊重，有利于促进行政机关自我纠错，及时保护公益、节约司法资源；行政机关仍不依法履行职责的，检察机关作为公益诉讼起诉人，通过提起诉讼启动审判权对行政行为的合法性审查，体现司法在公益保护领域的能动，既增强诉前程序的制度刚性，也凸显行政审判的监督功能，有助于捍卫行政法治秩序，实现公益保护的法治化和权威性。在最高人民检察院由上而下地行政化推动下，行政公益诉讼一经铺开便成为检察机关开展行政检察工作的重中之重，全国行政公益诉讼工作开展可谓如火如荼。

---

[1] 参见刘艺：《检察公益诉讼的司法实践与理论探索》，载《国家检察官学院学报》2017 年第 2 期。

不过，行政公益诉讼在取得成绩的同时，存在的问题也不容忽视，主要表现为整体规模小、发展不均衡、顾虑多、专业人员少、诉前处置能力不强、诉讼经验不足等。检察机关要实现对于行政行为的全面有效的监督，除了着力解决好前述问题继续保持行政公益诉讼工作良好态势外，还应该以行政公益诉讼为起点继续探索其他行政检察监督制度。

（一）行政公益诉讼的发展脉络

1. 以原告身份代表国家提起民事诉讼

公益诉讼起源于罗马法，近代发展始于美国的绿色环境运动。现代行政公益诉讼制度最早起源于 1970 年美国《洁净空气法》中的公民诉讼条款。[1] 1996 年邱建东以公用电话亭未执行夜间长话收费半价规定起诉福建省龙岩市邮电局，成为我国行政公益诉讼第一案。此后，我国在城乡规划、信息公开、环境保护等领域出现了不少由公民或者团体提起的行政公益诉讼案件，这些公民通过司法参与社会共同治理的创举引起社会关注和公共讨论，促使行政机关纠正违法行为或者积极履职。[2]但由于法律对原告资格的限制，大量行政公益诉讼案件在立案阶段即被法院挡在门外或者在受理后被驳回起诉。

检察机关提起行政诉讼，最早可溯至 1939 年的《陕甘宁边区高等法院组织条例》和 1941 年的《晋冀鲁豫边区高等法院组织条例》的规定。新中国成立后，1949 年 12 月颁布的《中央人民政府最高人民检察署试行组织条例》第 3 条第 5 项明文规定："检察机关对于全国社会与劳动人民利益有关之民事案件及一切行政诉讼，均得代表国家公益参与之。"在上述法律、司法文件的指导下，1954 年，辽宁、安徽、江西、山东、河南、山西、陕西、甘肃和北京 9 个省市检察机关共办理相关案件 2352 件，既有提起诉讼的，也有参与诉讼的案件。[3]

20 世纪 90 年代，随着社会主义市场经济体制改革，国企改制过程中大量国有资产被廉价贱卖，国有资产流失现象非常严重。为此理论界有观点提出

〔1〕　参见叶俊荣：《环境政策与法律》，中国政法大学出版社 2003 年版，第 225 页。
〔2〕　参见何海波：《行政诉讼法》，法律出版社 2016 年版，第 196—199 页。
〔3〕　张观方：《试析我国民事行政检察制度的合理性及其完善》，载 http://iolaw.cssn.cn/lgxd/200509/t20050919_4597059.shtml，最后访问日期：2024 年 8 月 31 日。

经济公益诉讼概念，认为经济公益诉讼就是指特定的国家机关和相关的组织和个人，根据法律的授权，对违反经济法律、法规侵犯国家利益、社会利益或不特定的他人利益的行为，向法院起诉，由法院依法追究相对人法律责任的活动。检察机关提起公益诉讼活动最早的是河南省南阳市方城县检察院。1997 年 5 月，南阳市检察院接到群众举报，反映方城县独树镇工商所将价值 6 万余元的门面房，以 2 万元的价格卖给了私人。通过调查，确认该工商所确实低价转让了国有资产，但其中没有发现国家工作人员的职务犯罪线索，如何介入此案、如何挽回国家的损失？成为摆在检察机关面前的难题。后南阳市方城县检察院以原告身份向人民法院提起诉讼，认为被告方城县工商局与独树镇东村二组汤卫东，未经国有资产土地管理部门批准，擅自将工商所房地产进行买卖，致使国有资产部分流失，违反了《中华人民共和国城镇国有土地使用权出让和转让暂行条例》第 46 条和《企业国有资产登记管理办法》之规定，方城县人民法院依法判决双方当事人的买卖房地产契约无效，成为全国第一起检察机关提起行政公益诉讼并胜诉的案件，被我国民事诉讼法教材称为"公益诉讼鼻祖"。[1]此后，全国多地检察机关纷纷效仿，检察机关作为国家的法律监督机关针对国有资产流失、行政收费、环境污染等领域存在的行政违法行为也探索提起诉讼、督促起诉、支持诉讼等公益保护模式，初步改变了公共利益无人保护或保护不力的现状，使国家利益和其他公共利益受侵害行为得到一定程度遏制，收到了良好的法律效果和社会效果。[2]在此期间，关于检察机关提起行政公益诉讼的合理性和可行性学界展开热烈的讨论。尽管有学者提出质疑，认为行政公益诉讼有悖于行政诉讼制度的目的和原则。[3]但大多数学者认为，由检察机关提起行政公益诉讼具有维护国家和公共利益、强化司法权对行政权监督等现实意义，符合我国宪法法律对检

---

〔1〕 张纯：《公益诉讼：从基层探索到顶层设计》，载《民主与法制周刊》2021 年第 31 期。

〔2〕 类似案件如 2002 年浙江省浦江县检察机关就恶意串标低价拍卖国有资产案。参见马平：《行政公益诉讼制度构建中检察机关的角色定位》，载《学理论》2013 年第 24 期。

〔3〕 参见章志远：《行政公益诉讼中的两大认识误区》，载《法学研究》2006 年第 6 期；张旭勇：《公益保护、行政处罚与行政公益诉讼——杭州市药监局江干分局"撮合私了"案引发的思考》，载《行政法学研究》2012 年第 2 期；杨建顺：《〈行政诉讼法〉的修改与行政公益诉讼》，载《法律适用》2012 年第 11 期；王国侠：《行政公益诉讼"入法"要适度》，载《上海政法学院学报（法治论丛）》2014 年第 1 期。

察机关的定位。[1]

2. 探索督促起诉制度

检察机关以原告身份提起民事诉讼监督行政机关依法行使职权、保护国有资产的尝试在 2004 年被法院方面阻却,该年最高人民法院在《关于恩施市人民检察院诉张苏文返还国有资产一案的复函》[2]中指出,检察机关代表国家以原告身份提起民事诉讼没有法律依据,法院不予以受理审判。学界对于检察机关直接提起民事诉讼的做法也争议很大,认为检察机关直接提起民事诉讼干预到企业的经营自由。最高人民法院法官也撰文认为“检察官以谦抑诚实的态度行使监督权利,不轻易介入平等主体的民事诉讼关系”。[3]因此检察机关转而依托我国《刑事诉讼法》规定的刑事附带民事诉讼制度和《民事诉讼法》规定的支持起诉原则[4],开展刑事附带民事诉讼和“支持起诉”的制度,通过督促监管部门提起民事诉讼的方式保护国有资产,并将监督范围逐步扩展到环境保护、医疗保险等公共利益保护领域。[5]

3. 试点检察行政公益诉讼

2014 年《全面推进依法治国的决定》从依法治国的战略高度要求“强化对行政权力的制约和监督”,提出“探索建立检察机关提起公益诉讼制度”的改革任务。2015 年 7 月 1 日,十二届全国人大常委会第十五次会议作出《全国人民代表大会常务委员会关于授权最高人民检察院在部分地区开展公益诉讼试点工作的决定》,授权北京等 13 个省区市检察机关在生态环境和资源保护、国有资产保护、国有土地使用权出让、食品药品安全等领域开展为期两年的提起公益诉讼试点。为了节约司法资源,提高检察监督的效力,2015 年

---

〔1〕 参见马怀德、吴华:《对我国行政诉讼类型的反思与重构》,载《政法论坛》2001 年第 5 期;田凯:《论行政公诉制度的法理基础》,载《河南社会科学》2010 年第 5 期;孙谦:《设置行政公诉的价值目标与制度构想》,载《中国社会科学》2011 年第 1 期;邓思清:《我国检察机关行政公诉权的程序构建——兼论对我国〈行政诉讼法〉的修改》,载《国家检察官学院学报》2011 年第 4 期。

〔2〕 最高人民法院 [2002] 民立他字第 53 号。

〔3〕 曹守晔、杨奕:《促进守法诚信 提升司法公信——对民事诉讼法司法解释中体现诚信原则若干条款的理解与适用》,载《人民司法》2015 年第 7 期。该处的“监督权利”似乎误解了检察机关提起民事公益诉讼的性质,应该作“监督权力”理解。

〔4〕 《民事诉讼法》第 15 条规定:“机关、社会团体、企业事业单位对损害国家、集体或者个人民事权益的行为,可以支持受损害的单位或者个人向人民法院起诉。”

〔5〕 参见梁春程、张争辉:《关于维护医保基金合理使用的思考——从医保基金为第三人侵权行为“埋单”说起》,载《法制与社会》2011 年第 28 期。

12月，最高人民检察院通过《人民检察院提起公益诉讼试点工作实施办法》，其中第28条、第40条规定，检察机关在履行职责中发现生态环境和资源保护、国有资产保护、国有土地使用权出让等领域负有监督管理职责的行政机关违法行使职权或者不作为，造成国家和社会公共利益受到侵害，公民、法人和其他社会组织由于没有直接利害关系，没有也无法提起诉讼的，检察机关可以提起行政公益诉讼，并将检察建议作为人民检察院在提起行政公益诉讼的前置程序，通过先行向相关行政机关提出检察建议，督促其纠正违法行为或者依法履行职责。诉前程序和诉讼程序是试点工作的两项主要内容，实质上是检察机关办理公益案件的两种不同的办案方式，而就同一案件而言，又是检察机关办理公益案件的两个不同阶段。因此，在适用范围上，作为行政公益诉讼前置程序的行政违法行为检察建议与行政公益诉讼范围基本相同：一是明确检察机关监督的场域为在履行职务犯罪侦查、批准或者决定逮捕、审查起诉、控告检察、诉讼监督等职责中发现的行政违法行为；二是主要针对行政机关违法行使职权或违法不行使职权的行为；三是限定在生态环境和资源保护、国有资产保护、国有土地使用权出让等重点部门领域；四是要求造成国家和社会公共利益受到侵害的违法后果；五是要求是公民、法人和其他社会组织没有直接利害关系，也无法提起诉讼的情形。

从试点情况看，检察机关提起公益诉讼充分实现了顶层设计的目标，有效促进了依法行政和法治政府建设：一方面，检察机关通过提出诉前检察建议督促行政机关依法履行职责，增强了行政机关依法行政的主动性和积极性；另一方面，在行政机关不纠正违法或怠于履行职责的情况下，检察机关通过提起公益诉讼的方式，督促行政机关依法履行保护公益职责，弥补了行政公益诉讼的主体缺位，增强了公益保护的刚性。通过公益诉讼试点，行政机关、审判机关、检察机关这三类重要的国家治理主体有机联系在一起，通过监督、协调、配合，形成了保护公益的强大合力。

4. 全面推开行政公益诉讼

2017年5月，中央全面深化改革领导小组肯定了试点成效，提出要为检察机关全面开展公益诉讼提供法律依据。2017年6月27日，全国人大常委会修订了《民事诉讼法》和《行政诉讼法》，加入了检察机关提起公益诉讼的条款，以立法形式正式授权检察机关开展公益诉讼。2017年7月18日、20日，最高人民检察院召开全面开展公益诉讼工作电视电话会议和现场会议，全面推开检察行政公益诉讼。2017 年 9 月 11 日，习近平总书记在致第二十二届国际检察官联合会年会暨会员代表大会贺信中提出了"检察官作为公共利益的代表""检察机关是保护国家利益和社会公共利益的一支重要力量""分享保护公益、推动法治建设经验"等重大论断和殷切期望。2018 年 4 月，《中华人民共和国英雄烈士保护法》（以下简称《英烈保护法》）实施，增加了检察机关可以就英烈名誉提起公益诉讼的条款。2018 年 7 月 6 日，中央全面深化改革委员会第三次会议批准最高人民检察院设立公益诉讼检察厅。公益诉讼改革完整经历了顶层设计、法律授权、试点先行、立法保障、全面推进五个阶段，成为全面深化改革的一个典型样本。[1]

（二）检察行政公益诉讼的属性与功能

关于检察行政公益诉讼的属性和功能，学界存在认识分歧。一是"法律监督说"，认为检察行政公益诉讼虽然采取了行政诉讼的程序和方式，但法理基础在于检察机关在国家权力机构中的法律监督作用。检察行政公益诉讼是一种特殊形式的国家法律监督诉讼，其主要功能在于制造一种适当的时空场域，使得检察机关能够通过个案的裁判过程更有效地履行国家法律监督的职能。[2]二是"诉讼职能说"，认为检察机关的法律监督权自有其适用场域，既然将法律监督权嵌入诉讼场域，就应当遵循诉讼的基本原理。但持这一观点的学者对于检察机关在行政公益诉讼中的身份，是更接近于民事、行政诉讼中的原告，还是刑事诉讼中的公诉人，认识又有不同。[3]三是"诉讼为主监督为辅说"，认为检察行政公益诉讼主要体现检察机关的诉讼职能，在此过程中检察机关对行政违法行为进行监督是诉讼的副产品，但可以视为行政检察监督的开端和新的形式。[4]

回顾改革解读文本看制度构想的初衷，由检察机关作为提起公益诉讼，

---

〔1〕　参见王冶国等：《深入贯彻党的十九大精神全面深化司法改革　坚定不移走中国特色社会主义法治道路》，载《检察日报》2017 年 11 月 2 日，第 1 版。

〔2〕　参见高家伟：《检察行政公益诉讼的理论基础》，载《国家检察官学院学报》2017 年第 2 期；沈岿：《检察机关在行政公益诉讼中的请求权和政治责任》，载《中国法律评论》2017 年第 5 期。

〔3〕　参见秦前红：《检察机关参与行政公益诉讼理论与实践的若干问题探讨》，载《政治与法律》2016 年第 11 期；沈岿：《检察机关在行政公益诉讼中的请求权和政治责任》，载《中国法律评论》2017 年第 5 期。

〔4〕　参见陈瑞华：《论检察机关的法律职能》，载《政法论坛》2018 年第 1 期。

主要是解决公民、法人和其他社会组织没有直接利害关系无法提起公益诉讼的制度困境，明晰这类争议的原告适格问题，着眼于"优化司法职权配置、完善行政诉讼制度"，[1]以加强对公共利益的保护，促进依法行政、严格执法，推进法治政府建设。最高人民法院在《人民法院审理人民检察院提起公益诉讼案件试点工作实施办法》的释明文章中再次重申，检察机关提起公益诉讼制度主要是解决诉讼主体问题，而非创设一套新的公益诉讼制度。[2] 2017年最高人民检察院对《中华人民共和国行政诉讼法修正案（草案）》说明也指出，检察机关提起行政公益诉讼弥补了行政公益诉讼的主体缺位，督促行政机关依法行政、严格执法，其制度的着眼点是更好地保护国家利益和社会公共利益，促进了公益保护体系的不断完善。[3]可见，相对于行政违法行为检察监督制度和行政强制措施检察监督制度，检察行政公益诉讼制度设计的初衷就是解决行政违法行为导致公益损害时无人起诉、无资格起诉的问题，而非直接实现行政检察监督功能。检察行政公益诉讼是一项以保护公益为主要功能的诉讼制度，其本质是检察职权在行政诉讼和公益保护领域的扩张，其理论基础是公益请求权、行政公益违法及其法律责任。检察机关虽然与国有资产、生态环境资源等国家利益或者社会公共利益没有直接利害关系，但其是国家法律监督机关，以维护国家利益和社会公共利益，保障法律正确实施为权力行使的目的[4]，基于该地位、属性和功能，法律将公益保护请求权和诉讼实施权配置给检察机关，由其担任行政公益诉讼的当事人。

---

〔1〕 习近平：《关于〈中共中央关于全面深化改革若干重大问题的决定〉的说明》，载《〈中共中央关于全面深化改革若干重大问题的决定〉辅导读本》，人民出版社2013年版，第61页。

〔2〕 参见范明志等：《〈人民法院审理人民检察院提起公益诉讼案件试点工作实施办法〉的理解与适用》，载《法律适用》2016年第5期。

〔3〕 参见曹建明：《关于〈中华人民共和国行政诉讼法修正案（草案）〉和〈中华人民共和国民事诉讼法修正案（草案）〉的说明——2017年6月22日在第十二届全国人民代表大会常务委员会第二十八次会议上》，载《中华人民共和国全国人民代表大会常务委员会公报》2017年第4期。

〔4〕 《人民检察院组织法》第2条第2款规定："人民检察院通过行使检察权，追诉犯罪，维护国家安全和社会秩序，维护个人和组织的合法权益，维护国家利益和社会公共利益，保障法律正确实施，维护社会公平正义，维护国家法制统一、尊严和权威，保障中国特色社会主义建设的顺利进行。"2017年9月，习近平总书记在发给第二十二届国际检察官联合会年会的贺信中也指出检察官是公共利益的代表。

（三）检察行政公益诉讼的不足

1. 公益领域限于法律规定

检察行政公益诉讼的公益领域，是指什么样的国家利益或者社会公共利益因行政机关不依法履职而造成损害，检察机关可以作为案件当事人起诉到法院。《行政诉讼法》采用"列举加等"的方式予以规定，选取生态环境和资源保护、食品药品安全、国有财产保护以及国有土地使用权出让等四个领域作为行政公益诉讼的重点。对此，有观点认为该款规定关于受案范围的"等"应当作为"等外等"理解，给予检察机关公益诉讼范围的一定自由裁量权，满足公众对于公益诉讼的期待。[1]司法实践中，检察机关也普遍认为，可以从"等"字中拓展行政公益诉讼的受案范围，不少检察机关在当地党委、人大、政府和法院的支持下已经在教育卫生[2]、公共安全[3]、历史建筑保护[4]等领域开展了探索。最高人民检察院民事行政检察厅负责人也透露检察机关将结合相关政策和法律的规定，积极审慎探索电信网络侵犯公益等公益诉讼新领域。[5]

对于检察行政公益诉讼的受案范围中"等"的理解，宜首选文义解释和体系解释，按照行政法条文用语等文义及通常使用方式，结合语法规则来阐述行政法规范的意义内容。[6]从立法技术及立法习惯的角度来看，《行政诉讼

---

〔1〕　参见姜明安：《完善立法、推进检察机关对行政违法行为的监督》，载《检察日报》2016年3月7日，第3版；姚建龙：《监察委员会的设置与检察制度改革》，载《求索》2018年第4期。

〔2〕　如安徽省合肥市庐阳区人民检察院在办理一起故意伤害案件时发现所涉诊所并未取得医疗机构执业许可证，系非法行医，遂对庐阳区卫生局发出督促履职检察建议书，建议其及时查处该诊所的非法行医行为。

〔3〕　如不少检察院发现大量摊贩在幼儿园、小学门口卖油炸串串、臭豆腐，煤气罐随意放置、摊位堵塞道路，给学生和家长的人身安全造成很大隐患，遂向城管部门发出检察建议，督促城管局履行对摊贩的监督管理职责。

〔4〕　如上海市虹口区人民检察院从网络新闻媒体报道中得知，上海市第四批优秀历史建筑德邻公寓自2015年8月以来，因违法施工持续受损，遂开展调查，发现虹口房管局存在怠于履职的情况，未能采取有效措施促使相关责任单位对受损的德邻公寓开展修复工作，后虹口检察院向虹口房管局制发并以公开宣告方式送达了诉前检察建议，督促其切实履行监管职责。参见最高人民检察院2020年12月2日发布的检察机关文物和文化遗产保护公益诉讼典型案例"上海市虹口区人民检察院督促保护优秀历史建筑德邻公寓行政公益诉讼案"。

〔5〕　参见闫晶晶、戴佳：《检察机关将积极审慎探索公益诉讼新领域》，载《检察日报》2018年12月26日，第1版。

〔6〕　参见伍劲松：《行政解释研究》，人民出版社2010年版，第173页。

法》第 12 条关于受案范围的规定亦大量使用"等"字，这些"等"基本作"等外等"之理解。[1]最高人民法院《关于审理行政案件适用法律规范问题的座谈会纪要》（法〔2004〕96 号）规定，法律规范在列举其适用的典型事项后，又以"等""其他"等词语进行表述的，属于不完全列举的例示性规定。以"等""其他"等概括性用语表示的事项，均为明文列举的事项以外的事项，且其所概括的情形应为与列举事项类似的事项。《行政诉讼法》修改后颁布实施的《英烈保护法》，赋予检察机关对侵害英雄烈士名誉荣誉案件提起公益诉讼的职权，也从反向证明检察公益诉讼范围中"等"应理解为"等外等"。但需要注意的，"等外等"并不意味着"等"字会覆盖所有领域，而应当有其相应的边界，宜涵摄在"公益"范畴之内的特定行政领域。

检察机关提起行政公益诉讼的诉讼权能，来源于法律的具体规定而非法律监督的概括授权。从比较法视角看，美国的公民诉讼、日本的民众诉讼和机关诉讼，都将范围限定在环境保护、竞争消费、选举公支、机关权限等法律上特别规定的事项。[2]目前，我国行政公益诉讼制度的构建还处于初级阶段，检察机关在探索公益诉讼实践中还存在诸多不适应的地方，试点过程中检察权保持了相对克制的态度，案件来源被限定在"履职过程中"发现的案件线索，案件范围被限定在公益受损比较严重的三类案件中，有意将行政公益诉讼案件范围限缩在无争议领域。试点结束后，《行政诉讼法》将该项制度入法之际，在《检察公益诉讼试点办法》规定的三类案件之外，也仅增加了食品药品安全类案件。可见，立法机关期望检察机关在法律规定的范围内突出重点审慎启动行政公益诉讼，防止把不具有国家利益或者社会公共利益属性的案件以公益诉讼的方式进行保护。

诚然，随着检察机关提起行政公益诉讼的制度完善和能力提高，行政公益诉讼的受案范围可以采取特别法明确授权的方式予以延展，但在无法律规定的情形下，宜遵循"法无授权即禁止"的权力控制原则来厘清检察行政公益诉讼的公益领域范围，避免这一类公益诉讼被滥用，浪费有限的司法资源。

---

〔1〕 参见王万华：《完善检察机关提起行政公益诉讼制度的若干问题》，载《法学杂志》2018 年第 1 期。

〔2〕 参见叶俊荣：《环境政策与法律》，中国政法大学出版社 2003 年版，第 223-226 页；陈清秀：《行政诉讼法》，法律出版社 2016 年版，第 159-166 页。

2. 公益内涵限于具体公益

检察行政公益诉讼与行政检察关系十分密切，检察机关提起行政公益诉讼前必须通过诉前程序就履职过程中发现的行政违法行为向行政机关制发检察建议督促其纠正，这里的诉前程序一定程度上体现了检察机关对行政违法行为的监督。但与行政检察监督的核心价值追求不同，检察机关提起行政公益诉讼的核心目标在于保护"公益"。检察机关之所以提起行政公益诉讼，在于被告行政机关未能依法履行对国家利益或者社会公共利益负有的监督管理职责。那么，究竟什么是检察行政公益诉讼中的"公益"内容呢？

《行政诉讼法》第 25 条第 4 款将它区分为"国家利益"和"社会公共利益"。其中，国家利益通常指涉及国家所有权的利益[1]，社会公共利益则具有"利益内容的不确定性"和"受益对象的不确定性"。这两个术语均是对某种利益的高度概括，尤其是后者是一个典型的、不确定的学术概念，除部分司法解释和行政法规予以概括性列举外，法律层面并无明确界定。对此，有学者从主体客体、实体程序、列举排除、要素分析等方面对"社会公共利益"进行梳理，并从程序法的视角对此进行类型化辨析。[2]

检察行政公益诉讼所谓"公益"不等同于"公共利益"，它应当与行政机关的法定职责密切关联，表现为"具体公益"。在此，"具体公益"是指依据宪法法律规定，由国家所有的利益或者行政主体在公共行政中依法行政所追求的公共福祉。譬如，生态环境和资源保护中的环境公共利益、自然资源国有利益；国有资产保护中的国家利益；食品药品安全中广大民众的民生利益（如生命、健康等合法权益），均属于"具体公益"的表现。

此外，检察行政公益诉讼中所谓"公益"也不包含"制度公益"。诚然，公共利益乃至公益是行政主体之所以创设公务的直接目的，"任何因其与社会团结的实现与促进不可分割、而必须由政府来加以规范和控制的活动，就是一项公共服务，只要它具有除非通过政府干预，否则便不能得到保障的特征。"[3]

---

〔1〕　参见季美君：《检察机关提起行政公益诉讼的路径》，载《中国法律评论》2015 年第 3 期。

〔2〕　参见杨红、刘芳：《行政公益诉讼语境下的"公益"涵析》，载《西部法学评论》2018 年第 4 期。

〔3〕　［法］莱昂·狄骥：《公法的变迁·法律与国家》，郑戈、冷静译，辽海出版社、春风文艺出版社 1999 年版，第 53 页。

但从诉讼原理上看，无论是民事诉讼还是行政诉讼，无救济则无权利，无利益则无诉讼，诉的利益创设权利的积极功能为行政公益诉讼的产生提供了依据，其消极功能还可以有效防止行政公益诉讼中可能的滥诉。[1]因此，检察机关提起行政公益诉讼作为一项诉讼制度，其根本目的是保护受损的具体公益，而非构建检察权威或者维护法制统一。

有一种观点认为，我国《行政诉讼法》具有保护公民、法人和其他组织的合法权益，监督行政机关依法行使职权的这两大宗旨，其中后者具有独立的价值，并不依附于保护私权益而存在。同理，行政公益诉讼的可诉对象具有双重性，公益保护的范围应从保护受损的具体公益拓展至保护既定的制度公益。因为行政公益诉讼的功能不仅在于督促行政机关依法履职实现具体的公益救济，而且还应对行政规范性文件的合法性一并进行审查，维护国家法制统一。为此，从现行《行政诉讼法》第 25 条、53 条及《关于检察公益诉讼案件适用法律若干问题的解释》第 4 条的规定看，公民、法人或者其他组织有权在提起行政诉讼时一并请求对其行政行为依据的规范性文件进行审查，该请求权利也同样适用于检察公益诉讼的提起。[2]对此主张，宜审慎考量。因为现行《行政诉讼法》尚未就检察行政公益诉讼是否能一并请求对行政机关不依法履行职责致公益受损的行政行为依据的规范性文件进行审查做出明确规定，现有的《关于检察公益诉讼案件适用法律若干问题的解释》也未涉及此内容，故目前的检察行政公益诉讼中的"公益"尚无法直接指向"制度公益"。因此公益诉讼诉前程序的适用范围相较于行政检察的监督范围而言要窄。

3. 监督方式单一

从上文可见，行政公益诉讼案件的办理方式主要是诉前程序和提起诉讼两种，诉前程序是行政公益诉讼制度的一部分，也是我国在构建公益诉讼制度时的一个有意的安排。提起诉讼并不是行政公益诉讼制度设计的目的，通过向行政机关制发诉前检察建议，督促行政机关依法履职，从而达到保护国家利益和社会公共利益才是该制度的最终目的。司法实践中行政公益诉讼也

---

〔1〕 参见王太高：《诉的利益与行政公益诉讼》，载《甘肃政法学院学报》2007 年第 6 期。

〔2〕 参见郑春燕：《论民众诉讼》，载《法学》2001 年第 4 期；刘艺：《构建行政公益诉讼的客观诉讼机制》，载《法学研究》2018 年第 3 期；田凯：《行政公诉论》，中国检察出版社 2009 年版，第162-165 页。

呈现起诉案件数量较少、诉前程序案件较多的局面，对此我们不能错误理解为行政公益诉讼遭遇的困难和问题，而应该从检察机关在行政公益诉讼工作中的功能定位出发，正确认识诉前程序督促行政执法的实质价值。

不过，从另一方面看，诉前程序在同一案件中又是检察行政公益诉讼的前期阶段，行政公益诉讼诉前程序与诉讼怎么衔接？诉前程序既有作为诉讼前置程序的性质，是否也具有自身的独立性？检察机关在诉前程序的调查取证权的配置是否应与诉讼中举证责任的分配相匹配？公益诉讼诉前程序检察建议的性质、形式和内容的规范以及与诉讼请求的关系是什么？从目前的办案实践看，这些问题还没有引起普遍的重视。目前，检察机关民事行政和公益诉讼检察部门办理行政执法监督案件的普遍流程为受理案件后，进行审查、调查取证、核实证据等工作，案件审结后，作出监督决定的，则向行政机关发出检察建议，在检察建议上列明要求行政机关应当履职或加强履职的相关内容，并提出改进工作的相关建议。"检察建议"几乎成了行政执法监督的主要和唯一载体，面对当前复杂多变的新形势，这样单一的监督方式显然无法适应多种多样行政不作为、乱作为的存在形式。

此外，在实践中，部分诉前检察建议内容过于原则和宽泛，缺乏针对性和可操作性。比如仅提出"建议依法改进工作""强化监管职责""加大宣传力度"等建议，没有准确指出解决问题的关键点和切入点。有的检察建议的改进建议内容甚至为"认真依法履职，防止国家利益遭受损害"，不利于行政机关自我纠错或履行职责。行政公益诉讼的诉前检察建议是必须指明行政机关应该如何纠正违法行为，对于怠于履职的行政机关，检察建议不只是要求行政机关采取有效措施，还应该明确指出应当做出哪种具体行政行为，如果仅仅是建议"建立……机制""增强……意识"等，这种建议就会变成堵漏建制型的检察建议，无法反映出诉前程序本质特征。可见，行政公益诉讼中的诉前程序和提起诉讼本质上属于借助司法保护公益的方式程序，其必须紧紧围绕具体的行政违法行为和怠于履职行为，如果诉前检察建议没有与诉讼请求相匹配，将导致公益诉讼不符合法定条件。例如，在吉林省延吉市人民检察院诉延吉市环保局不履行法定职责案中，法院认为，在检察机关提起的不履行法定职责行政公益诉讼中，人民法院审理的标的系检察建议后被诉行政机关是否依法履行法定职责，检察建议程序是法定的诉前程序，检察机关诉请的内容和范围应当与检察建议一致。[1]

将来，检察机关或将不是行政公益诉讼的提起的唯一主体，其监督行政活动的方式也不仅仅依靠检察公益诉讼的方式。最高人民检察院提出，检察机关下一步司法改革的目标是要实现刑事检察、民事检察、行政检察和公益诉讼业务"四轮驱动"、共同发展。新近的最高人民检察院内设机构改革方案将民事行政检察部门拆分为民事检察、行政检察和公益诉讼三个部门也体现了上述认识。因此，长远来看，检察机关应立足"公益"和"诉讼"的特点和优势，发挥其对整个行政检察监督体系的融贯引导功能，方能促进各项行政检察监督职能的科学平衡发展。

---

〔1〕 参见吉林省延边朝鲜族自治州中级人民法院行政判决书，（2018）吉 24 行终 114 号。

行政违法行为检察的实证分析

　　理论来源实践继而指导实践，实践不断发展继而又要求理论不断更新回应，因此任何法律概念和法律制度都可以从事实和价值两个层面进行观察，行政检察也不例外。笔者在本章将目光聚焦行政检察制度的事实与规范之间，通过若干实践样本的分析透视，检视行政检察制度的实践运行样态，以揭示其生长发展的过程和困境。

一、行政违法行为检察的上海样本

　　2013 年至 2014 年间，全国民事行政检察系统共受理各类行政检察监督案件约 6.5 万件，制发检察建议约 5 万件，其中，非诉讼监督类行政检察监督案件 4 万余件，行政执行监督检察建议 6785 份，督促履行职责建议 40 838份，针对行政机关违法行为制发的检察建议占 70% 以上比例。上述行政检察工作积累了不少宝贵经验，遂成为党的十八届四中全会提出行政违法行为检察改革任务的实践基础。[1]

　　上海检察机关始终关注行政违法行为检察工作，2004 年率先在全国建立两法衔接机制，积极探索行政执法检察制度。2010 年前后，围绕社会矛盾化解、社会管理创新和公正廉洁执法三项重点工作，以与群众切身利益密切相关、群众反映强烈的问题为工作重点，延伸检察职能，尝试开展行政执法检察监督工作，逐步形成了独具特色的行政违法行为检察的上海样本。详述如下。

---

〔1〕　参见时任检察长曹建明 2015 年 5 月 21 日在全国检察机关行政检察工作座谈会上的讲话以及2014 年底最高人民检察院民事行政检察厅对全国行政检察工作进行书面专题调研的报告；解文轶：《行政检察工作的现状与发展》，载《国家检察官学院学报》2015 年第 5 期。

（一）以信息共享监督严格执法，防范行政违法行为的发生

2005年，上海市浦东新区人民检察院建立了全国第一家"两法衔接"信息共享平台。2010年5月28日，市级"行政执法与刑事司法相衔接信息共享平台"正式开通，在上海全市推广，建立三级信息共享平台，消除地方和部门保护主义，提高行政执法的透明度，创造了两法衔接工作的全新模式，为建立两法衔接的长效机制提供了载体。

上海检察机关在推进本市两法衔接工作中，先后开展了"打击侵犯知识产权和制售假冒伪劣产品犯罪立案监督专项活动""对行政执法机关移送涉嫌犯罪案件专项监督活动"等一系列专项活动。例如，嘉定、青浦、金山等区县单位，形成了"区长亲自挂帅、区府法制办牵头协调、监察部门考评效能、各成员单位积极参与"的新型组织架构，将两法衔接纳入到区县效能监察考评体系。再如，宝山、奉贤等区院探索"专项衔接工作机制"，创设了"首办监督员"制度，在平台单位查处涉嫌危害食品安全、制假售假违法犯罪案件时，及时提前介入，就法律适用、证据把握及取证规范等方面提出专业意见，确保相关案件顺利查处。同时，针对"问题豆芽"等案件加强源头治理，帮助行政管理部门、行政执法机关查找制度缺失和监管盲点。2012年，全市检察机关共建议移送危害食品安全类犯罪线索81件，同比上升8倍。具体参见下图：

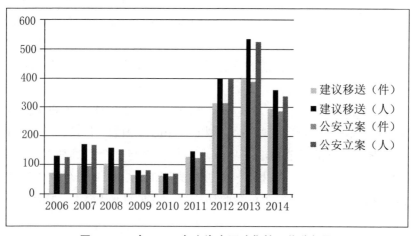

图1：2006年-2014年上海市两法衔接工作分析图

（二）以督促起诉促进依法履职，避免公共利益遭受损害

在 2011 年至 2014 年间，上海市各级民事行政检察部门共发出督促民事起诉类检察建议 135 件，为国家挽回经济损失约 1.1 亿元。例如，上海市嘉定区人民检察院在办理一起职务犯罪案件时发现，区供销合作总社下属的一家集体企业改制时隐瞒 3 套房产未上报审核评估，转制后该公司又将其全部出售，得到房款 58 万余元，涉嫌国有资产流失，而区供销合作总社并不知情。为此，检察机关向区供销合作总社发了《民事督促起诉意见书》，告知上述查明的情况，并督促区供销合作总社及时向法院提起民事诉讼，追偿受损的国有资产。之后，区供销合作总社向法院提起诉讼过程中，双方达成了和解协议，上述公司分期将 58 万余元不当得利款返还给区供销合作总社。再如，上海市嘉定区人民检察院民事行政检察科对在工作中发现的上海市嘉定区农村养老保险事业管理中心非法出借农村社会养老保险基金给上海联华有色金属材料厂无法收回借款一案，以支持起诉的方式向该区人民法院提起诉讼，并获得法院判决的支持，从而使具有公益性质的涉讼养老基金免遭损失。

（三）以参与诉讼维护公共利益，监督行政机关依法行使职权

一方面，上海检察机关通过督促起诉方式来尝试参与公益诉讼。如 2011 年青浦区人民检察院在办理一起污染环境刑事案件后，发现相关受损单位未提起民事诉讼，遂督促区河道水闸管理所等五家受损单位通过司法程序向被告人追回经济损失。案件结束后，青浦区人民检察院还制定出台《服务保障河道综合整治专项工作的实施意见》，积极开展水资源环境保护领域督促起诉、支持起诉工作，加强行政诉讼监督和行政违法行为监督，为区河道综合整治提供优质高效的司法保障。

另一方面，通过刑事附带民事诉讼方式参与公益诉讼。如 2006 年嘉定区人民检察院在办理一起破坏电力设备案时，以刑事附带民事诉讼的方式要求被告人赔偿电力维修费，挽回国家损失。公益诉讼全面推开后，2018 年 1 月至 10 月，上海检察机关共提起刑事附带民事公益诉讼案件共 8 件，其中生态环境和资源领域 5 件，食品药品领域 3 件。

（四）以检察建议参与社会治理，促进行政管理严格规范

上海检察机关将检察建议作为履行法律监督职能的重要手段，对督促行

政机关规范执法程序、约束行政行为、推进依法行政发挥了重要作用。其中2009 年至 2012 年，上海检察机关共制发检察建议 4001 件，其中向行政机关制发 984 件。[1]2014 年至 2017 年，上海检察机关共制发检察建议 2922 件，其中向行政机关制发 451 份，占比约 15%。

表 1：2014 年-2017 年上海检察机关向行政机关制发检察建议分析表

年份	总量	行政执法检察建议数量	占比
2014	941	199	21.15%
2015	582	89	15.29%
2016	591	69	11.68%
2017	808	94	11.63%
合计	2922	451	15.43%

建议内容主要集中体现在以下几方面：

一是针对查办挪用公款、贪污、行受贿等案件中发现有关行政机关权力监管、行政管理领域制度执行不到位等方面存在的问题，建议相关单位堵漏建制，采取整改措施。例如，上海市徐汇区人民检察院在办理公有非居住房屋出租中查处的行受贿案件时发现，公有非居住房屋租赁环节存在较大的引发职务犯罪的隐患，特别是权钱交易行为造成了国有资产的大量流失。对辖区直管公房和系统公房租赁情况进行了深入调研，了解引起违法犯罪的原因，徐汇区人民检察院对相关管理部门制发了《检察建议书》，提出了一些切实可行的规范建议。该检察建议发出后，迅速引起市委市政府主要领导的高度重视。时任市委书记俞正声及副市长沈骏均作出了批示，市住房保障房屋管理局主要领导也分别批示要求相关责任部门研究《上海市房屋租赁条例》的修改，制定全市公有非居住房屋转租运作规则等，进一步规范公房租赁管理。再如，徐汇区人民检察院在办理一起受贿案的过程中发现，全市建设工程渣土运输车辆存在严重超载、交通违章、肇事等问题，经调研形成了《关于引

---

[1] 自 2009 年开始，上海检察机关向行政执法机关制发的检察建议制发数量出现了连续四年的高速增长，从 2009 年的 515 份到 2013 年的 1410 份，年均增加 81.7%，总量增长近两倍。参见《2013 年上海市人民检察院工作报告》，载《解放日报》2013 年 2 月 7 日，第 11 版。

发本市建设工程渣土运输车辆交通肇事的几个突出问题》的调查报告。并据此向绿化市容部门制发了检察建议，引起市委市政府主要领导的高度重视并批示要求分析研究管理制度上存在的问题，找出治本之策。后上海市人民政府令颁布的《上海市建筑垃圾和工程渣土处置管理规定》采纳了报告中提出的完善渣土运输专营招投标平台建设、参与专营招投标的渣土运输单位的准入条件、规范建筑渣土管理部门人员实施监督检查的程序性规定和要求等建议，建议效果显著。

二是行政管理领域制度执行不到位、管理有缺失，建议相关单位堵漏建制。例如，上海市人民检察院在总结分析 2009 年信用卡诈骗案件基础上，针对信用卡风险管理中存在的问题，向原中国银行业监督管理委员会上海监管局提出了四方面的建议，上海银监局高度重视、认真整改，有效保护了银行资金安全，维护了金融管理秩序。再如，上海市人民检察院第二分院在办理租用他人医保卡诈骗案件过程中，注意综合治理，找准问题症结，向有关部门制发检察建议，后被建议单位根据建议，开展了一系列的打击地下药品市场的专项整治工作，有效维护了医保基金安全，产生了由点及面的积极效应。再如，上海市浦东新区人民检察院在办理刘某买卖国家机关证件案过程中，发现区农业委员会在施行"灵活就业登记"政策过程中存在配套细则出台不及时、对报送材料的实质审核不严格等若干问题，客观上给刘某制作虚假的相关来沪人员与农业合作社之间的《劳动合同》等证明材料、骗取《来沪农业从业人员灵活就业证明》出售给其他来沪人员提供可乘之机。遂经调研给上海市浦东新区农业委员会制发检察建议，要求进一步完善相应配套细则，适度提高"准入门槛"，加强实质审核的监督管理，建立对工作窗口的定期抽查和对申报人员工作单位定期回访等工作机制，同时应采取适当方式留存相关档案备查。此后，区农业委员会制定出台相关实施细则，并开展执法检查，对原先受骗审核通过的 1613 人进行了清理和纠正，体现了检察机关在社会治理的系统工程中的积极作用。

三是立足职能，就办案中发现的食品药品、生态环境等关乎人民群众切身利益的公共领域安全监管问题，积极向有关部门建言献策。例如嘉定区人民检察院反贪、反渎部门在办理一起生产、销售"问题猪肉"案件的同时，对全市生猪产品质量安全监管现状，进行了认真、细致的调研剖析，发现其中存在职权设置不科学、处罚力度较轻、标准要求不高、缺乏外部制约等问题。对此，嘉定区人民检察院向市动物卫生监督所提出防范整改的检察建议，同时抄送上海市农业委员会。后上海市农业委员会专门下发了《关于开展动物检疫监管专项整治行动的通知》，组建道口考核督查小组，在全市范围内开展为期四个月的行业专项整治行动。市动物卫生监督所重新修订了《供沪动物及动物产品防疫监管规定》和《市境公路道口动检工作督查实施意见》，建立起动物产品防疫及道口动检监管的长效机制。再如宝山区人民检察院针对"染色馒头"案件反映出的生产许可、生产监督、食品检测、食品流通等食品安全监管环节存在的问题，向该区食品安全委员会建议完善有关食品安全监管防控措施，同时抄报各相关部门，引起各食品安全监管部门的重视。

四是针对工作中发现的有关未成年人保护问题，建议有关机关加强执法。例如，青浦区人民检察院在办案中发现部分民营医院违规为未成年少女堕胎，向有关部门制发检察建议，并通过检察情况反映的形式上报领导引起了市委主要领导的重视，通过全市范围的专项整治，非法堕胎现象得到有效遏制。再如，静安区人民检察院在办理多起青少年涉酒吧犯罪案件时发现，全市酒吧、网吧、KTV 等娱乐场所接纳未成年人甚至雇佣未成年人揽客等引发故意伤害、聚众斗殴、抢劫等严重犯罪问题，甚至出现致人死亡等后果，亟需加强监管和检查。后静安区人民检察院向上海市酒吧行业协会制发加强行业自律的检察建议，上海市人民检察院联合市综治办、公安局治安总队、文化执法总队、工商局检查总队、商委酒类专卖管理局等职能部门以及团市委、市妇联等有关单位对娱乐场所的日常管理机制、接纳未成年人的查处和预防机制以及司法机关、行政机关与社会组织的配合衔接机制进行了研讨，"围绕场所加强规范管控，围绕对象加强引导教育"，构建了多部门参与的综合治理网络。

五是针对某些行政机关在执法程序中存在瑕疵，没有严格按照相关法律规定进行操作，建议其严格规范执法。例如，全市检察机关针对监外执行罪犯在缓刑考验期内仍担任公司法人代表的问题，向工商行政管理部门建议严格执行《中华人民共和国公司法》的相关规定，责令相关公司变更法定代表人。再如，上海市人民检察院第二分院在审查一起行政裁定申诉案时发现，市城管局虽然在规定期限内作出行政复议决定，但是相关工作人员违反《行政复议法》有关规定，逾期送达行政复议决定，遂提请上海市人民检察院制发检察建议。建议该局重视行政执法程序，建立健全行政复议的各项制度规范，增强执法的规范化、制度化。市城管局对该检察建议高度重视，在一个月内予以书面回函，并就存在的问题进行了整改落实。

在检察建议工作办理机制上，上海检察机关也结合自身工作实际积极探索和实践。一是与市人大内务司法委员会建立联合督办制度，安排专人向市人大内司委进行季度、年度情况报告，接受市人大对检察建议工作的指导、监督。二是与原市政府法制办建立联合督办制度，每季度末向原市政府法制办提供全市检察机关向本市政府机关（不含公安机关和司法行政机关）制发的、超过一个月未回复的检察建议信息，由原市政府法制办开展逐案督办，以落实检察建议。三是进行检察建议公开宣告。例如，上海市金山区人民检察院于 2013 年在全市率先探索检察建议公开宣告模式，并于 2014 年提出公开宣告常态化的目标要求，近年来，除规范司法行为类检察建议一般不公开宣告外，对其他类型检察建议均力争公开宣告。2016 年，非规范司法行为类检察建议公开宣告率 96.3%，2017 年达到 100%，已基本实现了常态化目标。四是联合召开检察建议通报会。例如，浦东新区人民检察院注重选取典型案例，积极探索联合相关多家单位召开检察建议通报会，有效督促了被监督单位对检察建议的落实工作，成效显著。五是建立跟踪回访工作机制。针对被监督单位的回复落实情况，部分院建立了跟踪回访工作机制，及时督促被监督单位落实整改措施。跟踪回访的内容包括及时了解和掌握被监督单位对建议的采纳落实情况以及被监督单位在落实整改后是否建立起长效机制等。

（五）以类案监督加强依法行政，推动行政规范更新完善

上海检察机关注重对执法办案中发现的规范执法行为、统一适用法律、实现执法平衡等方面存在的问题，及时提出意见和建议，督促其纠正改进，积累了开展一类问题监督的典型事例，提升了法律监督的权威性和影响力。

例如，针对全市环保系统职务犯罪案件高发多发的情况，2011 年嘉定区人民检察院走访了相关市、区两级环保部门以及检察办案部门，对 2009 年 3 月以来全市检察机关办理的 17 件环保系统职务犯罪案件进行调查，分析环保监测设备采购过程中存在的问题、发案特点、原因之后，形成了关于全市环保系统职务犯罪案件情况的调查报告。2012 年 1 月，经检察委员会讨论决定，上海市人民检察院向市环保局制发了检察建议书，提出加强对监测设备采购环节的技术指导、采用一揽子招标方式、借用外部监督力量等对策建议。

2012 年 4 月，市环保局下发两份文件至各区县环保局、市环保局各部门，对检察建议反映的情况进行了通报，并对市环保系统仪器设备采购的监督管理作出新的规定，全面采纳了检察建议书提出的意见。再如，针对上海农村地区非法组织卖血现象，青浦区人民检察院和上海市人民检察院分别向青浦区卫生局、上海市卫生局制发个案和类案检察建议，后上海市卫生局开展打击非法组织卖血的专项行动，并制发了《关于进一步做好团体自愿无偿献血工作的若干意见》，推动采供血工作规范化、管理科学化。

（六）以专门机构聚集监督合力，放大行政检察外部效应

上海市黄浦区人民检察院为上海市行政检察监督的试点单位。2017 年，黄浦区人民检察院在争取黄浦区委、区委政法委、区人大、区政府的支持下，在行政执法与行政检察衔接平台建设方面建立了机构、健全了制度。黄浦区的行政检察监督探索主要包括：

一是成立了"黄浦区行政检察监督办公室"。2017 年 9 月 1 日，设立在黄浦区依法治区领导小组下的"黄浦区行政检察监督办公室"正式挂牌成立，并配套出台了《关于加强行政执法与检察监督衔接的意见》和《行政执法与行政检察监督衔接配合实施办法》，为黄浦区行政检察监督和公益诉讼工作的开展建立了有效机制保障。揭牌仪式上，"黄浦区行政执法与行政检察信息共享平台"也正式启动，它将推动区行政检察监督办公室在信息化、大数据和人工智能科技方面的运用，大力拓宽行政执法监督案件和公益诉讼案件的信息渠道和线索来源。"黄浦区执法检察监督办公室"实行"双组长制"，由区委常委、区政法委书记和区检察院检察长担任办公室主任，区政法委、区委办、区政府办、区人大内司委、区监察局、区委依法治区办、区法制办、区检察院为成员单位，下设工作小组，区政法委为牵头单位。工作组成员单位参照依法治区领导小组下设机构组成，具体组织有关行政执法检察监督工作。

二是制定了《加强行政执法检察监督行动计划》。依法制定联席会议、文件备案、"检察建议"办理等规范性文件；[1]建立由各个行政执法机构参与的协作配合机制，通过与检察机关会签文件，建立起协作配合、互相联动的工作机制，为行政执法检察监督工作提供支持。共同制订相应规范并组织实

---

〔1〕 具体包括《黄浦区行政执法检察监督工作联席会议制度》《黄浦区行政执法检察监督备案工作制度》《黄浦区加强行政执法检察监督"检察建议"办理工作的若干意见》。

施，建立日常工作报备制、信访案件报备制、督办案件报备制、重大项目报备制等；建立"行政执法与行政检察监督衔接平台"，充分运用行政与司法"两法衔接平台"、市政府 12345"双随机"信息平台等渠道，获取行政执法监督信息，跟踪行政执法动态，梳理发现行政执法检察监督个案或类案线索，提出相关建议。

三是明确检察机关的监督方式。与行政执法机构会签《加强行政执法检察监督"检察建议"办理工作的若干意见》，明确联络员机制、检察建议启动机制、跟踪落实及责任追究机制等，增强检察监督的针对性和实际效果；建立行政执法重大事项介入调查、督察机制。检察机关可以协助相关部门、参与区重大决策事项专项督查活动，梳理发现行政执法监督个案或类案线索，提出相关建议。必要时可以参照最高检有关规定精神，主动派员介入重大执法事项，运用调查核实职能及时开展监督。

在探索行政执法检察监督工作实践中，黄浦区人民检察院由检察长带队走访多家行政执法机关及单位，有序开展行政执法与检察监督工作对接，推动"行政执法检察监督工作办公室"建立和运行。例如，针对办理徐某等人涉嫌私分国有资产案中发现的问题，及时向区国资委制发检察建议，建议其对区属企业改制过程中可能导致国资流失的评估等环节开展复查复核，及时发现并追回国有财产损失，切实履行国有财产保护职责。深入开展互联网金融犯罪专项调研，及时发布《年度黄浦金融检察白皮书》，适时向市公证协会制发检察建议书并得到回函整改，推进依法治区建设。

综上，上海检察机关在行政检察工作中探索总结的这些举措与经验，为行政检察制度的有效实施与不断完善提供了一套可复制、可推广的运行模式。

二、"两法衔接"监督模式

(一)"两法衔接"监督模式

改革开放以来，我国通过一系列经济和行政立法，初步构建起中国特色社会主义市场经济的法律体系。随着我国经济建设的飞速发展，经济活动日趋活跃，破坏市场经济秩序的现象如假冒注册商标、生产、销售伪劣产品、非法经营、侵犯知识产权等严重扰乱了市场经济秩序，影响了市场经济健康发展，给社会经济造成了严重损失。造成这一现象的原因之一就是行政执法不力，导致一些涉嫌犯罪的案件没有进入刑事诉讼程序，滞留在行政执法环节，该移送的没移送，以罚代刑、降格处理，客观上姑息纵容了扰乱市场经济秩序的犯罪行为。

长期以来，行政执法与刑事司法衔接实践中的运行模式是"N+1+1+1+1"的形式，即 N 代表行政执法机关（集合体），四个 1 分别是整顿和规范市场秩序领导小组办公室、人民检察院、公安机关和监察机关。整规办是组织协调一方，行政执法机关、公安机关和检察院三方形成合力打击犯罪，监察机关和检察院分别行使不同范围的监督职能，保证监督有力、打击到位。在衔接机制工作链中，行政机关处于打击经济犯罪活动的前端，直接与经济违法犯罪接触，如果其不将案件信息与公安机关、人民检察院共享，将严重影响打击犯罪。公安机关是管辖一般刑事犯罪的法定机关，有权对经济犯罪行为立案侦查，与人民检察院工作流程衔接紧密。人民检察院处于法律监督地位，对损害国家社会利益的行为依法追究法律责任。监察机关对行政执法机关和公安机关的效能和执法责任实施监察。

为了保障上述规定的贯彻落实，在此期间全国各级检察机关加强与有关部门的沟通，在健全联席会议[1]、重大案件情况通报[2]、介入支持[3]、备案审查等制度，加快"网上衔接、信息共享"平台建设[4]，做好调查处理举报、建议移送案件等方面完善两法衔接机制，促进行政执法机关依法履

---

[1] 整规办及各行政执法机关、人民检察院、公安机关和监察机关定期或不定期召开不同范围、不同层次的工作联席会议，沟通情况，统一认识，共同研究执法中遇到的新情况、新问题，协调解决重大疑难问题。

[2] 行政执法机关、公安机关、监察机关和人民检察院相互通报一个时期内破坏社会主义市场经济秩序违法犯罪活动的规律、特点和趋势，定期或不定期联合开展专题调研活动，研究制定预防和打击经济犯罪的措施，规范市场经济秩序。

[3] 行政执法机关在查处行政违法案件时发现可能涉嫌犯罪的，可以邀请公安机关派员提前介入案件的调查，共同研讨是否达到刑事追诉的标准；公安机关认为涉嫌犯罪的，可以视情况提前介入，引导行政执法机关调查取证，就证据的固定和保全等问题提供咨询意见；公安机关立案侦查涉嫌犯罪案件时，行政执法机关应当给予必要的配合与支持。对可能涉及犯罪的重大事故、重大事件和重大刑事案件，在相关职能部门调查处理的同时，要通知人民检察院及时介入，防止证据灭失，人民检察院对其中的渎职犯罪有权进行调查。

[4] 行政执法机关查处的行政违法案件、移送涉嫌犯罪案件情况，公安机关立案侦查情况，人民检察院刑事立案监督、审查批捕、审查起诉情况，县（市、区）实行月度通报，省、设区市实行季度通报，于每月或每季度结束后的规定时限内相互通报。在保密和安全的前提下，逐步实现各行政执法机关、公安机关、监察机关和人民检察院的信息管理系统联网共享。

行职责。

例如，湖南省检察院联合公安厅与行政执法部门联合发布了《关于加强工作联系建立行政执法与刑事司法相衔接工作机制的意见》，探索通过会签文件制度，为检察机关开展立案监督活动提供良好的执法条件。北京市探索建立行政执法机关与刑事司法机关之间重大案件信息通道，使刑事司法力量尽早介入到案件审查中；探索建立行政执法机关主动向检察机关报备《涉嫌犯罪案件移送书》和《行政处罚决定书》制度，避免检察机关一头对多头，出现力量分散、劳而无效的弊端。上海、江苏、云南、宁夏四省区市将信息共享平台建设作为两法衔接工作的攻坚工程与集中力量积极推动的机制。重庆市检察机关总结出了一套工作机制：信息共享机制——由各级检察院与行政执法机关、公安机关为及时反映工作动态，通报案件的办理情况而建立一个信息平台；联络员机制——由检察机关与行政执法机关、公安机关等单位确定具体联络人员，建立一个相对固定的监督联络员网络，负责日常信息沟通和具体案件的协调，把信息共享机制落到实处；联席会议机制——检察机关与行政执法机关、公安机关通过定期或不定期地召开联席会议，研究解决办理案件中遇到的重大问题和带普遍性的问题；落实责任机制——检察机关在行使经济犯罪立案监督权的过程中，发现行政执法人员徇私舞弊，对依法应当向公安机关移送的案件不移送或者以行政处罚代替移送的，及时移送自侦部门查办，追究行政执法人员徇私舞弊不移交刑事案件的刑事责任。

另一方面，专项监督活动成为检察机关检验和完善两法衔接的重要机制和抓手。检察机关认真开展各项专项监督活动，强化对行政执法机关移送涉嫌犯罪案件的监督，促进两法衔接机制不断完善。最高人民检察院先后部署了经济犯罪立案监督、打击侵权假冒犯罪专项立案监督等活动。

2010年10月，最高人民检察院、公安部、监察部、商务部联合开展"对行政执法机关移送涉嫌犯罪案件专项监督活动"。2013年3月最高人民检察院开展"危害民生刑事犯罪年度专项立案监督活动"，监督行政执法机关移送、监督公安机关立案侦查一批发生在群众身边、侵犯群众切身利益和社会公共利益的危害民生涉嫌犯罪案件，努力维护群众权益、化解社会矛盾；深挖一批有案不移、有案不立、以罚代刑背后的职务犯罪线索，促进公正廉洁执法。当年4月至10月，共监督行政执法机关移送案件3405件，监督公安机关立案

2627 件，移送职务犯罪线索 127 件。这既体现了两法衔接机制发挥的重要功效，也充分说明建立这一机制是十分必要的。2015 年至 2016 年全国检察机关开展"破坏环境资源犯罪专项立案监督活动"和"危害食品药品安全犯罪专项立案监督活动"。共建议行政执法机关移送涉嫌犯罪案件 7105 件 8677 人。其中破坏环境资源类案件 3868 件 4982 人，危害食品药品安全类案件 3237 件 3695 人。共监督公安机关立案侦查涉嫌犯罪案件 5720 件 6918 人。其中破坏环境资源类案件 4017 件 4853 人，危害食品药品安全类案件 1703 件 2065 人。通过两个专项立案监督活动发现并移送涉嫌职务犯罪线索 203 件 294 人，已立案 175 件 299 人。其中在环境资源保护领域移送线索 171 件 246 人，立案 158 件 271 人；在食品药品监管领域移送线索 32 件 48 人，立案 17 件 28 人。

（二）检察行政公益诉讼监督模式

检察行政公益诉讼与行政检察关系十分密切，检察机关提起行政公益诉讼前必须通过诉前程序就履职过程中发现的行政违法行为向行政机关制发检察建议督促其纠正，这里的诉前程序一定程度上体现了检察机关对行政违法行为的监督。实际上，在本次改革之前，各地也曾以公益诉讼为抓手探索过行政检察监督工作[1]。其中最为典型模式有两种：

一是河南省宜阳县人民检察院探索的直接起诉模式。宜阳县检察院紧密围绕检察官公益职责，将监督的范围限制在涉及国家利益和公共利益的行政执法行为之内，侧重于发挥行政检察职能在维护社会公益中的积极作用，对行政机关违法行使职权或者不作为造成对国家和社会公共利益侵害或者有侵害危险的案件，督促行政机关积极履行职责或提起公益诉讼。例如宜阳县工商局 1998 年 1 月至 2004 年 3 月期间，利用行政职权，向 300 余家企业及工商户违法收取未鉴证合同鉴证费 56 万元，对此群众反映强烈，社会影响较大。但是，各工商户和企业作为被管理单位，不愿、不敢诉诸法律。鉴于此，宜阳县检察院以原告人的身份代表国家对县工商局依法提起诉讼。县法院开庭审理后，依法支持了检察院的诉讼主张。[2]

二是浙江省检察机关探索的民事督促起诉、支持起诉模式。支持起诉是

---

[1] 辛汶、李东兴：《检察公益诉讼：在困惑中前行》，载《人大建设》2005 年第 11 期。
[2] 参见河南省检察院民行处：《河南省检察机关对行政执法行为开展法律监督的三种模式初探》，载《检察实践》2005 年第 6 期。

指检察机关根据《民事诉讼法》的规定[1]，督促行政机关向人民法院提起民事诉讼后，检察机关作为支持起诉机关，向人民法院发出支持起诉意见书，为行政机关提起的公益诉讼提供法律支持与帮助。从 2008 年始，浙江省民事行政检察部门把民事督促起诉作为检察院监督行政执法行为的切入点，在国有土地使用权出让、扶贫资金借贷、财政周转金和国有资产拍卖等领域为重点积极开展工作，充分应用督促起诉、支持起诉等新型监督手段，保护国有资产，促进行政机关依法行政，逐步探索出一套富有针对性、实效性的工作模式。具体来说，检察机关针对行政机关怠于行使职权或者不行使职权造成国有资产流失后，通过实施行政权不能有效保护国家财产的情形，一方面向行政机关发出督促起诉意见书，使其通过法律渠道，向人民法院提起民事诉讼，挽回和保护国有资产。另一方面，对于行政机关提起民事诉讼后，检察机关作为支持起诉机关，向人民法院发出支持起诉意见书，对行政机关提起诉讼的行为提供法律支持与帮助，共同维护国家利益不受损失。

（三）检察建议监督模式

检察机关除了依托"两法衔接"和"公益诉讼"督促行政机关依法履职外，实践中还有以检察建议书和纠正违法通知书形式，直接对行政乱作为督促纠正的模式。其中以检察建议为主要监督方式的事例较多。例如浙江省杭州市拱墅区人民检察院发现该区城管办在核发"渣土准运证"的行政审批行为存在违法情形，并建议其撤销该具体行政行为，监督收效明显，被媒体报道誉为"拱墅经验"。[2]

另一种是依托执法办案，尤其是诉讼监督，针对办理行政申请监督案件或履行检察职责过程中发现的行政机关工作方式、程序不规范等问题，向行政机关制发检察建议书或者纠正违法通知书，保障具体行政行为的合法性。如河南省紧密围绕抗诉业务，注重法律监督职责作用的有效延伸，向行政机关提出改进工作的建议，促进行政机关制定并规范相关工作机制、改进和提高

---

[1] 《民事诉讼法》第 15 条："机关、社会团体、企业事业单位对损害国家、集体或者个人民事权益的行为，可以支持受损害的单位或者个人向人民法院起诉。"

[2] 参见俞家友：《一把卷尺量出 200 辆超载车》，载《今日早报》2008 年 4 月 29 日，第 11 版。

工作水平、探索开展行政执法监督，被称为"淮滨模式"。[1]例如，浙江省某县人民检察院在办理行政诉讼申诉案件中，发现近两年30个行政诉讼案件就有20多个行政机关案件败诉，败诉率高达70%，存在"一诉就败"的问题。针对行政机关败诉率高的情况，该院对这几年行政案件分析，发现败诉案件主要又集中在县国土局土地登记、县规划局发放规划许可证、县房管局房屋登记这三大类中。针对该情况该院分别向县国土局、县规划建设局、县房管局三单位发出纠正违法通知书三份，指出行政机关在作出具体行政行为时实体不合法、程序违法等情况，并就如何加强依法行政，预防和化解行政争议工作提出整改建议，均被相应单位采纳并改正。再如，安徽省滁州市琅琊区人民检察院针对房屋拆迁安置乱象，向市城市规划建设局发出检察建议，督促其按照房屋拆迁认证工作相关规定履行认证程序，切实做好房屋拆迁和人口认证的终审认证工作，对发现的弄虚作假行为及时查处纠正。再如，河北省河间市人民检察院在办理一起假离婚真逃避债务的申诉案件时发现，民政局婚姻登记处工作人员受人之托私自将涉案当事人离婚日期提前近两年，并将离婚档案全部更改。检察机关遂向河间市民政局发出检察建议，建议市民政局撤销涉离婚证及档案。民政局很快撤销并收回离婚登记证及离婚档案，给予经办人通报批评，纠正了侵害第三人利益的行政违法行为。

（四）规范性文件审查监督模式

抽象行政行为是相对于具体行政行为而言的，是行政机关对不特定对象制定和发布的普遍性行为规范的行为，因为其载体体现为行政规则，因此它又被称为"行政规范创制行为"。抽象行政行为可以分为两种类型：一是行政机关根据《中华人民共和国立法法》（以下简称《立法法》）等法律规定制定和发布行政法规（包括地方性法规、自治条例、单行条例）、行政规章（国务院部委规章和地方政府规章）的行政行为；二是行政机关制定、发布具有普遍约束力的规范性文件（俗称"红头文件"）的行为，主要包括：国务院部门以及省、市、自治区和较大的市的人民政府或其主管部门对于具体应用法律、法规或者规章作出解释；县级以上人民政府及其主管部门制定发布的

---

[1] 参见河南省检察院民行处：《河南省检察机关对行政执法行为开展法律监督的三种模式初探》，载《检察实践》2005年第6期。

具有普遍约束力的决定、命令或其他规范性文件。[1]其中，根据二者在制定主体、制定程序、作用效力以及表现形式等方面的不同，前者在理论上又被划归行政立法的范畴；后者是指行政机关及被授权的组织为实施法律和执行政策在法定权限内制定的除行政法规和规章以外的决定、命令等普通性的行为规则的总称，也被称作"行政措施""其他规范性文件""行政规定""行政规范"等。[2]行政法规和行政规章的制定主体、规范制定程序等方面，在行政立法控制上都有严格限制，基本实现了对其的监督和制约。而行政规范性文件，数量相当庞大，制定主体复杂，制定程序相对简便，行政机关在行政管理过程中往往将这些具体应用解释作为行政行为的直接依据，针对的对象是不特定的，适用地域上具有普遍性和广泛性，适用时间上具有反复性和持续性，如果其本身违法，则很可能比具体行政行为违法危害程度更严重、影响面更广，会衍生出大量的行政违法行为，会损害行政相对人的合法利益、破坏法制统一，进而削弱法律的权威性。[3]

我国《行政复议法》第13条规定，公民、法人或者其他组织认为行政机关的行政行为所依据的规范性文件不合法的，在对行政行为申请行政复议时，可以一并向行政复议机关提出对该规范性文件的附带审查申请。修改前的《行政诉讼法》将行政机关制定、发布的具有普遍约束力的决定、命令排除出行政诉讼受案范围。2004年最高人民法院《关于审理行政案件适用法律规范问题的座谈会纪要》以及《最高人民法院关于执行〈中华人民共和国行政诉讼法〉若干问题的解释》，明确规定审判机关对合法有效的行政规范性文件可以在裁判书中加以引用，这为法院创造了一种间接审查的模式，突破了当时行政诉讼法的严格限制。修改后的《行政诉讼法》第13条规定，人民法院不受理公民、法人或者其他组织对行政法规、规章或者行政机关制定、发布的

---

〔1〕　参见江必新：《〈行政诉讼法〉与抽象行政行为》，载《行政法学研究》2009年第3期。

〔2〕　关于"规范性文件"的范围，《立法法》并没有明确规定，不过一般认为其效力层级位于规章以下。如广西壮族自治区人民政府制定的原《广西壮族自治区规范性文件监督管理办法》第二条第1款规定，"本办法所称规范性文件，是指除政府规章以外，各级人民政府及其工作部门以及法律、法规授权的具有管理公共事务职能的组织制定的，涉及公民、法人和其他组织权利义务，具有普遍约束力并可以反复适用的文件。"无独有偶，江苏省人民政府制定的原《江苏省规范性文件制定和备案规定》第三条第1款同样将规范性文件界定为规章以外的政府规范性文件和部门规范性文件。

〔3〕　参见江必新、邵长茂：《新行政诉讼法修改条文理解与适用》，中国法制出版社2015年版，第194-195页。

具有普遍约束力的决定、命令。但第 53 条、第 64 条规定，公民、法人或者其他组织认为行政行为所依据的国务院部门和地方人民政府及其部门制定的规范性文件不合法，在对行政行为提起诉讼时，可以一并请求对该规范性文件进行审查；规范性文件不合法的，不作为认定行政行为合法的依据，并向制定机关提出处理建议。其首次将国务院部门和地方人民政府及其部门制定的规范性文件纳入司法审查范围。但由于上述两种监督方式具有被动型，实际上仍有不少规范性文件难以得到司法机关、复议机关、权力机关的有效监督和约束。

尽管实践中检察机关对规范性文件监督的案例不多，但也有过一些尝试。如 2015 年浙江省检察院与省政府法制办印发《关于在部分地区开展行政执法检察监督与政府法制监督协作机制建设试点工作的通知》规定："人民检察院发现行政规范性文件与国家法律、法规或者规章相抵触的，可以将有关情况通报政府法制办公室，并提出处理建议；政府法制办公室应当依法进行研究，并及时反馈人民检察院。"又如江苏某市检察机关在舆情监控中发现《扬子晚报》刊登了一篇题目叫《要拿房得先缴 70 年垃圾费？江苏省物价局：乱收费！》的文章，反映多地开发商强行一次性收取业主多年的城市垃圾处理费，不交 70 年垃圾处理费不给业主钥匙。后检察机关经过调查发现，开发商之所以一次性收取数十年的垃圾处理费，源于某些地方政府制定的规范性文件规定：新开发的商品住宅房统一由市规划局向开发商，按 5 元/户月的标准，预收 20 年的城镇垃圾处理费。而江苏省物价局、财政厅、建设厅制定的《江苏省城市生活垃圾处理收费管理暂行办法》规定，城市生活垃圾处理费为行政事业性收费，可按月或按季收取；江苏省人民政府制定的《江苏省行政事业性收费监督管理办法》规定，行政事业性收费，应当按照批准的收费主体、对象、标准、范围、期限、方式、频次等实施收费。显然，地方政府部门制定的规范性文件的规定违反了上位规范，属于抽象行政行为违法。检察机关遂分别向物价局、城管局发出检察建议，指出规范性文件的违法情况。收到检察建议后，两机关开展了自查，并向市政府申请召开政府常务会议，最终市政府取消了规范性文件中的违法内容。

（五）综合治理监督模式

深入推进"社会矛盾化解、社会管理创新、公正廉洁执法"三项重点工作是中央对检察机关的一贯要求。近年来，部分地方检察机关结合三项重点工作，以参与社会治理创新为切入点，对办案中发现行政机关在机制、体制、制度和管理上的漏洞和薄弱环节和尚没有构成犯罪的行政违法行为，不仅对具体的个案进行纠正或整改，还制发检察建议，督促行政机关纠正违法行为，为行政机关提供预防性意见，提出源头性、根本性、持续性的改进措施，弥补制度或管理的缺陷，对存在的行政违法行为进行综合治理。[1] 在全国层面，2008 年至 2012 年间，全国各级检察机关针对在行政申诉案件办案中发现的社会管理问题，共向有关单位和部门提出 70 315 件检察建议，其中 84%获得了采纳。[2] 其中黑龙江省检察机关针对林地恢复、生猪屠宰等民生焦点、热点问题，对林业、食药等部门发出了检察建议，及时堵塞了预防、监管等方面的管理漏洞。福建、贵州等省积极探索"专业化法律监督+恢复性司法实践+社会化综合治理"三位一体的生态检察模式，推动环境治理、生态修复。既依法惩治犯罪，又通过"补植复绿"，引导犯罪嫌疑人、被告人积极修复受损生态环境，恢复生态功能，取得一定的社会效果并得到广泛认可。

2011 年 8 月 15 日《检察日报》一篇题为《检察建议促使 43 名无证行医者被叫停》的文章，对山东省招远市人民检察院探索行政检察监督新途径做了报道。[3] 招远市人民检察院在办理王某某因与赵某某医疗损害赔偿纠纷不服法院判决申请监督一案中发现，赵某某并没有行医资格却长期从事医疗活动，其背后隐藏的无证行医侵害群众身体健康的问题不容忽视，遂向市卫生局发出检察建议，建议该局对乡村医生执业注册实行微机管理、在岗培训和资格公示，并开展农村医疗市场专项整顿活动。随后，招远市卫生局在全市范围内开展了卫生执法大检查活动，取缔无证行医 43 人。在此过程中，司法由被动变主动，在事后救济的同时增加了事前预警，体现了检察机关在社会治理的系统工程中的积极作用。

再如，2016 年浙江省长兴县人民检察院联合原县政府法制办印发《关于

---

〔1〕　参见傅国云：《行政检察监督研究：从历史变迁到制度架构》，法律出版社 2014 年版，第136 页。

〔2〕　参见曹建明：《最高人民检察院关于民事行政检察工作情况的报告——2012 年 12 月 25 日在第十一届全国人民代表大会常务委员会第三十次会议上》，载《中华人民共和国全国人民代表大会常务委员会公报》2013 年第 1 期。

〔3〕　具体可参见《检察日报》2011 年 8 月 15 日，第 7 版。

建立行政执法行为违法风险防控机制的实施意见》，在县水利局、国土资源局、县国税局开展行政执法违法风险防控试点工作。2018 年 7 月，该院联合多家单位印发《关于进一步深化行政执法行为违法风险防控工作的通知》，在全县各乡镇、街道和行政执法单位中全面推行，并连续四年组织召开全县行政执法违法风险防控工作领导小组会议，依托党委政府支持，探索创新行政检察监督方式，强化行政争议源头防控。具体体现在：一是坚持问题导向，全面查找"三类风险点"。各单位根据自身执法权限，逐级查找在工作制度、执法流程、岗位职责中可能引发的行政执法行为瑕疵、无效甚至违法犯罪等风险点，由县检察院、原县政府法制办审核；二是精准评估，实行违法风险"三级评估"。各执法单位针对排查出的风险点，根据职权大小、风险发生几率、危害程度、问题性质等因素，以百分制量化评定方法对违法风险进行等级评定，将风险等级设定为高、中、低三等，由县检察院、原县政府法制办审核；三是加强防范，从严构筑"三道防线"。由各行政执法单位根据风险点、风险等级制定相应风险防控措施，在执法过程中严格对照自查，填写《行政执法行为违法风险防控自查表》，单位法规科对自查内容进行审核；由各单位行政执法行为违法风险防控小组和本单位监察室联合对本单位行政执法行为进行不定期抽查，对发现的问题发出《行政执法行为整改通知》，要求相关执法部门和执法人员及时整改；由原县政府法制办和检察机关联合对各单位机制落实情况进行督查，并定期对行政执法单位进行案件集中抽查，发现问题即要求及时整改，由检察机关根据问题性质发出《检察建议书》，违纪违法行为移送相关部门处理。

三、行政违法行为检察中的行政违法行为

行政违法行为是指行政主体通过行政人所实施的，违反行政法律规范规定和要求的，侵害受法律保护的社会关系而尚未构成犯罪的行政行为。具体包括行政失职、行政越权、行政滥用职权、事实依据错误、适法错误、程序错误、行政侵权等类型。[1] 这一定义反映出，行政违法行为的主体是行政主体，而不是行政相对人或者相关人。行政违法行为是行政主体的一种不依法履行职责的职权行为，是没有依法行政的表现。检察机关对行政违法行为实

---

〔1〕 参见胡建淼主编：《行政法与行政诉讼法》，中国法制出版社 2010 年版，第 429–450 页。

施监督可以从违法不作为和乱作为两个角度观察。

（一）行政违法行为相关概念辨析

1. 不依法履行职责与违法行使职权、不作为的区分

行政检察与行政公益诉讼监督的内容均为行政违法行为，二者在《全面依法治国的决定》中的表述上也较为一致，相关概念具有共通性。在行政检察行政公益诉讼试点阶段，有观点提出检察行政公益诉讼中的"行政机关未履行法定职责"可以理解为"行政不作为"。行政不作为及其法律责任是诉前程序的理论基础，诉前检察建议赋予行政机关一定的作为义务，起到了将行政作为违法转化为行政不作为的作用。[1]但既然现行法在同一条文中使用了"违法行使职权""不作为"和"不依法履行职责"等三个概念，那么，我们有理由相信，立法者对于上述概念的理解是有差异的。首先，"违法行使职权"一词在我国的《治安管理处罚法》《中华人民共和国劳动合同法》《中华人民共和国行政监察法》《中华人民共和国国家赔偿法》都曾使用过，主要是指行政机关及其工作人员与行使职权相关的侵权行为。[2]相对于"玩忽职守"的行政不作为，"违法行使职权"的常见情形，是"滥用职权""超越职权"等的行政乱作为。其次，"不依法履行职责"在我国现行的《中华人民共和国环境保护法》《中华人民共和国证券法》《中华人民共和国港口法》《中华人民共和国野生动物保护法》等法律中均早有规定。最后，从体系解释来考察，"不依法履行职责"包括有法不依、滥用职权、玩忽职守、徇私舞弊、执法不严、违法不究等情形，属于行政违法的兜底性用语。[3]

从检察行政公益诉讼的大量实践来看，行政机关不依法履职，造成公益损害被检察机关提起诉讼的情形既包括行政机关违法行使职权，也包括行政不作为。被诉行政机关"违法行使职权"主要有五类：（1）被诉行政机关违法建设和使用垃圾场直接造成环境损害，如广东省清远市清新区人民检察院诉

---

〔1〕 参见胡卫列、田凯：《检察机关提起行政公益诉讼试点情况研究》，载《行政法学研究》2017年第2期；胡卫列、迟晓燕：《从试点情况看行政公益诉讼诉前程序》，载《国家检察官学院学报》2017年第2期。

〔2〕 具体参见《治安管理处罚法》第117条、《中华人民共和国劳动合同法》第95条以及1997年《中华人民共和国行政监察法》第47条、1994年《中华人民共和国国家赔偿法》第2条。

〔3〕 具体参见《中华人民共和国环境保护法》第57条、《中华人民共和国证券法》第127条、《中华人民共和国港口法》第57条、《中华人民共和国野生动物保护法》第42条。

清新区浸潭镇人民政府公益诉讼案;[1](2) 被诉行政机关对不满足条件的公民或企业发放相关专项补贴，如广东省韶关市乳源瑶族自治县人民检察院诉乳源瑶族自治县财政局、乳源瑶族自治县畜牧兽医水产局不履行法定职责案;[2](3) 被诉行政机关违法向不满足政策要求的企业或者项目发放相关许可证，如安徽省枞阳县人民检察院诉枞阳县国土资源局土地行政管理不履行法定职责案;[3](4) 被诉行政机关擅自决定行政相对人缓交相关费用或者降低标准，如吉林省靖宇县人民检察院诉靖宇县人民防空办公室缴纳人民防空建设费不履行法定职责案;[4](5) 被诉行政机关违法出让、转包土地，如贵州省铜仁市碧江区人民检察院诉铜仁市国土资源局违法行政和怠于履行职责案。[5]被诉行政机关"行政不作为"主要有以下两类：(1) 被诉行政机关怠于履行职责，如江苏省泰州市高港区人民检察院诉高港区水利局不履行法定职责案;[6](2) 被诉行政机关未能全面履行监督管理职权，如陕西省宝鸡市环境保护局凤翔分局不全面履行职责案。[7]

2. 行政不作为与不履行法定职责的区分

行政不作为最早是借鉴法理和刑法学科中作为与不作为的概念而提出的学理术语，是指行政主体依行政相对人的合法申请，应当履行且可能履行的法定职责，但却不履行或者拖延履行的行为形式。[8]行政机关不履行法定职责的情形，可能是行政机关明确拒绝履行，可能是拖延履行，也可能是根本就没有给予任何答复。但是，在检察行政公益诉讼入法之前，《行政诉讼法》第12条中仅规定"不履行法定职责"中的"拒绝履行""不予答复"这两种

---

〔1〕 参见 2017 年 6 月 30 日最高人民检察院公布的 26 起检察机关提起公益诉讼试点工作典型案例 11。

〔2〕 广东省韶关市中级人民法院（2017）粤 02 行终 175 号行政判决书。

〔3〕 安徽省铜陵市中级人民法院（2018）皖 07 行终 26 号行政判决书。

〔4〕 吉林省靖宇县人民法院（2017）吉 0622 行初 5 号行政判决书。

〔5〕 贵州省遵义市播州区人民法院（2016）黔 0321 行初 155 号行政判决书。

〔6〕 参见 2018 年 3 月最高人民法院、最高人民检察院发布的 10 起检察公益诉讼典型案例 5。该案高港区水利局工作人员对江汉公司的非法采砂行为采取"不予处罚或单处罚款"的方式，帮助江汉公司规避监管，免予缴纳长江河道砂石资源费。

〔7〕 参见最高人民检察院第十三批指导性案例"陕西省宝鸡市环境保护局凤翔分局不全面履行职责案"（检例第 49 号）。该案中环保局虽有作出责令限制生产决定、加收排污费等履职行为，但违法企业治污减排设备建设项目未正式投入使用，颗粒物排放依然超限值，环保机关未依法全面运用行政监管手段制止违法行为。

〔8〕 参见罗豪才主编：《中国司法审查制度》，北京大学出版社 1993 年版，第 168 页。

情形，并无"行政不作为"的字样。其中，"拒绝履行"就是一种明示的行为，是典型的"形式作为但实质不作为"，而"不予答复"却是"形式的不作为"。有的学者分别从作为义务来源是法定职责还是行政义务、对待作为义务的态度是积极还是消极、不作为形式是程序性还是实体性、行政不作为是否有违法与合法之分、行政不作为是否包括抽象行政不作为等角度对行政不作为概念进行各种阐述。还有的学者认为行政不作为通常理解为行政机关不履行法定职责，应当作为却消极无为。[1]但更多的学者认为，二者在概念来源、义务来源、启动方式、具体形态、判决方式等方面存在较大差异。[2]对此，有的学者认为，行政机关不履行法定职责的应为依据限于法定职责，不履行法定职责当然违法，而行政不作为的应为依据不限于法定职责，还包括行政合同、先行行为等行政义务，行政不作为不必然构成行政违法，行政不作为的范围大于不履行法定职责。[3]有的学者认为，行政主体不履行法定职责的行为，是指行政主体对法律赋予的职责没有履行到位的行为，既包括形式上的行政不作为，也包括形式作为而实质不作为的行政行为。行政不作为，可能是不履行法定职责的行为，但行政主体不履行法定职责的行为却未必一定是行政不作为，行政作为也可能是不履行法定职责的行为。

　　我们认为，行政不作为与不履行法定职责不能混为一谈。行政不作为的侧重点在于行政主体对于作为申请或者法定职责的消极态度，包括形式的不作为和形式上作为但实质不作为[4]两种情形。行政不作为并不一定违法，例如，行政相对人向公安机关申请工伤认定，公安机关认为不属于自己的法定职责而不予答复，公安机关不予答复的行政行为不构成违法。同理，劳动保障部门在执法过程中发现制假、售假等违法行为的，由于自己没有执法权限而没有处罚的，不构成违法。相反，行政机关不履行法定职责的侧重点在行政主体对于法定职责的违反上，只要法律规定行政主体对于该事项负有相应

---

　　〔1〕　参见何海波：《行政诉讼法》，法律出版社 2016 年版，第 327 页。

　　〔2〕　参见李梦琳：《行政不作为与不履行法定职责的关系界定》，载《黑龙江省政法管理干部学院学报》2018 年第 4 期。

　　〔3〕　参见章剑生：《行政诉讼履行法定职责判决论——基于〈行政诉讼法〉第 54 条第 3 项规定之展开》，载《中国法学》2011 年第 1 期。

　　〔4〕　所谓形式上作为而实质不作为行政主体虽然启动了行政程序但是并未实质性地履行法定义务的行为。参见黄学贤：《形式作为而实质不作为行政行为探讨——行政不作为的新视角》，载《中国法学》2009 年第 5 期。

的职责，无论行政主体是作为还是不作为，只要没有履行即构成违法。例如，《行政执法机关移送涉嫌犯罪案件的规定》第3条第1款规定："行政执法机关在依法查处违法行为过程中，发现违法事实涉及的金额、违法事实的情节、违法事实造成的后果等……涉嫌构成犯罪，依法需要追究刑事责任的，必须依照本规定向公安机关移送。"如果劳动保障部门在执法过程中发现制假、售假等违法行为涉嫌构成犯罪，依法需要追究刑事责任的，但没有向公安机关移送，则构成违法。因此，不履行法定职责的行为，一旦表现为行政不作为，就一定是违法的行政不作为。

不依法履行职责、违法行使职权、行政不作为等相互关系，参见下表：

表2

	行政不作为		行政乱作为
没有作为的义务	作为义务来自行政义务	作为义务来自法定职责	1. 事实行政侵权行为
有作为义务，但行政不能	1. 形式的不作为	1. 形式作为但实质不作为	
	2. 形式作为但实质不作为	2. 形式作为但实质不作为	2. 违法行使职权
合法	违法		
不依法履行职责			

由上表可知，"不依法履行职责"不等同于"不履行法定职责"或者"行政不作为"，除了这两类情形之外，还应包括行政机关违法行使职权（诸如滥用行政职权、超越行政职权）等行政乱作为情形。

（二）行政机关违法不作为的情形

对行政机关违法不作为监督纠正是行政检察的重点。行政不作为的案件大致分为两大类："依申请型行政不作为"或"许可满足型行政不作为"和"依职权型行政不作为"或"危险防止型行政不作为"。[1]"法定职责必须为"是《全面推进依法治国的决定》对行政机关履行职责的要求，法律规定

---

[1] 参见章志远：《司法判决中的行政不作为》，载《法学研究》2010年第5期。

行政机关应当履行的职责而不履行或怠于履行的情形属于典型的行政不作为，包括对违法行为应当查处而不查处、应当处罚而不予处罚、对应当收缴的资产不予依法收缴、对应当履行的义务不予履行，等等。此外，从修改后的《行政诉讼法》来看，行政机关不作为的情形还包括：申请行政机关履行保护人身权、财产权等合法权益的法定职责，行政机关拒绝履行或者不予答复的；申请行政许可，行政机关拒绝或者在法定期限内不予答复的；行政机关不依法履行、未按照约定履行特许经营协议、土地房屋征收补偿协议等协议的。实践中如安徽省全椒县人民检察院在办理犯罪嫌疑人杨某某涉嫌非法节育手术罪一案中发现，全椒县卫生局作为卫生行业的主管部门，却对非法行医等违法行为不予查处和处罚，对该县卫生局发出了督促履职的检察建议。再如上海市徐汇区人民检察院在履职中发现，徐汇区城市管理行政执法局对该区的渣土车疏于管理和不予查处，影响环境安全，存在安全隐患，督促该局立即履行监管职责，维护渣土车管理秩序。

（三）行政机关违法行使职权的情形

行政机关违法行使职权也称为行政机关的乱作为，包括行政机关作出行政行为违反程序法律规定和实体法律规定两个方面。

1. 违反程序法律规定的情形。修改后《行政诉讼法》第 70 条规定，违反法定程序的行政行为可以撤销，并判令重新作出具体行政行为。程序违法不必然导致实体错误，但程序违法本身已经产生了法律执行的错误。具体表现为三个方面：

（1）行政主体不合法。行政主体不合法包括作出行政行为的行政机关不合法及其工作人员不合法两种情形。一是没有法律规定的自我授权和超越职权的行政行为。"法无授权不可为"，没有法律授权的行政机关作出的行政行为、授予此职权而同时实施了包括彼职权的行为当属无效。例如，无审批权的机关作出的行政许可、没有行政处罚权的机关作出的行政处罚。二是无执法资格的行政机关工作人员实施的行政执法行为，即对《全面推进依法治国的决定》"未经执法资格考试合格，不得授予执法资格，不得从事执法活动"的违反。例如，一些未得到授权的组织实施不应由行政机关实施的行政行为，或者是一些得到部分授权的组织及其工作人员超越授权范围实施的违法行为，例如，公安机关聘用的辅警、协警、城管部门聘用的协管员进行超越职权的行政执法行为。从近年来发生的一些案件来看，在治安管理、城市管理等方面，一些受托、聘用的人员文化水平不高，素质低下，不依法行政，暴力执法，或为一己私利，滥用职权乱作为。例如在 2014 年底，河南省南阳市出现的"艾滋病拆迁队"，就属于明显的执法主体不适格。按照国务院《国有土地上房屋征收与补偿条例》规定，市、县级人民政府负责本行政区域的房屋征收与补偿工作，或者可以委托房屋征收实施单位进行拆迁，对实施单位进行监督，并对其行为后果承担法律责任。本应由政府主导的拆迁，最后的实施者竟然变成了一群艾滋病人，严重违反了法律法规。从各地发生的拆迁事件来看，当前的拆迁很多是政府委托拆迁公司、开发商或者指派村组、社区干部等进行，而被委托人或者受指派人往往又雇佣社会人员甚至黑恶势力采取非法手段进行拆迁，很容易激化社会矛盾。再如 2012 年，昆明一名大学生因路过时围观城管执法，被 3 名城管人员拖进路边小巷殴打。经昆明市某区城市管理综合行政执法局调查，当事的 3 名城管人员均为协管员（临时工），给予除名处理。[1]

（2）未依法履行调查、听证、回避、合议、抗辩、告知、送达等法律规定程序的行政行为。"检察机关可以以行政行为法定程序中的关键环节如调查制度、听证制度、告知制度、回避制度、公开制度、合议制度、时效制度、抗辩制度、案卷制度等是否落实"作为行政行为程序违法的一项审查内容。[2]例如，根据《行政强制法》的规定，实施行政强制应当"当场告知当事人采取行政强制措施的理由、依据以及当事人依法享有的权利、救济途径"，实施行政强制但没有依法履行告知义务的属程序违法。实践中如安徽省滁州市琅琊区人民检察院针对房屋拆迁安置乱象，向市城市规划建设局发出检察建议，督促其按照房屋拆迁认证工作相关规定履行认证程序，切实做好房屋拆迁和人口认证的终审认证工作，对发现的弄虚作假行为及时查处纠正。再如安徽省岳西县城市管理行政执法局在作出行政处罚决定时，未按规定告知行政相对人享有的权利，违反了法定程序，岳西县人民检察院调查核实后向该局发出检察建议，督促其纠正违法行为。

---

〔1〕 参见《昆明大学生称看城管两眼被殴，警方监控拍下过程》，载 http://news.sohu.com/20120606/n344841769.shtml，最后访问日期：2024 年 8 月 31 日。

〔2〕 参见王学成、曾翀：《我国检察权制约行政权的制度构建》，载《行政法学研究》2007 年第 4 期。

（3）违反法定时限的行政行为。例如，实施对公民限制人身自由的行政强制措施，超过法定期限而没有依法解除的行为；实施查封、扣押财产的措施超过法定期限而不予解除的行为；对当事人申请履行职责的事项，超过法定期限不予答复或未在法定期限内作出决定的行为。以对财产的行政强制措施为例，据 2005 年的一项统计，仅地方性法规设定的行政强制方式就有 30 种之多，但执行中随意性大，侵害公民、法人或者其他组织合法权益的情形时有发生。有学者经过详细调查后总结道：行政机关"查封、扣押的财物不制作清单，不给收据，随意使用被查封、扣押的财物；对不属于应查封、扣押的财物随意查封、扣押；对查封、扣押的财物不及时处理，造成财物的损失。如有的执法部门在暂扣车辆时，暂扣了几个月甚至一年多也不处理，风吹日晒，最后把车交还给车主，车也快报废了"。

2. 违反实体法律规定的情形。根据修改后的《行政诉讼法》第 70 条规定，行政行为"主要证据不足，适用法律、法规错误，超越职权，滥用职权，明显不当的"，人民法院判决撤销或者部分撤销，并可以判决被告重新作出行政行为。检察机关在履行职责中发现的行政行为具有上述情形之一的，应予监督纠正。具体包括：

（1）主要证据不足。认定的基本事实没有证据支持，或者认定的基本事实所依据的证据虚假、缺乏证明力的；认定的基本事实所依据的证据不合法的；对基本事实的认定违反逻辑推理和日常生活法则的；认定的基本事实缺乏证据证明的其他情形。例如安徽省肥东县人民检察院发现肥东县公安机关个别干警违规为他人办理虚假的暂住证明，帮助其办理车辆入户、领取车辆号牌，后向公安机关发出检察建议 79 件，督促公安机关撤销不符合条件的行政许可，收缴已颁发的车辆号牌和行驶证。

（2）适用法律、法规错误。适用的法律与案件性质不符的，例如对非法占地行为适用非法占用农用地的法律规定进行处罚的行为；认定行政相对人、行政法律关系性质或者行政相对人的行为效力错误的；甲实施的行为，行政机关对乙作出处罚；确定行政责任明显违背法律法规规定的；适用的法律法规已经失效或尚未施行的；违反法律法规关于溯及力规定的；违反法律法规适用规则的；适用法律明显违背立法本意的；超过法定时效进行处罚的；适用法律法规错误的其他情形。

（3）滥用职权行为。滥用职权行为是行政机关在法定职权范围内的权力滥用，主观上出于故意，主要包括行政主体出于不合法的动机作出的行为，例如出于打击报复等非法目的作出的行为；违背正常事理标准和违背平等原则的行为，例如，钓鱼执法[1]、选择性执法、同案不同罚的行政行为，与合法行政原则、合理行政原则、诚实信用原则、尊重和保障人权原则、非法证据排除原则等行政法基本原则相冲突。[2]

（4）明显不当的行为。修改后《行政诉讼法》增加了明显不当的行政行为的可撤销规定。明显不当的行政行为的审查判决，重点在于该行政行为是否符合比例性原则。比例性原则要求行政主体实施行政行为时，在确保实现执法目的前提下，尽量减少给相对人带来的权益侵害和不利影响。[3]行政行为是否适当可以从行政手段行为的适当性、必要性和利益均衡性等三个方面进行考察。[4]

四、行政违法行为检察的实践机制

（一）发现机制

检察机关启动对行政行为监督的线索绝大部分源于履行职责，但实践中也有其他线索发现方式，具体来说：

一是从办理民事行政申请监督案件中发现。民事行政申诉案件与相关的行政违法行为有密切联系，民事行政检察部门在直接办理相关案件时可以从中发现监督线索。例如，2008年5月，甘肃省嘉峪关市人民检察院在办理梅

---

[1] 如湖南省长沙市一些车主纷纷投诉表示，自己先是被一些所谓的"乘客"以各种理由骗到湖南省湘潭市的某个地方，随后被七八个执法人员一拥而上抢走钥匙，扣留车辆，必须缴纳5000元到28 000元的罚款才能把车领出来。参见阮占江、赵文明、张琳琳：《湘潭交通运输部门被指钓鱼执法》，载《法制日报》2012年5月4日，第4版。

[2] 参见姚天宇、王勇：《"钓鱼执法"的行政违法性及其规制》，载《政治与法律》2012年第6期。

[3] 参见张建伟：《技术侦查的程序规范和信息处理》，载《检察日报》2012年7月4日，第3版；傅国云：《行政检察监督能否适用比例原则》，载《检察日报》2014年5月26日，第3版。

[4] 例如在王丽萍诉中牟县交通局行政赔偿纠纷一案中，被告县交通局工作人员为了将原告用来托运生猪的小四轮拖拉机扣走而直接将拖斗卸载在途中，导致15头生猪挤压受热死亡。一审法院提出，被告应当考虑到在炎热的天气下，运输途中的生猪不宜受到挤压更不宜在路上久留，其行为不符合合理、适当的要求。这样的判断，即是权衡了执法者采取的行政手段与相对人的财产权益保护之间的比例关系，参见《最高人民法院公报》2003年第3期。

某不服市人民法院执行市工商局行政处罚裁定申诉一案时，发现市工商局北区工商所对梅某作出罚款 630 元的处罚决定超出该所的处罚权限，分别向市人民法院和市工商局发出了检察建议，收到建议后，市人民法院依法撤销了原裁定，市工商局及时撤销了错误的行政处罚决定。

二是从"行政执法和刑事司法衔接平台"和专项监督活动中找线索。有的检察机关积极借助"两法衔接"信息共享平台，对重点领域行政执法信息进行集中排查，将可能侵犯国家和社会公共利益的执法行为列出线索清单，做到有价值的信息不放过、能成案的线索必审查。在开展破坏环境资源和危害食品药品安全犯罪专项立案监督活动中，坚持查找立案监督线索与查找公益诉讼线索同步推进，既扩大了开展两个专项活动的效果，也提高了查找行政违法监督线索的效率。有的地方政府建立了行政执法备案监督制度，以加强对行政执法的监督，要求本行政区域内的行政执法部门在作出行政处罚等行政行为时要将相关材料报送有关行政机关备案，接受审查监督。有些地方检察机关也在尝试借鉴该项制度，要求行政执法机关在行政执法时或是在每年固定期限内把作出行政行为的证据材料、法律依据、程序性法律文书交付检察机关备案。如 2013 年 4 月山东省在夏津县建成了全省第一个行政执法信息共享平台，选取工商局、地税局、交通局和药监局等 4 个行政执法部门作为试点单位，把其实施的行政处罚、行政许可、行政强制案件的相关信息上传至信息平台进行备案，由检察机关进行网上监督，取得了良好的法律监督效果。[1]有的检察机关从行政执法专项检查活动中获取案件线索。检察机关不定期开展行政执法专项检查活动，集中到行政部门查阅执法档案，对行政案件进行检查。各级院每年根据辖区范围内行政部门的数量和工作特点，确定执法部门开展专项检查，检查中通过听取汇报、查阅案卷、重点询问等方式，对行政案件有针对性地进行检查监督。

三是从职务犯罪案件中获悉的线索。国家监察改革之前，根据《刑事诉讼法》的规定，检察机关对贪污贿赂犯罪、渎职侵权犯罪案件行使侦查权。检察机关依法查办行政机关工作人员涉嫌贪污贿赂、渎职侵权等职务犯罪案件本身就是对行政机关的一种监督方式，但限于范围较窄，对行政行为实施

---

〔1〕 张志宁、董玉龙：《夏津建成行政执法信息平台》，载《德州日报》2013 年 5 月 13 日，第 2 版。

中不构成犯罪的行政机关不作为或者乱作为的行为，检察机关更应当依法进行监督。例如，对于违法行使职权的案件，虽然达不到玩忽职守罪、滥用职权罪的立案追诉标准，不予刑事处罚，但对该违法行为检察机关应当依法督促纠正。同时，检察机关在查办其他国家工作人员职务犯罪案件中发现行政机关违法行为的，也应当依法进行监督。例如，安徽省阜南县人民检察院在办理县房产局工作人员滥用职权、受贿窝案时，发现该县国土局对部分小区擅自变更规划、违规超容积率建设的行为监管不力，怠于征缴超容积率建设部分土地出让金，致使国有资产大量流失。检察机关在做好证据调查核实工作的基础上，及时向国土部门发出了督促履职的检察建议，挽回了流失的国有资产，赢得了当地党委政府的肯定支持。

四是从控告申诉和举报接待中收取的线索。《宪法》第四十一条规定，公民对于任何国家机关和国家工作人员的违法失职行为，有向有关国家机关提出申诉、控告或者检举的权利……对公民的申诉、控告或者检举，有关国家机关必须查清事实，负责处理。各级人民检察院均设有控告申诉检察部门或举报中心，负责受理公民、法人和其他组织的控告、申诉和举报。检察机关受理控告、申诉或者举报均属于检察机关履行职责的范围，对申诉、控告和举报行政机关违法行使职权或者不行使职权的行为，检察机关应当依法立案审查，对违法行为确实的应当进行监督。

五是办理刑事案件审查起诉、审查逮捕中获取行政违法线索。检察机关对于公安机关侦查的案件，进行审查，决定是否逮捕、起诉或者不起诉。审查逮捕和审查起诉一直以来被作为检察机关一项主要职责，也是宪法法律明确赋予检察机关的排他性职权。在检察机关办理审查逮捕、审查起诉案件过程中，不仅要对刑事案件本身是否存在行政机关不作为或者乱作为的行为进行审查，而且要对案件所涉及的相关侦查机关和行政机关是否存在不作为和乱作为的行为进行审查。如果在审查案件过程中发现行政机关乱作为和不作为行为的，检察机关应当依法进行监督。例如安徽省全椒县人民检察院在办理张某等五人将有毒有害危险废液 35.23 吨非法倾倒，造成公私财产遭受 300 多万元重大经济损失案件中，督促行政机关依法履行职责，挽回财产损失。

六是从诉讼监督中发现线索。从目前来看，检察机关的法律监督权主要限制在诉讼监督领域，包括侦查活动监督、对人民法院的刑事、民事、行政诉讼活动监督、执行活动监督等。检察机关开展诉讼监督有明确的法律规定和比较成熟的经验，诉讼监督中发现行政违法行为也是"行政行为检察监督"线索的重要来源之一。为此，检察机关在办理诉讼监督案件过程中，不仅要关注侦查活动是否合法、人民法院的审判活动是否合法、裁判结果是否正确，更应当在侦查监督、审判监督、执行监督及诉讼活动违法监督案件之外进行深入的审查，发现在诉讼监督案件之外的行政机关违法行为并进行督促纠正。例如，行政拘留、收容教养、强制戒毒等行政强制措施。再如，内蒙古自治区鄂温克族自治旗人民检察院民事行政检察科通过查阅法院办案系统，依职权发现鄂温克族自治旗国土资源局与满洲里市某房地产开发有限公司建设用地使用权出让合同纠纷一案中，鄂温克族自治旗国土资源局提起诉讼主张满洲里市某房地产开发有限公司支付土地出让金，但未主张合同约定的利息和违约金。内蒙古自治区鄂温克族自治旗人民检察院向鄂温克族自治旗国土资源局制发了检察建议，督促其变更诉讼请求，增加合同约定的利息和违约金约 300 万余元。鄂温克族自治旗国土资源局采纳了检察建议，已向法院追加利息和违约金部分的诉讼请求。该案涉案金额较大，是呼伦贝尔市通过民事行政检察工作室依职权发现的颇具影响力案件，是行政违法行为检察监督的发现机制的有力探索。

七是权力机关和上级院交办转办的线索。国家权力机关或其他机关交办、上级人民检察院交办或转办[1]也是行政检察监督案件线索的一个来源。虽然该项监督案源没有明确的法律规定且《全面推进依法治国的决定》中亦未指出，但从多年来检察机关开展法律监督实践看，国家权力机关和其他机关交办、上级检察院交办或转办一直是检察监督案件线索的一个来源，也是检察机关履行法律监督职责的一项重要内容，也体现了检察机关一体化的组织特征。而且，国家权力机关、党委或上级检察机关的支持，为检察机关开展法律监督工作提供了坚强"后盾"，更能从机制上保障检察监督的效果。

八是舆情关注和人大代表、政协委员等社会力量反映的线索。各级检察机关在做好通过审查逮捕发现线索来源的同时，创新工作方法，充分利用

---

[1]　参见郑锦春、乌兰：《行政执法检察监督的正当性及其机制探析》，载《中国检察官》2014年第 5 期。

信息平台、网络媒体、专项执法检查等方式拓宽案件线索来源。天津市人民检察院通过设立舆情观察员、跟踪媒体曝光事件等多种途径排查案件线索；湖南建立环保志愿者线索提供机制；河南在案件易发的企业、社区、林区建立联络员机制，提供立案监督线索。例如，2014 年 11 月 6 日晚，安徽卫视报道了临泉县土坡乡一非法加工塑料颗粒厂污染环境一案，得到这一舆情信息后，临泉县人民检察院迅速到达舆情关注的颗粒厂了解情况，依法及时梳理该厂存在的问题，并及时向县环保局发出履职检察建议。再如，某基层检察院根据社区群众举报，针对公安机关没有及时注销毒驾人员驾驶证的行为，出具检察建议，公安机关采纳了检察建议中的意见并及时改正。

（二）办案机制

各地检察机关结合本地实际，制定了行政执法检察监督的具体办法，从线索受理、调查核实到发出检察建议等环节，逐步明确步骤和方法，保证行政检察监督有序进行。例如 2013 年以来，安徽省检察机关与相关行政机关或部门就加强行政违法行为监督会签规范性文件共 31 件。通过与相关机关建立信息交流、联席会议、情况通报等制度，及时掌握相关信息，积极探索行政执法检察监督新途径。其中安徽阜阳、铜陵等地检察机关按照地方党委的部署要求，在组织开展督促行政机关依法履职专项行动中，制定详细的实施意见，明确规定了活动的启动、运行、处置、备案等程序，保证了监督实效。对规范监督起到了很好的作用，促进了工作的开展。合肥、芜湖、马鞍山等地检察机关与当地公安、国土、环保、城管、卫生、民政、交通等部门就行政违法行为监督工作积极商讨，共同确定监督范围和重点，有效形成了工作合力。

又如，山东省滨州市滨城区人民检察院制定了《滨州市滨城区人民检察院办理行政执法监督案件实施意见》。该意见对行政执法检察监督的定义进行了界定，明确了检察机关开展行政执法检察监督工作的原则、办案重点、案件来源、工作程序及处理结果，该院将群众反映强烈、与群众生活密切相关的食品药品、道路安全、环境污染领域作为监督重点，针对上述领域存在的问题，经过充分的调查论证，向相关行政机关提出切实可行的检察建议书 60

余份，相关行政机关均予以回复并进行整改，取得了良好效果。[1]再如，四川省峨眉山市人民检察院牵头与28个行政执法单位会签制定了《行政执法与检察监督衔接工作机制》，明确了检察监督的工作目的、工作原则、工作职责，建立了线索移送、信息共享、联席会议、情况通报等衔接机制，为行政执法检察监督提供了制度保障。具体到实践中，各地检察机关采取多种方式和手段开展行政执法监督，增强监督实效。

第一，正反双向"两法衔接"机制。对行政执法机关没有移送的违法案件，经检察机关审查认为涉嫌犯罪的，检察机关可向行政执法机关发出《涉嫌犯罪案件移送通知书》，行政执法机关接到通知书后应当及时将案件移送司法机关处理，这是检察机关刚性立案监督权的合理延伸。人民检察院在拟作出不起诉决定的同时，依法审查是否需要对被不起诉人给予行政处罚，提出检察意见。例如上海市嘉定区人民检察院打造"沪嘉通"信息应用集成系统，实现下行处理意见以及检察意见书、检察建议书等相关法律文书的线上流转、线上跟踪和线上反馈。2023年以来，检察机关在作出不起诉决定后，通过信息共享平台向行政机关发出反向衔接的《检察意见书》45件，行政机关均依法启动行政处罚程序。

第二，确立行政检察监督裁量标准，根据违法程度采取不同监督方式。例如，在2014年6月到2015年6月期间，山西省检察机关在开展行政执法行为检察监督工作过程中，对个别轻微的程序性问题，及时进行当面沟通，采取口头方式纠正；对行政机关行政不作为的，发出书面检察建议，及时督促其依法履行职责；对具体行政行为存在执法不规范、不合理的，发出书面检察建议，督促相关行政机关改进执法行为；对行政机关在执法过程中存在违法行为的，发出纠正违法通知书，督促相关行政机关纠正其违法行为；对于发现执法人员在执法活动中有贪污受贿、徇私枉法、玩忽职守和滥用职权等犯罪行为的，及时将案件线索移送有关部门。[2]再如，四川省峨眉山市人民检察院根据案件的不同情况，分别采取了不同方式予以监督：对于行政执法违规行为，共提出个案检察建议3份，督促其依法行政；对机制缺失、工作

---

〔1〕　参见《山东省检察机关民事行政检察2016年度报告》。

〔2〕　参见山西省人民检察院课题组：《诉讼外行政检察监督论析》，载《湖南科技大学学报（社会科学版）》2016年第3期。

漏洞等，提出工作检察建议 3 份，帮助行政单位建章立制、规范管理；发现行政违法行为涉嫌犯罪的，建议移送公安机关，发现并督促移送刑事犯罪线索 2 起；同时将每家行政执法单位的监督情况形成了检察情况报告，对存在的问题进行提示和分析，并将报告内容告知行政执法单位，听取反馈意见，同时将情况书面报告市委、市政府、市人大、市政协，主动争取其对行政执法检察监督的支持。

第三，探索公开宣告监督方式。例如，山东省滨州市滨城区人民检察院探索通过公开宣布的方式，将有影响的行政检察案件处理情况告知相关人员，通过面对面的案件公开宣布，将公平正义和法律的威严以看得见、摸得着的方式向申请监督人、行政执法机关和社会表现出来，获得最高人民检察院的充分肯定。2018 年最高人民检察院首次就校园性侵案件向教育部制发检察建议书。2018 年 12 月 2 日，山东全省各级检察机关在"宪法宣传日"同步开展检察建议公开送达活动，获得省委批示肯定，推动构建党委领导、人大支持、政府重视、社会舆论关注的工作格局。[1]

第四，追求监督实质化成效。例如，安徽省人民检察院在审查省国土厅原副厅长杨先静受贿、滥用职权案时，发现因有关行政机关违法批准涉案企业探矿权延续登记申请，造成国有资产严重流失，依法应向相关企业追缴相关费用 1.8 亿多元。考虑到涉案企业已和首钢矿业合资成立国有控股的新公司，为不影响企业正常经营和地方经济发展，一方面积极监督纠正行政违法行为，另一方面建议政府部门通过将经济损失转化为股权投资、增加国有股比例的方式维护国家利益，确保了纠错和发展两不误。

（三）保障机制

实践中检察机关开展行政检察的保障机制主要体现在组织和机制两方面。组织保障方面，为获得制度探索的正当性和有效性，有限的地方试验尽量减少来自行政机关的压力，往往采取党委或人大牵头，检察机关与行政机关签署联合执法文件在检察系统之外设立行政检察办公室的模式。例如，2006 年9 月河南省邓州市人民检察院征求当地党委和人大同意，建立了全国第一个由检察部门牵头、多部门参与，成立"邓州市人民检察院行政执法监督办公室"

---

[1] 参见匡雪：《共同推动检察建议生根开花》，载《检察日报》2018 年 12 月 10 日，第 6 版。

作为专门行政执法监督机构，明确该办公室的主要职责范围是：依法受理和查处人民群众和国家机关、社会团体、企事业单位以及其他组织控告、检举的行政执法违法案件；依法受理和初步审查行政执法人员职务犯罪案件；协调行政和刑事执法的衔接工作；积极做好行政执法人员职务犯罪预防工作；做好国家权力机关、领导机关批转和交办的其他工作。[1]上海市黄浦区人民检察院在依法治区领导小组下设行政执法检察监督办公室，成立"黄浦区行政检察监督办公室"，在区委、区政府的领导下直接开展行政执法检察监督、行政执法检察监督备案、行政执法检查监督"检察建议"办理等工作。再如河南省三门峡市检察机关在办案过程中发现部分招标单位在国有资金投资融资项目、政府采购项目和关系社会公共利益、公共安全的公益公用设施、城乡基础设施如供水供电、科教文卫、扶贫搬迁等国家扶贫建设项目中存在怠于监管的情形，在招投标过程中存在多起招标人伙同招标代理公司发布招标公告排斥潜在投标人、不执行政府指导价、设置低于成本的招标控制价、参与评标有明显倾向性、规避招标活动、暗中指定中标人等违法行为。县检察院针对这一社会焦点问题，率先在全省在招投标部门设立了检察官办公室，对招投标活动进行监督，向县招投标交易中心、县财政局、县住建局、县农牧局以及项目建设多的重点乡镇发出督促履职检察建议，建议加强辖区项目招投标监管，并协助有关行政主管部门严肃查处招投标市场中的违法行为，查处招标代理公司的违法行为。2017 年 7 月份，根据群众举报，查处了 3 件 5 人伪造公文、印章案件，移交公安机关追究刑事责任，整顿了招投标市场，使国家的惠民政策落到了实处。[2]

机制保障方面，主要是借力同级政府考核工作，参与行政执法检查和考核工作。例如 2013 年甘肃省嘉峪关市人民检察院与原市政府法制办会签了《关于加强行政执法法律监督工作的若干意见》，建立了联合开展行政执法监督的长效机制，定期开展全市行政执法案卷评查活动和依法行政考核工作，对全市重点行政执法部门的具体行政行为进行法律监督。两年来，嘉峪关市人民检察院对全市 28 个重点执法部门的 220 份行政处罚、行政许可、行政强

---

〔1〕　参见邓红阳：《邓州成立全国首个行政执法监督办公室》，载《法制日报》2007 年 11 月 23 日，第 5 版。

〔2〕　参见康健民：《检察机关对行政执法行为实行法律监督的实践基础与制度构建——以三门峡市检察机关行政执法监督实践为视角》，载《第七届民事行政检察年会论文集》，第 590 页。

制执行等卷宗进行了评查，共提出评查意见 80 多条。通过参加全市 48 家行政执法部门年度依法行政考核工作，对行政执法部门的主体资格、执法依据、执法内容、执法类型和程序等都有了更加具体的了解，也发现了一些行政执法中存在的问题，为下一步更好地开展行政执法监督工作打下了良好的基础。该项活动得到了市政府的充分好评和全市行政执法部门的高度认可。

五、行政违法行为检察的问题检视

总体来看，行政检察具有一定实证法依据，但仍存在法律规范体系松散、直接法律依据不足、运行规则程序缺乏、配套衔接制度疏漏等问题。《行政诉讼法》和《人民检察院组织法》修改解决了检察机关提起行政公益诉讼、检察建议、调查核实等制度的合法性问题，但并没有对检察机关开展行政检察的职权和程序作出具体规定，各项试点机制主要依赖政策性、行政化的力量推动，试点过程中一些地方检察机关面临来自地方政府领导的巨大压力，国家机构改革后检察机关职权发生变动，对于行政违法行为检察外部环境的影响也是一大问题。为了推动检察机关更好地依法有效开展行违法行为检察工作，在此有必要客观全面地审视制度运行中存在的诸个问题，探索其中的原因。详述如下。

（一）规范体系松散

国家机关权力的授予要么来自法律规定，要么来自人大授权。其中检察权作为重要的中央职权，理应由宪法法律系统规定。以检察机关现有的职权为例，一般遵循宪法概括授权，检察院组织法系统授权，部门法和其他法律具体设权，司法解释细化职权行使内容等规律。例如刑事检察权，除了《宪法》概括规定检察权外，《人民检察院组织法》系统规定检察机关在办理刑事案件中享有审查逮捕、审查起诉、诉讼监督等职权，《刑事诉讼法》在肯定上述检察职权的基础上又规定检察机关行使上述权力的条件、程序和效力，最高人民检察院《刑事诉讼规则》再对上述职权的行使过程予以细化，以此为主干，其余相关法律法规司法解释为细枝，组成检察机关刑事检察职权的法律系统。同样的法律系统也可以在行政公益诉讼职权上予以体现。

表 3：我国公益诉讼的立法历程

时间	文件名称
2014.10	十八届四中全会《中共中央关于全面推进依法治国若干重大问题的决定》
2015.7	最高人民检察院《检察机关提起公益诉讼改革试点方案》
2015.12	最高人民检察院《人民检察院提起公益诉讼试点工作实施办法》
2016.2	最高人民检察院《人民检察院提起公益诉讼试点工作法律文书》
2016.2	最高人民法院《人民法院审理人民检察院提起公益诉讼案件试点工作实施方法》
2016.4	最高人民法院《关于审理消费民事公益诉讼案件适用法律若干问题的解释》
2017.6	十二届全国人大常委会第二十八次会议修改《民事诉讼法》《行政诉讼法》，检察机关提起公益诉讼写入法律。
2018.3	最高人民法院、最高人民检察院《关于检察公益诉讼案件适用法律若干问题的解释》
2018.3	最高人民检察院《检察机关民事公益诉讼案件办案指南（试行）》《检察机关行政公益诉讼案件办案指南（试行）》
2018.4	全国人大常委会《中华人民共和国英雄烈士保护法》，建立对侵害英雄烈士名誉荣誉案件的公益诉讼制度，赋予检察机关在英雄烈士保护方面的法律监督职能。
2018.10	十三届全国人大常委会第六次会议修改《人民检察院组织法》，规定检察机关法律依照法律规定提起公益诉讼。

审视行政违法行为检察权，尽管《宪法》规定检察机关享有检察权，是国家的法律监督机关，但《人民检察院组织法》并未对行政违法行为检察权作出详细规定，仅仅在《行政诉讼法》、《人民警察法》和《治安管理处罚法》等法律规定检察机关对行政诉讼、行政执法的检察监督职权。而这些都是部门行政法，仅能明确检察机关对某些行政执法领域的法律监督。同时最高人民检察院对于行政违法行为检察也没有制定专门的司法性操作规范，《人民检察院检察建议工作规定》在诉讼监督之外也仅仅是从参与社会治理角度提出可以向有关单位和部门提出改进工作、完善治理的检察建议。因此，如果检察机关要对行政执法领域进行全面的监督，除了由现行《人民检察院组

织法》加以清晰明确的规定外，还应当制定具体的细则规定行使权力的程序、结果、责任和权利救济。否则，就会使职权的行使遇到障碍而成为摆设，或是导致权力异化和滥用。

(二) 直接依据不足

法律依据不足的缺陷是行政检察的"阿基里斯之踵"。《宪法》和《人民检察院组织法》对检察机关进行行政检察监督只有原则性的规定，《行政诉讼法》规定了行政诉讼监督和行政公益诉讼，但诉前检察建议必须依托于具体公益受到侵害的情形，对诉讼外行政执法监督未作规定。2001年国务院《行政执法机关移送涉嫌犯罪案件的规定》属于行政法规，但人民检察院产生、组织和职权属于司法制度的范畴，对于人民检察院职权的规定只能由法律予以规制，行政法规能否规定检察机关监督职权存在疑问。[1] 2011年中共中央办公厅、国务院办公厅转发的由国务院原法制办、中央纪委、两高三部以及人社部共同制定的《关于加强行政执法与刑事司法衔接工作的意见》、重庆市高级人民法院、重庆市人民检察院《关于规范民事行政检察建议工作的若干意见（试行）》以及一些地方人大决议或者地方性法规，在规范行政检察监督方面起到了一定的作用，但是经过分析我们不难发现，它们多由最高人民检察院单独或联合其他行政机关制定，主要是针对刑事诉讼、行政诉讼中涉及的行政违法问题的监督，监督范围狭窄，局限于诉讼领域，主要解决行政执法与刑事司法的衔接等问题，原则上不涉及行政管理中的违法问题。从法律性质上看，这些规范实际上属于检察机关与行政执法机关、纪检监察机关关于信息共享、移送线索、办案衔接等内容的会签文件，或者属于检察机关内部工作规定，多为协调性安排，法律效力层级有限，对行政执法机关没有强制效力。例如，最高人民检察院、全国整顿和规范市场经济秩序领导小组办公室、公安部《关于加强行政执法机关与公安机关、人民检察院工作联系的意见》，是原则性很强的务虚文件。如该意见规定检察机关向行政执法机关查询案件情况，需"经协商同意"，明显缺乏实际执行的刚性。而地方人大决议并不属于地方性法规，即使属于地方法规，没有明确的法律授权，通过地方规范性文件的形式规定检察权的行使在理论上也存在合法性、正当性的疑问。

---

〔1〕 参见练育强：《人民检察院在"两法"衔接中职责之反思》，载《政法论坛》2014年第6期。

在依法治国的大背景下，根据法无授权不可为的原则，检察机关是否享有对行政违法行为进行直接监督的权力，司法实务中争议较多，目前所开展的一些工作均是探索性的。在实践中，检察机关一般以服务行政执法、创新社会管理为切入点，而不是名正言顺地依法开展工作。检察机关向行政机关制发检察建议时缺乏直接监督的法律依据，实践中或者不引用法律，或者概括引用《人民检察院组织法》和《人民检察院检察建议工作规定》等规定，且所运用款项没有具体分析，使得检察机关在行使该项权力、面对被监督者不配合时常常面临合法性诘问，削弱了监督的权威和效力。例如浙江某检察院在办理一起"霸王搬运"案件时，针对街道综治委、物业部门为住户提供装修石泥沙和运输服务过程中存在的问题，向该街道发出检察建议，该街道部分领导就认为检察机关手脚过长、挑刺、找麻烦，对检察机关的监督采取置之不理的态度。[1]

（三）对象范围模糊

从目前行政违法行为检察的工作实践看，监督案件大多都集中在服务经济社会发展大局、保障群众根本利益的生态环境和资源保护、食品药品安全、国有资产保护等领域。监督对象主要集中在行政不作为。这是因为确定行政乱作为更多依托的是主动的调查核实手段，然而现阶段对行政违法行为的监督案件调查核实权无依据，行政机关配合度不高，检察机关实践中运用调查手段不太顺畅。行政不作为相对依托的则是对于文本依据的寻找及适用法律的解读。因此，目前大多数案件是以检察建议或督促起诉的手段监督行政不作为，而对行政乱作为的监督力度有待进一步加强。

行政违法行为检察既是一项职权也是一项职责，如果职责范围不明确，那么一方面部分检察机关可能会将行政检察作用泛化理解，将所有行政执法部门，包括一切侵犯公共利益、国家利益和行政相对人利益的行政执法行为，以及行政执法中存在的不规范及工作瑕疵问题一并进行监督，产生"一般监督"的冲动。例如宁夏各级检察院在前期开展督促起诉工作中出现个别基层检察院对国有商业银行的到期债权因债务人逾期未还、国有供暖公司没有及时收缴采暖费的情况制发督促起诉意见书。而这样的监督已经背离了检察机

---

〔1〕　参见乐绍光等：《浙江省检察建议适用情况的调查分析》，载《法治研究》2009 年第 11 期。

关对公权力进行监督的性质，有侵入民商事自由契约领域的嫌疑。[1]

另一方面，行政违法行为检察监督范围如果没有限定，也会存在选择性监督的问题。[2]部分检察机关可能会选择监督难度较小的领域开展监督，在那些行政违法问题迫切需要检察机关实施监督的行政违法领域，尤其是损害国家和社会公共利益领域而没有直接利害关系人的领域，就可能会出现监督真空。例如1957年，原最高人民检察院副检察长梁国斌带工作组到天津调研一般监督工作情况时发现，一些检察人员将国营商店的螃蟹跑掉、韭菜烂掉、工厂劳动环境差、灰尘多、噪声大等小事作为监督事项，几乎没有对国家机关的决议和命令进行监督。在北京市丰台区、宣武区和河北省徐水县进行一般监督试点工作期间，调查组发现三个地区1956年以来办理的绝大部分案件"均够不上一般监督范围"。[3]

实际上，在检察机关提起行政公益诉讼的过程中也存在选择性监督的问题。在行政相对人污染环境的案件中，检察机关在认定负有监督管理职责的行政主体时，有时会选择地方环保部门或者规划部门[4]，有时会选择乡镇一级政府或者管理委员会[5]，有时则将上述主体一并作为负有监督管理职责的行政主体提起诉讼。[6]但从文义解释而言，应当选择立法特别指明在某一特定领域具有监管职责的行政机关。对于乡镇政府随意倾倒垃圾或者违法设置垃圾倾倒场的情形，由于乡镇政府没有相关的法定职权，检察机关应当优先建议涉嫌行政不作为的环保部门依法履行职权纠正这一违法情形，之后如果提起行政公益诉讼，也宜确定该环保部门为行政不作为的主体，不能以促成行政任务的完成为导向，绕过具体业务的行政主管部门而直接起诉县以下一级政府或者街道办事处。

---

[1] 参见马波：《论行政违法行为检察监督的现实困境及完善对策》，载《民事行政检察专业委员会第六届年会论文集》。

[2] 选择性执法的问题具体描述可以参见王波博士对工商执法过程的观察。参见王波：《执法过程的性质——法律在一个城市工商所的现实运作》，法律出版社2011年版。

[3] 参见王松苗主编：《共和国检察人物》，中国检察出版社2009年版，第53页。

[4] 安徽省阜阳市阜南县人民检察院诉阜南县住房和城乡建设局违法组织倾倒、堆放垃圾造成环境污染案；广东省乐昌市人民检察院诉乐昌市环保局怠于履行职责案。

[5] 贵州省六盘水市六枝特区人民检察院诉安顺市镇宁县丁旗镇政府对其辖区内倾倒垃圾的行为怠于履职致环境污染案。

[6] 贵州省江口县人民检察院诉铜仁市国土资源局、贵州梵净山国家级自然保护区管理局行政公益诉讼案。

再如，山东省德州市检察机关作为公益诉讼试点地区，两年来提请的行政公益诉讼案件，没有一件涉及强势行政机关（如下表，按起诉时间顺序排列）。

表4

起诉县市区院	被诉行政机关
德州市庆云县人民检察院	庆云县环保局
德州市宁津县人民检察院	宁津县国土局
德州市武城县人民检察院	武城县国土局
德州市开发区人民检察院	济宁市任城区环保局
德州市乐陵市人民检察院	乐陵市西段乡人民政府
德州市齐河县人民检察院	齐河县人防办
德州市夏津县人民检察院	夏津县供销合作社
德州市临邑县人民检察院	临邑县人防办
德州市禹城市人民检察院	禹城市林业局
德州市陵城区人民检察院	陵城区卫计局
德州市平原县人民检察院	平原县供销合作社

此外，因行政违法检察监督的制度不健全或规定较为笼统，面对众多的监督领域和监督部门，检察机关在行使该项监督职责时，具有很强的选择性和随机性，哪个领域引发社会广泛关注，检察机关才向相关部门发出监督意见，检察监督并没有起到防患于未然的监督作用，使得行政违法检察监督具有滞后性和被动性，例如，2017年山东省德州市某区人民检察院因北京红黄蓝虐童事件，向本辖区教育局发出检察建议，要求其积极开展专项督导检查工作，杜绝减少类似事件的发生。另外，因为缺乏系统化和常态化的检察监督制度，不能实现对同级所有具有行政执法权的行政机关的监督，每年总是以专项活动的方式开展对某一领域的监督活动，2015年某县人民检察院因环境保护专项活动向本辖区城管执法局和环保局分别发出3份至5份督促履职的检察建议书，虽然城管执法局、环保局依然按照监督意见进行了积极的整改和纠错，但是行政机关的阶段性或突击专项检查、部门联合行动，并不能

从根本上解决行政执法的盲点，行政机关职权交叉及制度缺陷导致行政管理职权缺位问题，不能得到有效的纠正和完善。

（四）方式程序散乱

程序表现为依据一定的顺序、方式来作出决定的相互关系，其实质是防止恣意因素，确保决定的客观公正。[1]现阶段，检察机关应当以怎样的程序对执法活动进行监督，现行法律没有规定可以依循的程序，各地开展行政执法活动所依据的地方性文件大多也是表述笼统，程序性和操作性差，对监督工作的范围、方式、程序规定不一，导致该项工作的开展主要依靠领导的推动、协调，影响了监督工作的严肃性、权威性和公信力。

以行政违法行为检察案件线索的发现为例。一方面，行政检察监督的前提是发现行政违法行为，行政执法信息获取不畅、检察监督案源线索少，一直是行政检察监督的重要症结。行政执法涉及部门和领域众多，案件数量大，行政执法案件本身违法行为隐蔽性强，检察机关不处于行政执法一线，了解、掌握行政执法信息不及时、不全面，对大量涉及公民人身、财产权利的行政许可、行政强制、行政处罚等行政执法活动类型中存在的违法情形难以进行监督，导致行政执法行为检察监督出现盲区。实践中检察监督的线索主要来源于行政诉讼监督工作收集、行政执法相对人及其利害关系人的控告以及其他检察业务部门的发现移送，监督途径狭窄。[2]以"两法衔接"为例，行政执法机关处在"两法衔接"工作的最前端，虽然相关规定要求行政机关执法信息及时上传"两法衔接"信息共享平台备案审查，但实际上执法信息如何填充、是否涉嫌犯罪、是否需要移送司法机关往往由行政机关自身决定，检察机关并不能直接提前介入开展监督检查，这导致检察机关对行政机关是否存在有案不移、以罚代刑或者行政不作为等问题难以知情，无法充分发挥法律监督作用。

另一方面，各地关于加强检察监督的规范性文件中仅笼统表述对行政执法活动"有权监督"，行政违法行为检察监督应如何启动、如何开展、如何调查、如何收集证据材料，没有具体规定可以遵循。因此，实践中各地操作程

---

〔1〕 参见季卫东：《法治秩序的建构》，中国政法大学出版社 1999 年版，第 14 页。

〔2〕 参见刘华英：《违法行政行为检察监督实践分析与机制构建》，载《暨南学报（哲学社会科学版）》2016 年第 8 期。

序五花八门，有的地方检察院自行出台工作规范，有的参照最高人民检察院颁布的其他规则执行，导致监督工作在具体操作上混乱无序。例如实务中对于"在履行职责中发现"的界定，存在一定程度的模糊和无序。十八届四中全会提出，"检察机关在履行职责中发现行政机关违法行使职权或者不当行使职权的行为，应当督促其纠正"，因此，开展行政违法检察监督工作的前提是在履行职责的过程中发现。对此，有的检察机关认为，行政检察属于国家职权，启动权由检察机关审查决定，但对象是在"履行职责"中发现的行政违法行为，而非对广罗万象的行政违法行为均开展监督。因此，行政检察案件线索一般主要来源于两个途径，一方面是公民、法人和其他组织向检察机关控告、举报；另一方面是检察机关在履行法律明确授权的职务犯罪侦查、审查逮捕、审查起诉、提起公诉以及其他检察监督职责中发现的行政违法行为。也有观点认为，"在履职中发现"范围过窄，排除了媒体、其他机关转交，或者公民检举申诉等情况。实践中也有不少检察机关对"履行职责中发现"作宽泛理解，脱离职责通过文件备案、派驻检察官、安排观察员等方式主动挖掘线索，使得行政检察侦查化。[1]

对此，新中国检察理论的奠基人王桂五先生回顾当年"一般监督"历史教训时深有感触，他认为"检察机关的监督，职能是根据它所发现的违法信息，经过调查核实，进行事后的监督。五十年代曾经试行过举报人参加有关机关的会议，要求有关机关将发布的文件抄送检察机关等做法，效果不好。今后不宜再用。违法信息的来源，主要是依靠办案发现问题，其次是群众举报，再次是报刊上的反映。除此之外，没有必要再找其他途径"[2]。行政活动在我们周围无处不在，从一个主体产生便与行政机关发生关系，直到主体资格消灭，行政活动渗透到每个人生活的方方面面。

纵然检察监督有强大的法理正当性，但制度设计除了考虑正当性还要考虑现实性。与"大政府"相比，检察机关则只是一个"小部门"，若允许依当事人申请申诉控告，根据当前实际情况，检察机关受理案件数量必然呈现

---

〔1〕　例如贵州省六盘水市六枝特区人民检察院诉安顺市镇宁县丁旗镇政府怠于履职案，监督线索来自在开展"生态·环境保护"专项行动中六枝特区木岗镇政府反映；广东省广州市花都区人民检察院诉花都区国土资源局怠于履职案，监督线索来自群众举报违法开发瓷土；贵州省铜仁市人民检察院诉铜仁市国土资源局怠于履职案，监督线索来自群众举报砂石厂违法开采建筑砂石。

〔2〕　王桂五：《敬业求是集——载笔检察四十年》，中国政法大学出版社 1992 年版，第 114-116 页。

井喷式上涨，势必极大增加检察机关受案压力，检察机关难以胜任该项工作，不具有现实性，履职不到位最终会损害司法权威。《全面推进依法治国的决定》将行政检察的线索来源限定为"履职中发现"，是适应检察机关监督能力的现实需要，也符合行政违法行为检察改革决策的精神。

（五）效力责任不明

一个完整的法律规范包括适用条件、行为模式和法律后果三部分，但目前的行政检察监督立法普遍缺乏法律后果要素。目前检察机关对行政机关进行监督，主要途径即为调阅相关案卷、调查核实有关证据、向行政机关发出检察建议，等等，但现行法律对上述措施的效力并没有明确的界定，对于行政机关来说，行政违法行为检察建议仅仅是一种"司法建议"，对行政执法权并不具备强制效力，对于检察机关提出调阅材料的要求行政机关常常根据过往对检察机关的理解，以为是来查案子的，抱以深深的戒备，表现出一种抵触心理而敷衍塞责，行政机关在收到检察机关的检察建议后，有的争取领导出面与人民检察院沟通协调，有的选择性采纳[1]，有的口头回复，有的敷衍回复，有的干脆不回复或者回复不采纳，认为人民检察院只是做做形式而已。而依据现有法律依据，若行政机关不采纳检察建议，检察机关除了提起公益诉讼外并不能对行政机关采取任何措施，唯一的解决途径就是协调，缺乏有效的法律手段使检察建议得到落实。实践中，检察机关对行政机关作出监督决定过程中，通常的做法是在发出检察建议前或后，便与行政机关进行联络沟通，说明情况，争取事先达成共识，再要求行政机关按时给予回复。

以某直辖市基层检察院近两年办理的13件行政执法监督案件为例，大多数均是由民事行政检察部门与相应的行政执法机关进行沟通并取得行政机关的共识后，要求限期给予回复，其中1件镇政府强制拆除程序违法的案件中，经与镇政府沟通，但镇政府以县里统一决策、时间紧迫等原因，拒绝给予书面回复，反映了检察建议的软性监督困境。这就导致两个结果。一方面，"一旦人们可以不受惩罚地不服从，人们就会正大光明地不再服从"。若被监督机

---

〔1〕 选择性回复即对检察建议所涉事项进行选择，只采纳部分内容，而对其余内容则未置可否，亦不说明理由。例如浙江省台州市椒江区人民检察院向区环境保护局发出的建议中，共监督了水源和噪声污染2项内容，但是环保部门仅对水源污染作出处理，而对噪声污染只字未提。参见浙江省台州市椒江区人民检察院检察建议书（椒在民行建〔2011〕第6号）。

关消极对待监督，监督者则是束手无策。另一方面，检察机关作为监督者一方，或者在监督对象的选择上"专挑软柿子捏"，进行"选择性监督"；或者会"哪一把权力之剑好用就用哪一把"，甚至会主动收回行政违法行为检察监督这把不太好用的"权力之剑"，导致公诉、批捕重者恒重，而行政违法行为检察则更加边缘化。久而久之，因为被监督者和监督者的共同消极行为，行政违法行为检察监督权被虚化。以检察建议的实践运行情况为例，总体而言，行政机关对检察建议的采纳率比较高，回复整改措施比较到位，有力促进了依法行政。但进一步观察，行政检察工作仍存在着重数量、轻质量的情形。

从检察机关自身问题看，部分省市检察机关仅将制发检察建议数量作为内部考核指标，导致部分检察院为了追求绩效业务考评排名，不顾行政检察在履行法治上的效果要求，制发检察建议适用范围过于宽泛、追求数量不讲质量、重视发送忽视落实、以建议代替抗诉、多头监督重复监督等问题，影响检察机关法律监督活动的严肃性、权威性和实效性，导致行政违法检察建议监督效果后期逐渐式微。[1]以上海为例，2009年至2012年，全市检察机关共制发检察建议4001件，其中向行政机关制发984件，年均增加81.7%。[2]其中虽然有部分检察建议实质推动了违规销售市政动迁房、"新农合"医保基金管理漏洞、部分民营医院为少女非法堕胎、流浪未成年人救助管理等问题的有效解决，增进社会各界对检察机关法律监督职能的了解，但也有不少检察建议内容宏观空泛、建议模糊抽象，缺乏针对性，要求行政机关加强履职或改进工作的检察建议较多，对于具体行政违法行为的督促纠正较少，且对于行政机关整改落实措施的长效性缺乏关注。例如，在2015年某基层检察院办理的行政执法监督案件中，仅有2件针对镇政府的强制拆除程序违法是对具体行政行为的监督，占比22%，其余7件均是概括要求行政机关强加履职，占比78%。有的同一检察机关的不同部门，就同一问题向行政执法部门发出多份检察建议，让环保行政执法部门无所适从，引发监督争议。还有的检察机关为了担心行政机关抵触不回复检察建议，一般事先与环保局相关部门沟通，协调好后再向其发出检察建议，减损了检察建议的严肃性和权威性。

---

[1] 参见谭义斌、黄萍：《关于检察建议实施情况的调研报告》，载《人民检察》2016年第8期。

[2] 参见陈旭：《上海市人民检察院工作报告——2013年1月29日在上海市第十四届人民代表大会第一次会议上》，载《解放日报》2013年2月7日，第11版。

从被监督的行政机关的问题看，部分行政机关虽然对检察建议进行回复，但从行政机关的书面复函来看，回复大多较为简单，对采取何种具体措施不予说明，且行政机关是否及时纠正违法行为无法跟踪核实，监督的效果难以落到实处。而有的检察机关在收到行政机关的书面反馈后，即将该书面反馈作为结案标准，至于行政机关是否采取了整改措施、采取了何种措施、是否实际发挥了作用等不再进行后续跟踪监督，一定程度上导致部分行政执法监督流于形式，监督效果并未充分发挥。以某自治区检察机关为例，2013 年全自治区人民检察院共向环境保护行政执法部门发出 235 份检察建议书，其中延期回复函的有 103 份，83 份没有收到回复，延期和不回复率达到 79%。在行政机关回复的函中，回复理由过于简单，多数环保行政执法部门的回函中仅载明"已立案查处""已落实整改""已答复群众"等，没有附相关证明材料，只是几行字加盖单位公章就算回复，而对具体的查处、整改情况并未作详细的材料说明。经统计，有 98 份回复属此类情况，占全部回复的 64.47%。再如，江苏省徐州市人民检察院办理的刘某与某政府土地行政登记纠纷一案，乡政府违规收费进而超面积审批宅基地，致使第三人建房占地影响刘某通行权。经检察机关核实，该乡大部分村民宅基地均超国家标准，乡政府超额颁发宅基地证书违反法律规定，但若对该登记行为进行撤销，则影响全村多户村民的权益。故徐州市人民检察院从维护社会稳定出发，建议行政机关采取一定措施保障刘某的通行权。检察机关多次跟进回访事件进展情况，但乡政府事隔半年后仍未回复。[1]因此，作为一种柔性的监督措施，检察建议的责任效力亟需确定。

（六）保障机制薄弱

在行政违法行为检察实践面临的各种问题中，检察权威的缺失或不足乃是最具根源意义和症结性质的问题。虽然我国的检察权与行政权在法理上处于相同级别，但实际状况却是，"同级地方政府的地位明显优于检察机关，有的地方政府领导将同级检察机关看作是自己下属的一个工作部门，发布指示或者命令，甚至要求检察机关从事与本职工作无关的事情，比如从事地方招

---

[1] 参见鲍莉：《浅谈完善行政诉讼检察监督制度》，载《2015 年中国检察学研究会民事行政检察专业委员会第四届年会论文集》。

商引资及其他经济活动，以服务大局为名干预办案的事情也时有发生"〔1〕。
在这种体制机制之下，人民检察院查处贪污贿赂、失职渎职部门的相关职能
又整合至监察委员会，从微观层面对检察机关首先产生的影响，就是削弱了
检察机关对外的威慑力和影响力。

　　自检察制度恢复重建以来，职务犯罪侦查和刑事检察一直是检察业务的
重中之重，对于二者的特征和关系检察机关内部形象地称为"反贪是拳头，
公诉是颜面"，套用电影《一代宗师》里的一句台词"一门里，有人当面子，
就得有人当里子"，实际上职务犯罪侦查权与其他检察职权的关系很多时候就
是"里子"和"面子"的关系。检察机关奉行"检察一体"的权力运行原
则，与审判机关内部民事、刑事、行政审判执行"并联"的关系不同，检察
机关各项职能之间存在一种"串联"关系，具有前后衔接、相互配合、相互
支撑的依赖性。〔2〕

　　以行政检察工作与职务犯罪侦查工作的联系为例。控告申诉部门在收到
职务犯罪举报信件，与职务犯罪部门后期初查研判时可以从中筛选出行政违
法而尚未构成犯罪的线索移送行政检察部门。职务犯罪侦查部门在办理反贪、
反渎案件时，也会从个人职务违法犯罪案件里发现行政机关不依法履行职责
或者存在损害国家和社会公共利益的情形，进而作为行政违法监督和公益诉
讼线索移送给行政检察部门。而行政检察部门在调查核实过程中，一方面会
将职务犯罪侦查部门调取的相关材料作为行政违法的证据，另一方面也会借
助职务犯罪侦查权调取新的证据材料，弥补行政检察调查措施的不足。

　　在监督效果方面，无论是制发检察建议还是提起公益诉讼，本身都是程
序性权力，最终都需要被监督者自我纠错或者借助法院审判权威，存在着直
接效力不足的问题。但监察体制改革之前，绝大多数行政机关都能接受检察
建议的监督意见并主动纠正回复检察机关，这与其背后查办职务犯罪形成的
"威慑力"不无关系。〔3〕毋庸讳言，职务犯罪侦查权是检察机关对外树立其
法律监督权威的底气。实践中行政违法行为检察工作的顺利开展，离不开职
务犯罪侦查部门的配合保障，职务犯罪侦查权对于行政检察工作确确实实是

〔1〕　谢鹏程等：《行政执法检察监督论》，中国检察出版社 2016 年版，第 19 页。
〔2〕　参见姚建龙：《监察委员会的设置与检察制度改革》，载《求索》2018 年第 4 期。
〔3〕　参见易亚东：《国家监察体制改革背景下的行政检察》，载《中国检察官》2018 年第 6 期。

有力的"牙齿"和"拳头"。随着国家监察体制改革的落地,如何保证行政检察工作的线索不断、力度不降、效果不减,是国家监察体制改革给行政检察工作带来的主要问题之一。

(七)能力力量薄弱

《中庸》有言,"射有似乎君子,失诸正鹄,反求诸其身"。立法不明确,法律未授权,是检察机关对行政权监督缺位的根本原因。而"重刑轻行"是检察机关对行政权监督缺位的理念原因。在"检察院是靠办刑事案件起家"的观念影响下,尽管现在民事行政检察部门与公诉、侦监、反贪等部门一样成为检察机关的一个独立业务部门,但其地位和作用远不及刑检或自侦部门。而"民""行"相比,行政检察又没有民事检察那么重视。民事检察立法相对完善,而行政检察立法滞后,外部阻力大,工作开展举步维艰,有待做实做强。从 2018 年《最高人民检察院工作报告》数据看,2013 年至 2017 年,全国检察机关在监督刑事诉讼的过程中督促侦查机关立案 9.8 万件、撤案 7.7 万件;对应当逮捕而未提请逮捕的,追加逮捕 12.4 万人;对应当起诉而未移送起诉的,追加起诉 14.8 万人。相比之下在监督民事、行政诉讼的过程中依法对生效裁判、调解书提起抗诉 2 万余件,再审检察建议 2.4 万件。[1]从中可以看出,全国检察机关对刑事诉讼的监督力度远超过了对民事、行政诉讼的监督力度。

"法治的意思并不是说法律本身能统治,能维持社会秩序,而是说社会上人和人的关系是根据法律来维持的。法律还得靠权力来支持,还得靠人来执行,法治其实是'人依法而治',并非没有人的因素。"[2]从组织和队伍建设看,除了个别省级检察院之外,各级院均未另设负责行政检察的部门,相关工作均由民事行政检察部门承担,机构设置、人员比例与当前新形势下监督工作的要求有较大差距,影响和制约行政检察工作的发展。同时,大多数基层院民事行政检察部门人员少,大多数检察人员没有行政法律专业背景,或从事行政检察工作时间不长,对行政执法检察业务不熟悉,没有精通行政法方面的专业人才,相较于刑事检察部门,行政检察专业人员极其匮乏。而对应的行政执法涉部门繁多,法律法规及部门规章十分庞杂,加之不同的行政

---

〔1〕 这其中,行政诉讼检察监督案件所占民事、行政诉讼检察监督的比例更低。

〔2〕 费孝通:《乡土中国 生育制度》,北京大学出版社 1998 年版,第 48 页。

执法部门有不同的职责，涉及不同的专业知识，当前行政检察人才和能力储备严重不足，不能满足新形势下行政检察工作的要求。例如在环境、卫生、安监、规划等学科专业性较强的行政领域，涉及的行政执法部门比较多，法律法规比较繁琐，需要很多专业知识的学习和积累才能对其工作流程和性质进行准确判断，如果对相关专业了解不够，很难对其行政违法性作出准确判断，监督效果可想而知。

行政违法行为检察的制度建构

当前，在"法治中国"建设的总目标下，在国家监察体制改革和司法改革的背景下，行政违法行为检察在规范和实践层面所遇问题症结，均可归集到行政检察监督力的不足。本章将以权力决断能力和权力规训能力理论为基础，分析行政检察监督能力问题；以良法善治的目标，从"行政检察监督力"中蕴含的地位、权力和能力三方面解析和建构行政违法行为检察理论，解释行政违法行为检察的法律地位、制度体系和运行方式，进而提炼提升行政检察监督力的关键要素。最后，以立法论的研究思路，重申检察机关在国家治理现代化中的地位和作用，明确行政检察监督的权力定位和运行规律，优化行政检察监督的制度设计，完善行政检察监督能力建设的各项机制，健全行政检察监督的外部衔接，构建行政违法行为检察监督法治化路径，提升行政违法行为检察监督实效。

一、行政违法行为检察的权力配置

（一）权力决断能力和权力规训能力理论

监督能力不足与监督规范缺失导致行政违法行为检察的监督效果受到制约。作为一种督促纠正行政权力违法运行的活动，行政违法行为检察必须具有监督所需的实力和法律地位，具备较强的决断能力和规训能力。其中，权力决断能力包括发现行政违法的能力和判断行政违法的能力，规训能力包括建议纠正行政违法的能力和建议惩戒行政违法的能力。具体分述如下：

1. 权力决断能力

（1）发现行政违法的能力。行政执法信息不通畅、案源匮乏是限制行政检察工作发展、产生监督盲区的首要问题。一方面，实践中行政检察案源主要来自开展专项监督活动或者检察办案时自行发现的监督线索，外部移送或者群众举报的线索相对较少。如宁夏回族自治区银川市人民检察院 2013 年、2015 年通过开展专项活动向行政机关分别提出检察建议 55 件、29 件，2014 年、2016 年没有开展专项活动，仅提出检察建议 5 件和 2 件，通过数据对比可以看出，案源问题就严重制约了检察机关此项工作的开展，仅依靠检察机关自身依职权发现案件，无论从案件数量和质量方面均难以保证监督职能的有效发挥。另一方面，仅依靠检察机关自身依职权发现案件，尤其是与行政违法行为密切相关的"反贪、反渎和预防"职能转隶之后，检察机关缺少了重要的线索来源，而相关信息共享和衔接机制尚未完全建立，人民群众更习惯于通过行政复议或者行政诉讼途径来解决问题，或者是向地方党委政府、上级机关反映，甚至采取上访的方式。现实中人民群众由于不了解检察机关职能或者片面认为通过行政机关解决更加直接、高效，不愿意选择检察监督的途径，也制约了行政检察工作在案件数量和质量方面的持续发展。因此，在权力配置上，首先要赋予检察机关对行政活动的知情权和监督案件受理权。

（2）判断行政违法的能力。"从一般舆论来看，法律制度所应得到的尊严与威望，在很大程度上取决于该制度的工作人员的认识广度以及他们对其所服务的社会的责任感的性质与强度。"[1] 发现案件线索之后，对于行政机关违法行为，检察机关应当做到证据确实充分、法律依据明确，才能够采取监督措施。而行政机关尤其是专业性较强的行政机关如环境、卫生、安监、规划等部门，需要很多专业知识的学习和积累才能对其工作流程和性质进行准确判断，如果对相关专业了解不够，对行政违法性的准确判断就存在困难。因此，检察机关作为法律监督机关对行政行为的合法性进行审查，除了具备先进的监督理念外，还必须具备和掌握行政法及行政诉讼法知识的高素质专业化人才，否则就难以做好行政检察监督工作。

---

〔1〕 ［美］E·博登海默：《法理学：法律哲学与法律方法》，邓正来译，中国政法大学出版社 2004 年版，第 532 页。

以上海市某基层检察院办理的一起噪声污染案件为例，某房地产公司在其已出售的高层住宅前安装三台中央空调，该中央空调之巨大噪声对住宅居民的生活造成严重影响，经居民向区环境保护局投诉，在定点检测冷却塔噪音源后，发现超出国家规定的噪声排放标准，因此，该区环境保护局要求房地产公司三十日内完成冷却塔的治理改造。房地产公司改造后噪声声源仍然超过排放标准，居民遂提起民事诉讼，审理过程中被告房地产公司承诺采取暂停使用空调的方式消除噪音。但承办人多次实地走访和具体调查后，发现噪声超标的情况仍然存在，经与环保部门联系，环保局工作人员介绍，虽然已经对该企业采取了整改等行政措施，但是据执法人员蹲查，该企业在夜间确实有反复开启中央空调、逃避监管的情形，并没有真正解决噪音排放问题。面对周围居民不断的投诉举报，环保局却苦于无确凿的书面证据而无法进行处罚，行政机关的执法行为徘徊在瑕疵和违法之间，难以认定其怠于履行职责。最后本案通过民事案件的抗诉得到了解决，但也反映出司法实践中检察机关在监督行政机关工作面临的实际困难。

一方面，违法行政行为的责任主体难以确定。行政执法是全方位、多层次的社会管理工程，涉及社会各领域、政府各层次，由于行政管理实务的复杂性，在机关设置和职能分工上，存在法律法规多方授权的现象，房地产公司在高层住宅前安装中央空调的行为是否通过环境达标评估检测，是否获得环保、消防、规划等行政审批，诸多审批并非一个行政主体独立完成，需要多部门对各自分管的行政事项分别进行审批。多方主体的责任确认，是检察机关面临的首要问题。

另一方面，行政违法行为的监督依据难以确定。行政管理事务庞杂繁复，为了在合法合理行政的过程中兼顾效率，国家赋予行政主体一定程度上的自由裁量权。在实际工作中，行政主体有时候会采取相对比较便捷的方式来履行行政职责。上述案例中，区环保局要求房地产公司限期治理改造的通知不属于行政处罚而是行政命令，因此无需根据《行政处罚法》的规定履行法定程序，而对于作出行政命令的程序，法律并无明确规定，这类行政行为的程序法无明文规定，不能对其提起复议和上诉，并且在实践中大量存在，检察机关对该类行为进行监督没有明确的法律规定可供遵循，在释法说理和督促纠正时存在困难。

因此，检察机关作为法律监督机关对行政行为的合法性进行审查，除了需要具备高度的责任感外，还必须具备掌握行政法及行政诉讼法知识的高素质专业化人才，否则就难以做好行政违法行为检察监督工作。

2. 权力规训能力

（1）建议纠正行政违法的能力。当前，相关法律对于行政检察的监督方式、手段及法律后果没有明确规定，导致在行政检察工作过程中，检察机关核实调查或者发出检察建议前，往往需要事先与行政执法部门进行沟通协商，才能确保工作的正常开展。在实践中，检察机关向行政机关发出的检察建议大部分都能收到书面回复，但这些回复背后是行政机关实际采纳并落实检察建议的内容，还是仅仅停留在字面上的"加强履职、改进工作"，检察机关缺乏相应的后续跟踪监督措施。因此，从规训能力角度看，需要赋予检察建议一定的刚性，这种刚性不是法律赋予的终局性效力，而是在充分调查的基础上，提出的监督建议合法有据，"做成刚性"，保障行政检察的监督具有事实的强制力和约束力。

（2）建议惩戒行政违法的能力。权力最基本的特征，就是置他人的反对于不顾，强迫他人无条件服从的可能性。近年来检察机关虽然在强化法律监督，但工作方式和途径上缺乏具体的措施和规范，单凭现有的监督职能去监督强大庞杂的行政权，几乎是一件难以完成的任务。以检察机关的立案监督工作为例，侦查监督部门在行使立案监督权时，由于没有调查权和调卷权的保障，不能随时介入有关执法活动对其进行检查监督，更无法直接调阅有关行政执法机关相关材料，所能看到的材料只能是行政执法机关愿意提供的材料。有时候，出于部门保护主义，行政执法机关向侦查监督部门提供的材料往往很有限，甚至是片面的。依据这些材料，侦查监督部门无法有效行使立案监督权。对于这种情况，侦查监督部门由于没有处罚权，无法对这些滥用职权而又尚不构成犯罪的违法责任人给予相应的处罚，立案监督难以达到很好的效果。因此要扭转这一态势，就必须重构对行政违法行为的检察监督机制，而要重构这一机制就必须充实检察法律监督权，赋予检察机关相应的行政法律监督职能，否则无异于缘木求鱼、驱羊攻虎。

（二）行政违法行为检察的权力配置分析和建议

1. 行政违法行为检察的权力配置分析

"'制约'既然是一种阻止、约束权力非法运行的活动，制约者本身就必须具有因制约所需的实力和法律地位。"[1]监督能力不足与监督规范缺失导致行政执法行为检察监督的应有效果受到制约。一方面，从检察机关工作人员的现状看，行政检察队伍知识结构不够合理，专业化程度不高，匮乏高层次、专家型人才，不能更好地适应新形势下行政检察工作的要求。另一方面，现实中检察机关对行政机关的监督和制约在手段和方式上均受到限制。检察机关只有具备有一定制裁力的刚性手段，才能对行政机关违法行使强制权或不行使强制权产生足够的威慑力。行政违法行为检察监督的方式是在既有的司法体制框架内予以完善，还是通过法律赋权的方式得以拓展，这些都是需要进一步理论探索和实践试点的议题。

不同的监督权力在权力决断能力和权力规训能力上秉性不同，体现出来的监督效果和强弱程度也具有差异，以行政内部督查、行政复议、纪检监察、社会监督、行政诉讼、行政检察等六种监督方式现有的权力配置与监督效果分析（参见表1），可见行政违法行为检察存在"强法"与"弱主体"的矛盾，在发现能力和惩戒能力两方面的权力配置方面还需要加强。

表1：行政违法行为检察的权力配置分析图

能力 强弱	权力决断能力		权力规训能力		后果
	发现能力	判断能力	建议能力	惩戒能力	
第一种情形	强	强	弱	强	内部监控督查
第二种情形	弱	强	强	强	行政复议
第三种情形	弱	弱	强	强	纪检监察
第四种情形	强	弱	强	弱	相对人、社会监督
第五种情形	弱	强	强	弱	行政诉讼
第六种情形	弱	强	强	弱	行政违法行为检察

2. 行政违法行为检察的权力配置建议

"在所有使人类腐化堕落和道德败坏的因素中，权力是出现频率最多和最

---

[1] 胡玉鸿：《"以权利制约权力"辨》，载《法学》2000年第9期。

活跃的因素。"[1]因此，对权力的行使必须建立健全监督机制。在国家的权力结构中，立法权不具有直接与公民接触的特点，直接侵犯公民合法权益的可能性较小。行政权与司法权同属执行权，但是与司法权不同，行政权的行使发生在社会管理中，具有管理国家公共事务的职能，行政权的运行总是积极主动地干预人们的社会活动和私人生活。行政权是国家权力体系中最活跃的权力，随着社会生活的内容越来越复杂，行政自由裁量的空间也越来越广阔，在行政权力日益扩张的趋势下，为了使公民的人身、财产等权利得到切实的保护，强化对行政权的监督就成为必然的要求。

当然，国家权力的配置需要遵循一定的规律而不是一味扩权，将具体的、程序性的法律监督权授予客观中立的、最小危险的检察机关，由其对日益扩张的行政权进行制衡，符合优化司法职权配置的改革目标，有助于确保有限政府原则贯穿行政管理的全过程。客观中立是检察机关的独特品格，现代检察制度设立之初衷即是以"法治国"为目标，通过控审分离形成检察机关与审判机关的彼此节制，监督警察行为，以确保刑事司法的客观公正。[2]可见，行政检察不仅可以防止行政权懈怠或者滥用，而且可以通过对行政权的监督实现对私权的救济、对公益的维护，也可以对正当行政行为予以保障匡扶，从而达到行政机关权力、责任与行政相对人权利、义务的合理分配和各种冲突利益的有效平衡。

同时，检察机关是"程序性"的法律监督机关，其责在监督，基本上没有实体的处分权，所作决定不具有实体性，不能强制性地改变或者作出终局性决定，只能启动相关程序，对行政权、审判权的违法行使提出异议，要求相关机关进行再考虑、审议，督促其纠正违法行为。[3]这种程序性特征，一方面限制了检察权的权力，使其不至陷入权力膨胀或者监督专权，造成对行政裁量权的过度干预，另一方面也肯定了其在实体监督程序中的发起效力，亦即通过检察权而激发人大监督权、政府行政权、监委监察权、法院审判权这些实体性、终局性权力，并最终通过上述权力的确认，实现改变行政权的

---

〔1〕　[英]阿克顿：《自由与权力：阿克顿勋爵论说文集》，侯健、范亚峰译，商务印书馆2001年版，第342页。

〔2〕　参见林钰雄：《检察官论》，法律出版社2008年版，第3页。

〔3〕　参见谢鹏程：《行政处罚法律监督制度简论》，载《人民检察》2013年第15期；傅国云：《行政检察监督的特性、原则与立法完善》，载《人民检察》2014年第13期。

终局性决定，确保行政权在法治轨道上正常运行。可以说，在目的模式下坚持权力配置均衡原则十分必要，只有普遍的权力自我克制才能换来长久的"和平"。

二、行政违法行为检察的权力运行原则

（一）法律保留原则

法治中国概念的提出使得法治实现了从纯粹的工具到目标的转换。[1]因此，在法治中国背景下，行政检察既是法治中国建设的重要方式，也应当遵循"任何改革都应该于法有据"的法治原则。检察机关对行政违法行为的监督是检察权的重要内容，检察权作为一项国家权力，必须由国家最高权力机关通过《宪法》和《检察院组织法》等基本法律授予人民检察院行使。我国《宪法》第 131 条明确规定："人民检察院依照法律规定独立行使检察权，不受行政机关、社会团体和个人的干涉。"独立行使检察权，须以"法律规定"为前提。因此，检察机关对行政违法行为的监督并不是任意的，其监督的对象、内容、方式、条件、程序、效力等必须由法律明确规定。

具体来说：第一，检察机关行使行政违法行为检察的监督权力本身应该具有合法性，必须根据法律的明确授权，要按照法律规定的方式、范围、程序进行监督，不能超越法律的规定，越权监督、随意监督。第二，检察机关应当坚持法律监督职能定位，以事实为根据，以法律为准绳，加强对行政违法行为的法律监督，保障国家法律统一正确实施。检察机关在对具体行政执法行为进行监督时，必须依据宪法和法律的规定来判断行政机关是否违法。第三，检察机关应该建立完备的行政检察监督体系，确定监督工作流程，将行政违法行为检察监督权置于具体框架准绳之内，使行政违法行为检察按照法律规定的程序实施。准确把握行政违法行为法律监督的范围、方式和程序，对行政违法行为监督案件应当实行案件化办理，严格遵守办案期限和办案流程，坚持依法监督、规范办案。第四，行政违法行为检察监督的法定性也意味着每一个具体的监督行为必然产生相应的法律效力。

---

〔1〕　参见陈金钊：《"法治中国"的意义阐释》，载《东方法学》2014 年第 4 期。

（二）公益优位原则

行政违法行为检察应坚持公益优位，兼顾人权保障的原则。有观点认为应将行政违法行为检察监督所保护的法益拘限于"两益"，即国家利益和社会公共利益。[1]但在探索实践中发现，其一，行政违法行为直接侵害到"两益"的情形很少，若拘囿于此则难以真正发挥行政违法检察监督制度的作用。其二，许多利害关系人的合法权益虽不属于"两益"的范围，但不敢或者难以通过行政复议、行政诉讼等救济渠道得到有效解决。在授益行政行为中，因行政违法而获益的行政相对人则不会提起诉讼。如若行政违法行为检察监督将上述行政违法行为排除在外，则与"法律监督"的基本职责相背离。其三，已经有部分地区尝试将利害关系人的合法权益纳入到监督保护的法益范围之内，并取得了很好的监督实效。鉴于此，笔者认为，行政违法检察监督所保护的法益，除应当包括国家利益、社会公共利益以外，还应当包括利害关系人的合法权益。

（三）司法谦抑原则

司法谦抑是指国家司法机关在行使权力时要保持谨慎和克制，尽量避免对公民生活的过度干预以及与其他国家公权力机关尤其是行政机关发生冲突。现代法治理念中的司法谦抑原则主要包括两方面：

其一，司法机关针对公民权利的谦抑。国家权力存在的正当性基础在于人民权利的让渡和授予，司法机关权力的行使应当以保障公民权利为依归，否则其就不具有正当性和合法性。以刑法领域为例，近年来两高出台司法解释对诸如恶意透支信用卡、高利贷、非法经营等行为入罪予以从严把握，就是秉持了司法谦抑的原则。

其二，司法机关针对行政机关的谦抑。根据公权配置原则，司法机关在行使权力的时候应当秉持谨慎和克制，不能逾越宪法和法律规定的界限，代行行政机关的有关职权。例如，对于实践中常见的相对人非法将化学废弃物倾倒至他人农田造成土壤污染的情形，行政机关需要履行以下监管职责：一是作出警告、罚款、责令停产停业、按日连续处罚等行政行为；二是对于公益损害可以基于国家所有权和管理权人的身份采取生态赔偿磋商、提起民事

---

[1]　参见傅国云：《行政检察监督的特性、原则与立法完善》，载《人民检察》2014年第13期。

公益诉讼、代履行等方式弥补；三是发现构成犯罪的，及时移送公安机关作刑事处理。如果相对人违法行为构成犯罪，则经公安机关侦查、检察机关提起刑事公诉或者刑事附带民事诉讼，最后由法院审判判决生态修复。[1]如果不构成犯罪，检察机关还需要尊重公民的私益起诉权以及政府和相关组织的民事公益起诉权，如果上述主体均未采取任何措施修复具体公益，检察机关才可以启动民事或者行政公益诉讼程序。对于行政机关的违法行政行为，检察机关首先应督促行政机关自行纠正，待法定期限已过，行政机关仍然拒不纠正违法行为或不履行法定职责的，检察机关方可依法向法院提起行政公益诉讼。

就行政权的监督现状而言，随着国家监察体制改革的落地，权力的牢笼已经相当严密。检察权对行政权的监督并非唯一的行政法制监督方式。行政执法行为涉及社会生活方方面面，基于社会管理、服务的快捷高效属性，行政权具有较强的主动性、专业性、技术性，要保持行政权的能动与自主，以适应社会、经济发展的现实需要。行政违法行为检察监督作为一种外部监督机制，是通过一种权力的运行制约另一种权力的运行，因此要树立能动主义与克制主义相统一的理念，协调监督与效率的关系。检察机关在行使权力过程中，需要秉持客观公正立场，遵循法律监督规律，尊重行政权运行和管理的规律和程序，尊重行政执法上的裁量权，理性、谦抑地行使行政法律监督权，对行政权的干预应保持在适度、必要的范围内，努力把负面效应降到最低。既不代行行政权力，也不代替当事人主张权利，避免形成对行政的过度干预。如果行政违法行为检察监督的范围过于宽泛，难免产生重复和扩权的嫌疑，反而会造成负面效应，毕竟新中国成立后检察机关的行政检察权就已经有了从"空前扩张"到"一无所有"的经历。因此，将行政违法行为检察定位于有限监督是科学的抉择，这样既可以避免"九龙治水"的尴尬，也能利用有限的精力把行政检察做到"专""精""尖"，把行政检察职能发挥到极致。

（四）检察一体原则

检察一体，是指上下一体、协同配合、职能统一的检察权运行方式。检

---

〔1〕 参见蒋兰香：《生态修复的刑事判决样态研究》，载《政治与法律》2018年第5期。

察一体原则是世界各国检察机关普遍实行的组织原则和活动原则，其主要内容是：第一，在上下级检察机关和检察官之间存在上命下从的领导关系；第二，各地和各级检察机关之间具有职能协助的义务；第三，检察官之间和检察院之间在职务上可以发生相互承继、转移和代理的关系。上命下从的领导关系是检察一体的核心，职能协助以及职务的移转、承继和代理是检察一体原则的必然要求，也是检察职能和检察官职务的重要特点。[1]

我国检察机关是国家的法律监督机关，代表国家行使检察权，检察官依法独立办案，是有效监督、严格执法和维护公平正义的必要条件。但同时，《人民检察院组织法》第 10 条第 2 款规定："最高人民检察院领导地方各级人民检察院和专门人民检察院的工作，上级人民检察院领导下级人民检察院的工作"。检察机关承担着维护国家法制统一的职责，"检察院有不可分割的性质。检察机关的司法官——至少是属于同一检察院的司法官，在法律上都被看作是组成同一个人，其职责吸收了每一个成员的个人身份。[2]"因此利用检察一体优势，从检察工作全局角度谋划行政检察监督工作，上级检察机关既可以纠正下级检察机关在行使职权过程中的偏差，也能够强化敢于监督的意识，克服工作中的困难，积极争取地方党委、政府的支持，减少行政机关的监督阻力，实现上下级一体面对压力的目的。

行政违法行为检察发挥检察一体的优势体现在检察机关之间以及部门之间的协作上。传统的行政检察监督手段多为检察建议，没有从检察机关作为法律监督机关的整体出发，监督缺乏合力。行政检察监督渠道亦墨守成规，缺乏主动作为的监督理念。检察机关应当充分发挥检察一体化优势，完善内部线索移送、统一办理机制。侦查监督、公诉、控告等业务部门在工作中发现的行政违法线索或社会治理问题，可以向行政检察部门通报，逐步实现行政违法行为监督"一个窗口"对外，增强行政检察的权威性和专门性。各部门也积极发挥职能作用，整合力量形成监督合力，发挥检察权的整体效能，避免行政检察部门"单打独斗"。例如在公益诉讼试点过程中，北京市人民检察院针对职能分离、机构分设的情况，确立了市院为主导、分院为纽带、区

---

〔1〕　参见谢鹏程：《什么是检察一体化?》，载《检察日报》2006 年 4 月 18 日，第 3 版。
〔2〕　[英]卡斯东·斯特法尼等：《法国刑事诉讼法精义》（上），罗结珍译，中国政法大学出版社 1999 年版，第 128 页。

院为基础的"线索统管、三级联动"工作模式；侦查监督部门加强与民事行政检察部门的配合，移送公益诉讼案件线索 6 条，效果突出。

（五）比例原则

比例原则是行政法的一项重要原则，是指行政目的和行政手段之间应该具有客观的对称性；禁止国家机关采用过度的行政措施；在完成法定目的的前提下，国家机关对公民或者公众的侵害必须减少到最低限度。[1]比例原则包括三个子原则：适当性原则、必要性原则和均衡性原则。[2]比例原则作为行政法的基本原则指导行政立法，很多法条都体现了比例原则的内涵，因此法院可以依据具体的法律规定审查行政行为的合法性。例如《行政强制法》第 43 条[3]就根据比例原则中最小侵害原则的内涵规定了行政机关不得采取严重影响公民基本生活的方式迫使当事人履行相关行政决定。《行政诉讼法》第 77 条[4]规定了变更判决的方式，说明行政诉讼中法院可以在特殊的情况下审查行政行为的合理性，这就为适用比例原则提供了依据。司法实践中汇丰实业发展有限公司诉哈尔滨市规划局案[5]等司法判决也肯定了比例原则的适用。

检察机关对行政机关进行监督应当借鉴比例原则，对行政执法机关采取的措施必须是能够实现检察监督的目的并且是达到目的的正确手段。[6]以必要性原则为例，只有在无法通过行政复议、行政诉讼及行政体制内部监督等行政救济途径解决时，行政违法行为检察监督才予以介入。行政机关不仅具有处理问题的专业性与主动性，还具有纠正违法行为的直接强制力，如果行政机关能够自行纠正违法行为或者履行法定职责，那么，国家利益和社会公共

---

〔1〕 参见［德］毛雷尔：《行政法学总论》，高家伟译，法律出版社 2000 年版，第 106－107 页。

〔2〕 参见城仲模主编：《行政法之一般法律原则》，台湾三民书局 1999 年版，第 142 页。

〔3〕 《行政强制法》第 43 条第 2 款规定：行政机关不得对居民生活采取停止供水、供电、供热、供燃气等方式迫使当事人履行相关行政决定。

〔4〕 《行政诉讼法》第 77 条第 1 款规定："行政处罚明显不当，或者其他行政行为涉及对款额的确定、认定确有错误的，人民法院可以判决变更。"

〔5〕 参见最高人民法院行政判决书（1999）行终字第 20 号。

〔6〕 参见傅国云：《行政检察监督能否适用比例原则》，载《检察日报》2014 年 5 月 26 日，第 3 版。

利益就能得到及时有效的救济和维护。[1]检察机关的监督不能影响行政自治。

此外，因我国已有《行政复议法》和《行政诉讼法》赋予行政相对人对违法行政行为予以救济之制度设计，故检察机关对侵害私权益的行政行为进行监督时，应当主要是诉讼外的行政违法行为，对于能够通过行政复议、行政诉讼等法律程序解决的案件，可以先行引导通过这些法律程序予以解决，若检察机关直接介入，则容易产生法律监督权占位或代替其他监督权如行政监察权、上级主管部门的监督权等发生作用的情况，也容易诱发公权力干预私权利的问题。当然，从法治国家分权制衡之特征及保障人权的角度而言，亦可以赋予相对人直接向检察机关申请对可诉行政违法行为进行监督的权利。因申请行政复议或提起行政诉讼乃相对人之权利而非义务，因此，对于可诉的行政违法行为，相对人有权选择是提起复议、诉讼或是申请检察监督。但是，因行政违法行为检察监督乃补充性监督，故检察机关在受理申请时，应先劝导相对人申请复议或提起诉讼。如果在相对人明确表示不申请复议或不提起诉讼而要求检察机关直接介入监督时，检察机关不可受理。只有在没有具体的行政相对人，或者行政相对人通过行政复议和行政诉讼途径未能获得救济的情况下，检察机关才予以监督。这样的制度安排既尊重相对人的选择，又不会与现行的复议诉讼制度相冲突。实际上，行政内救济优先[2]和诉讼救济前置理念在现有立法中也有体现。例如，《人民检察院行政诉讼监督规则》第19条也规定了当事人向检察机关申请监督必须先向人民法院申请再审，即考虑到行政管理效率问题，由行政主体内部监督直接改正违法行为有利于纠纷的及时解决，符合行政法高效便民的原则，充分发挥行政诉讼制度的功能作用，合理利用司法资源，可以减轻检法的诉累，节约诉讼成本，也反映出检察监督成为监督公权力、维护法制统一最后一道防线的定位，最大限度地发挥各种纠错机制的集合效用。

（六）程序正当原则

法律程序是法的生命的存在形式，公正的法律程序体现法律的正义。如

---

〔1〕 参见吕益军、朱全宝：《诉前程序：秉承谦抑理念彰显监督功能》，载《检察日报》2018年11月22日，第3版。

〔2〕 行政内救济优先原则是行政救济的基本原则之一，在行政救济领域中，将行政内救济作为司法救济的一种必须或者可能经过的前置程序，已经成为一种共识。参见王景斌，张勤琰：《论我国行政救济的原则》，载《东北师大学报（哲学社会科学版）》2008年第2期。

果程序设计和具体的操作规范要件阙如，即使目的是正当的，也可能会容易引起争论，从而造成贯彻执行上的阻碍。[1]因此，行政检察权运行的过程也必须符合法律规定的程序，具体包括程序公正、程序公开、程序参与和司法民主等原则。

第一，应当遵循程序公正原则。对行政机关的行政活动进行检察监督，就是代表国家行使法律监督职能，其实施检察监督的直接主观目的就是维护国家法律的统一正确实施，维护司法公正，实现公共利益，保障和救济公民、法人和其他组织的合法权益。第二，应当遵循程序公开原则。公开，是现代一切司法活动的基本要求。行政检察监督也是一种司法活动，同样必须实现检察监督的公开，增加检察监督活动的透明度和公开性，接受当事人和社会公众的监督、保证其司法活动合法、合理、程序正当。随着检察案件信息公开系统的运行，为行政检察工作主动接受外部监督，提升执法规范化建设和执法公信力提供了有效途径。第三，应当遵循程序参与原则。检察机关在采用抗诉或检察建议等方式对法院、行政机关进行法律监督时，应该尊重对方、告知对方、认真听取对方的辩解和意见。第四，应当遵循司法民主原则。随着民主政治和法治建设进程的推进，公众对司法透明化、民主化的要求越来越高。在司法民主理念的支配下，世界上许多国家都建立了以民众参与司法为重要内容的司法体制。因此，检察机关开展行政违法行为检察工作时，应当吸收社会多元主体的参与，增加监督司法化因素，通过邀请与案件没有利害关系的民众参加社会调查、公开听证、公开宣告等监督方式，使其有效地参与到监督过程中，通过听证合议发表自己的观点，从而对审查的结果发挥作用。这既为民众近距离了解其所关注的案件、体验司法机关的法律程序提供了机会，也有利于增强行政违法行为检察监督的说服力和公信力，或许会取得更好的监督效果。

三、行政违法行为检察的监督对象

（一）行政主体的行政违法行为

我国行政权在国家治理中始终处于强势地位，国家监察体制建立后对行

---

〔1〕 参见季卫东：《法治秩序的建构》，中国政法大学出版社 1999 年版，第 37 页。

政权的监督得到加强。监察权对行政权的监督更多地基于行政机关与国家公务员的关系，当违法行政现象产生后，监察监督对象更多是国家公职人员有无取得授权，是否依法律授权进行履职，公务行为是否存在违纪违法，对公职人员的职务行为进行行政问责、刑事追责，明确行政法律责任，以保证行政内部人事管理关系有序开展，为滥用行政权的行为提供监察监督追究机制，从执法人员规范执法上控制行政权规范行使。

行政违法行为检察监督是对"行政违法行为"的监督。行政，一般指"执行事务""政务的组织管理"等。相对社会组织、企业的"私人行政"，行政法上的行政是指国家与公共事务的"公共行政"。公共行政确立之初是为了实现国家目的，促进社会公共利益。行政主体在执法过程中，理应保护国家和社会公共利益，维护行政法治秩序。根据我国对"公共行政"意义上的"行政"概念运用的实际情况，行政可指两个彼此相关的事务：一是国家与公共事务的决策、组织、管理和调控；二是承担国家与公共事务的决策、组织、管理和调控这一类职能的国家行政机关和其他行政组织。我们认为行政是指国家行政机关和其他公共行政组织对国家与公共事务的决策、组织、管理和调控。这个定义包含以下几层意思：（1）行政活动的主体是国家行政机关和其他公共行政组织；（2）行政活动的范围逐步扩大，现代行政已不限于管理国家事务，还越来越广泛地管理公共事务；（3）行政活动的目的是实现对国家事务和公共事务的组织与管理；（4）行政活动的方法和手段是决策、组织、管理和调控。正是在这些方面，行政与立法、司法存在着原则上的区别。当行政主体（包括行政机关、法律、法规、规章授权的组织）违法行使职权或不行使职权时，检察机关就要对其实施法律监督。这是对"行政"施行检察监督的源头和根本。

检察机关探索开展行政违法行为检察工作，既是从"行政职能"的角度，也是从"行政主体"的角度，对"行政行为"施行的监督。这既是行政违法行为检察的"主体"要件，也是启动行政检察监督程序的"行政"前提要件之一——"行政违法性"。在监督实践中，有的检察机关没有正确认识行政检察监督的属性，没有区分行政机关所负的职责是内部管理职责还是外部监管职责，将行政机关未履行内部管理职责的行为亦纳入检察监督的范围，这正是错误理解了行政违法行为检察中的"行政违法行为"的含义。

以检察行政公益诉讼为例，找准负有法定监督管理职责的行政机关，是检察机关办理公益诉讼案件的基础任务。[1] 在一些涉及多个行政机关、多个行政行为的复杂案件中，不同行政机关存在职能或者权限交叉，检察机关在认定谁是负有监督管理职责的行政主体时存在困难。例如，在行政机关违法发放行政奖励、行政补贴的案例中，工信局、农委等行政机关未按照相关规定进行审核把关，致使财政局将相应钱款划拨给不符合条件的公民或企业，造成国有资产流失。实践中，有的检察机关将财政局作为负有监督管理职责的行政主体单独提起诉讼[2]，有的检察机关将工信局、农委等审核机关作为负有监督管理职责的行政主体单独提起诉讼[3]，有的检察机关则将财政局和农委一起作为负有监督管理职责的行政主体单独提起诉讼[4]。再如，在行政相对人污染环境的案件中，检察机关在认定负有监督管理职责的行政主体时，有时会选择地方环保部门或者规划部门[5]，有时会选择乡镇一级政府或者管理委员会[6]，有时则将上述主体一并作为负有监督管理职责的行政主体提起诉讼[7]。

对此，有观点提出，行政机关是国家行政管理机关，既依法行使管理社会公共事务的行政职权，同时亦负有保障行政相对人合法权益和维护公共利益的法定职责。司法机关无权对所有的行政行为进行监督，行政公益诉讼亦不例外。以环境污染类行政公益诉讼案件为例，行政机关对生态环境行政管理职责包含两方面的含义：一是运用公共权力使用公共资金，组织相关部门对生态环境进行治理，如雾霾治理；二是运用公共权力对破坏生态环境的违法行为进行监督管理，如依法制止擅自倾倒垃圾的违法行为。对于前者，目

---

[1] 在我国，行政主体包含行政机关以及法律、法规、规章授权享有行政管理职能的组织两类。对于后者，虽然《行政诉讼法》第25条第4款没有明确，但结合《行政诉讼法》第2条第2款、第26条有关被告资格的规定、检察行政公益诉讼相关文件规定内容看，被依法授权组织也可以纳入检察公益诉讼的被告范围。

[2] 甘肃省白银市景泰县检察院因景泰县财政局怠于履职致国有资产受损案。

[3] 福建省光泽县检察院诉光泽县农业机械管理总站套取国家补贴案。

[4] 安徽省六安市金寨县检察院诉金寨县商务和粮食局、金寨县财政局不依法履行职责案。

[5] 安徽省阜阳市阜南县检察院诉阜南县住房和城乡建设局违法组织倾倒、堆放垃圾造成环境污染案；广东省乐昌市检察院诉乐昌市环保局怠于履行职责案。

[6] 贵州省六盘水市六枝特区检察院诉安顺市镇宁县丁旗镇政府对其辖区内倾倒垃圾的行为怠于履职致环境污染案。

[7] 贵州省江口县人民检察院诉铜仁市国土资源局、贵州梵净山国家级自然保护区管理局行政公益诉讼案。

前并不属于司法调整范畴；目前检察行政公益诉讼有权提起的行政行为应当限定在行政机关运用公共权力对破坏生态环境的违法行政行为进行监督管理的范围内。因此，检察行政公益诉讼中行政机关负有的"监督管理职责"，应当指行政机关依据宪法、组织法的规定而对某一行政领域负有的监督管理职责或者依据法律、法规或者规章的明确授权，运用公共权力对违法行为进行监督管理的职责。[1]

　　行政违法行为检察的监督对象识别，应采用行政主体、行为主体和责任主体三合一的标准。换言之，行政不作为的主体是存在违法行政行为并作为责任主体具有继续履行相应的监督管理职责能力的行政主体。在行政公益诉讼案件中，检察机关应当从责任归属与职责履行效率角度，客观而全面地分析哪个行政机关违法或者怠于行使职能对于完成行政任务有关键性的作用，监督哪个行政机关能促成行政任务的完成，然后判定应由哪个行政机关承担违法责任。[2]除非必要，否则应慎重确定这类行政不作为的共同主体，并注意区分具体的职责分工和过错程度。在行政主管部门和地方政府之间，主管部门在履行环境保护等社会性监管职责时受"条块"行政管辖权制约，需要地方政府在组织资源、财政资源等方面的支持。[3]但就文义解释而言，如果立法特别指明在某一特定领域具有监管职责的行政机关，如果此处的"行政机关"包括了"人民政府"，则无须以某一特定领域为限制，因为人民政府的监管职责非限于生态、环境、资源保护等特别领域。[4]至于乡镇政府随意倾倒垃圾或者违法设置垃圾倾倒场的情形，由于乡镇政府没有相关的法定职权，检察机关应当优先建议涉嫌行政不作为的环保部门依法履行职权纠正这一违法情形，之后如果提起行政公益诉讼，也宜确定该环保部门为行政不作为的主体。

　　因此，行政检察的监督对象，主要是对相关行政管理领域有具体的、法

〔1〕　参见吉林省德惠市人民检察院诉德惠市朝阳乡人民政府要求履行环境监督管理职责（2018）吉01行终49号行政裁定书。

〔2〕　参见刘艺：《检察公益诉讼的司法实践与理论探索》，载《国家检察官学院学报》2017年第2期。

〔3〕　参见卢超：《从司法过程到组织激励：行政公益诉讼的中国试验》，载《法商研究》2018年第5期。

〔4〕　参见秦鹏、何建祥：《检察环境行政公益诉讼受案范围的实证分析》，载《浙江工商大学学报》2018年第4期。

定的监督管理职责而不依法履行职责的行政执法机关和部门。检察机关不能以促成行政任务的完成为导向，绕过具体业务的行政主管部门而直接起诉县以下一级政府或者街道办事处。

（二）具体行政行为和抽象行政行为

检察机关对于具体行政行为实施检察监督学界一般没有异议，但对于抽象行政行为或者行政规范性文件能否实施监督，则争议较大。[1]当前，国家权力机关监督乏力与社会公共领域控制国家权力的主观诉求之间的张力越来越大。行政规范性文件是行政主体行使行政权力、履行社会管理职能的重要表现形式，是行政行为的依据和源头，它在稳定秩序、发展经济、深化改革、服务群众等方面发挥了重要作用，在具体法律适用方面也具有弥补上位法缺陷、创制新的规则、指导社会生活、固定行政管理先进经验等功能。[2]然而，行政规定对不特定的相对人权益均能产生重大影响，一旦违法，单独靠权益受侵害的个人寻求法律救济，不仅维权成本高，往往也很难奏效，要纠正违法和不当的行政行为，必须正本清源。[3]实践中，利用手中的行政规范性文件或者俗称的"红头文件"制定权，为不法分子谋取不正当利益的案例不断被曝光。[4]因此从依法治国的基本要求来讲，要切实保障法制的统一性、实效性和权威性，就必须建立法规审查机制，加强对抽象行政行为的监督。我国目前对抽象行政行为的监督，主要采用合宪性审查、立法监督与行政复议附带监督、行政诉讼监督的模式。然而，这四种模式的运行实效并不理想。

1. 现有抽象行政行为的监督模式存在缺陷

首先，我国至今尚未形成司法性的合宪性审查制度。党的十九大报告提出，加强宪法实施和监督，推进合宪性审查工作，维护宪法权威。合宪性审查制度是特定的国家机关根据特定的方式或程序，针对违反宪法的行为或者

---

〔1〕 参见湛中乐：《三个层面构建科学的行政检察监督体系》，载《人民检察》2015 年第 2 期；刘畅、肖泽晟：《行政违法行为检察监督的边界》，载《行政法学研究》2017 年第 1 期。

〔2〕 实践中通过制定行政规范性文件能有效地把行政管理过程中积累的丰富经验规范化、固定化，某些先进做法和经验可以上升为地方性法规乃至全国性立法。

〔3〕 参见韩成军：《人民代表大会制度下检察机关一般监督权的配置》，载《当代法学》2012 年第 6 期。

〔4〕 参见张雅卿：《勒住红头文件这匹"任性"的马》，载 https://jx.sina.com.cn/news/conent/2015-01-30/detail-iczcmvun5594810.shtml#，最后访问日期：2015 年 1 月 30 日。商务部条法司原司长郭京毅受贿案，就是郭京毅在制定行政规章时，将请托利益包裹其中。

规范性、非规范性文件进行审查并处理的制度。《宪法》第 67 条规定，全国人大常委会有权撤销国务院制定的同宪法、法律相抵触的行政法规、决定和命令。《立法法》第 10 条第 1 款规定："国务院、中央军事委员会、国家监察委员会最高人民法院、最高人民检察院和各省、自治区、直辖市的人民代表大会常务委员会认为行政法规、地方性法规、自治条例和单行条例同宪法或者法律相抵触的，或者存在合宪性、合法性问题的，可以向全国人民代表大会常务委员会书面提出进行审查的要求，由全国人民代表大会有关的专门委员会和常务委员会工作机构进行审查、提出意见。"可见，我国至今还未正式形成司法性的合宪性审查制度。当然，一旦今后确立司法性的合宪性审查制度，最高人民检察院作为法律监督机关，有权对行政机关制定的法规、规范性文件的合宪合法性提请审查。

其次，人大常委会和上级政府对规范性文件备案审查和复议审查存在缺陷。《宪法》明确规定了我国对抽象行政行为具有法律约束力的两种监督途径，即人大常委会监督和上级政府监督。[1]《立法法》和《行政复议法》规定了人大常委会和上级政府对抽象行政行为监督的两种方式，即备案审查监督和复议审查监督[2]。但从行政司法实践来看，这种看似完美的监督模式存在明显的弊端：第一，立法机关倾向形式审查。虽然《立法法》明确规定了备案程序，但备案以后的审查缺乏法律程序，负责备案的部门有的直接归档，有的也只是大致看一看，难以发现问题，就算发现问题，目前还没有全国人大常委会撤销行政法规、地方性法规的案例。第二，《立法法》规定备案审查仅限于行政法规和规章，而对于现实中出现违法抽象行政行为最多的规章以

---

〔1〕《宪法》第 89 条第 13、14 项规定，国务院有权改变或者撤销各部委发布的不适当的命令、指示和规章，有权改变或者撤销地方各级政府不适当的决定和命令。第 104 条规定，县级以上的地方各级人大常委会有权撤销本级政府的不适当的决定和命令，有权撤销下一级人大的不适当的决议。第 108 条规定，县级以上的地方各级政府有权改变或者撤销所属各工作部门和下级政府的不适当的决定。

〔2〕《立法法》第 109 条规定，公布后的行政法规应当报全国人大常委会备案；部门规章和地方政府规章报国务院备案；地方政府规章应当同时报本级人大常委会备案；设区的市、自治州的政府制定的规章应当同时报省、自治区的人大常委会和政府备案；根据授权制定的法规应当报授权决定规定的机关备案。《行政复议法》第 13 条规定，公民、法人或者其他组织认为行政机关的具体行政行为所依据的规范性文件不合法，在对具体行政行为申请行政复议时，可以一并向行政复议机关提出对该规范性文件的附带审查申请，包括：国务院部门的规范性文件、县级以上地方各级政府及其工作部门的规范性文件、乡镇政府的规范性文件，但是不包括国务院部委规章和地方政府规章。

下的大量规范性文件却未规定任何要求。[1]第三，行政复议附带监督虽然结合个案进行附带审查，但受制于行政系统内部审查的立场。复议审查监督虽然针对的是规章以下的规范性文件，但是行政复议是发生在行政系统内部，该规范性文件可能就是复议机关所制定或者是其上级机关所制定，复议结果的公正性难以保障。

最后，行政诉讼监督对于抽象行政行为只能附带审查，只有在进入诉讼程序后才能监督，具有滞后性。对侵害自身权益的违法抽象行政行为，行政相对人无法直接提起诉讼，只能提起附带性审查，不论理论上还是实际操作上，行政诉讼监督机制均难以有效发挥对抽象行政行为的监督作用。

2. 检察机关对抽象行政行为的监督模式

从法理上看，检察机关作为法定的国家监督机关，有职责辅助立法机关对法规、规章进行备案和审查并实现宪法监督。将行政规范性文件纳入检察监督的范围，有利于应对当前行政规范性文件内容庞杂混乱、易于侵犯行政相对人的合法权益而法律上又缺乏强有力的救济方式的局面，具有必要性和正当性。而且在《行政诉讼法》已率先突破了"抽象行政行为不可诉"的认识、将部分抽象行政行为置于司法监督之下的背景下，将行政机关制定的规范性文件等抽象行政行为纳入行政检察监督的视野之内，具有一定的前瞻性和发展性。当然，鉴于检察机关有限的监督资源，对抽象行政行为的检察监督应从整体法律制度衔接一致的角度出发，参照《行政诉讼法》对于法院附带审查的模式，在监督具体行政违法行为时附带审查，对抽象行为的监督应限于规章以下规范性文件。具体构想如下：

第一，《行政诉讼法》没有明确规定检察机关对抽象违法行为可以提起行政公益诉讼，法院也无法直接受理对抽象违法行为提起的行政诉讼，因此，当前不宜单独针对抽象违法行为提起公益诉讼。但根据行政诉讼一并审查规范性文件的规定，可以在法律规定的行政公益诉讼提起过程中，要求对违反上位法规定且涉及社会不特定多数人利益的规范性文件一并予以审查，使检察权对行政权的监督贯穿整个诉讼过程。

第二，检察机关在履行职责过程中，发现规章以下的规范性文件不合法时，经调查核实，应当向制定机关提出检察建议，建议其自行审查纠正，使

〔1〕 参见王敬波：《论我国抽象行政行为的司法监督》，载《行政法学研究》2001 年第 4 期。

其合乎立法的目的和原则。在这方面可以借鉴国外行政监察专员制度的有关规定。如英国行政监察专员发现国家法律和卫生当局的相关规定存在明显不妥，国家卫生服务体系只照顾真正需要接受治疗的人而非那些需要提供住宿和护理的长期病号，致使有些需要得到治疗和照顾的病人没有享受相关服务，据此建议对法律和行政规章进行修改。再如法国《行政调解专员法》规定，调解专员在处理自己职责范围的案件时，不仅可以对个案提出处理建议，而且可以对相关行政机关的行政行为方式提出改进建议，发现某些法律或规章导致不公正时，可以提出修改建议。[1]《人民检察院检察建议工作规定》规定，检察机关在履行法律监督职能过程中，结合执法办案，可以建议有关单位完善制度，加强内部制约、监督，正确实施法律法规。通过检察建议建议行政机关建章立制、完善行政规范性文件，实质上就是对抽象违法行为的一种监督。

第三，启动地方有权机关监督程序。地方检察机关对于行政机关制定的其他行政规范性文件建议审查后，在无正当理由的情况下制定机关没有作为的，检察机关可以向同级人大常委会或上级行政机关提出书面的审查建议，督促其对违法的行政规范性文件实施整改，程序性地监督推动有权机关对抽象行政行为的审查监督，但有具体实体处分权的国家机关对其请求如何处理，检察机关没有施加进一步影响的权力。[2]2013年《浙江省地方立法条例》第76条曾规定："省高级人民法院、省人民检察院和设区的市人民代表大会常务委员会认为省人民政府制定的规章同宪法、法律、行政法规、省地方性法规相抵触的，可以向省人民代表大会常务委员会书面提出进行审查的要求，由常务委员会工作机构分送法制委员会和有关专门委员会进行审查、提出意见。"例如，国务院《固有土地上房屋征收与补偿条例》出台后，就涉及地方性行政规章违反上位的行政法规需要及时废止的问题，很多地方仍沿用本地老的补偿标准实施拆迁补偿。在这种情况下，由检察机关提起对应予以废止的地方性行政规章的监督审查，就成为一条可以救济群体利益的探索路径。

---

[1]　参见陈宏彩：《行政监察专员制度比较研究》，学林出版社2009年版，第98-99页。

[2]　参见韩成军：《人民代表大会制度下检察机关一般监督权的配置》，载《当代法学》2012年第6期；崔建科：《论行政执法检察监督制度的构建》，载《法学论坛》2014年第4期。

第四，最高人民检察院可以提请全国人大常委会或者国务院行使监督权。最高人民检察院对行政法规、规章具有法律监督权。最高人民检察院如果发现行政法规、规章同宪法或法律相抵触的，可以按照《立法法》的相关规定，向全国人大常委会提出进行审查监督的意见，由立法机关依法作出审查或者修正的决定。《法规规章备案条例》第9条规定，国家机关认为行政规章和国务院各部委、省级政府、较大市政府制定的其他行政规范性文件违反法律、行政法规时，可以向国务院提出书面的审查建议，赋予了检察机关对抽象行政行为的审查启动权。

四、行政违法行为检察的监督范围

（一）行政违法行为检察的监督重点

行政执法活动广泛涉及社会生活的各个领域，将所有行政执法活动全部纳入检察监督的范围，没有现实条件，也无此必要。因此务必找到检察监督切入行政执法的适当和重点领域。

1. 行政检察监督领域不限于行政公益诉讼限定的范围

"目前我国正处于社会转型期，对政府执法行为提供的公共服务和公共产品质量提出了更高的要求，但在环境保护、社会保障、房地产业、金融证券业、治安管理、卫生监管等涉及民生问题的领域，存在较为严重的违法执法或行政不作为的现象，导致各种社会冲突。"[1]不少观点认为检察机关监督违法行政行为的范围应当借鉴行政公益诉讼试点的经验，限定在生态环境和资源保护领域、国有资产保护领域等有限的行业领域。[2]笔者认为，单纯划分重点领域固然有利于突出监督重点，但不符合立法明确性、科学性的技术要求，既与行政公益诉讼的监督范围有所重合，也没有突出检察监督的独特优势。因此，在监督范围上，除了行政公益诉讼规定的四类重点领域外，行政违法行为检察制度则可以拓展到其他领域。例如，围绕服务大局开展行政违法行为监督。各级检察机关要根据党中央关于贯彻新发展理念、构建新发展

---

〔1〕 杜睿哲、赵潇:《行政执法检察监督：理念、路径与规范》，载《国家行政学院学报》2014年第2期。

〔2〕 参见姜明安:《完善立法，推进检察机关对行政违法行为的监督》，载《检察日报》2016年3月7日，第3版。

格局、推进经济社会高质量发展作出的重大决策部署，确定行政违法行为监督的重点领域，特别是加强对与营商环境密切相关的如市场监管、税收管理、市场准入、经营许可、安全生产监管等部门的行政违法行为监督。

2. 重点监督严重损害公共利益的行政违法行为

尽管行政违法行为监督针对行政权运行开展，不以是否侵害行政相对人利益或公共利益为要件，凡不属行政公益诉讼领域或虽属该领域但不具备"侵害国家利益和社会公共利益"要件的线索，均可由行政检察部门监督。但具体实践中，行政违法行为检察监督还是应该主要针对严重损害公共利益的违法行为，重点监督行政机关依法行政、严格执法。现实生活中，不少行政违法行为给国家、集体或社会公共利益造成重大损失，却由于"法律上的利害关系"的原告主体资格要求，因没有适格的原告而难以进入行政诉讼程序。例如，在税收减免、行政许可等授益行政中行政机关违法行使职权赋予相对人不当权益，或者相反，在行政处罚、行政强制等损益行政中行政机关违法不行使职权，由于相对人是违法行政行为的受益人，其不可能提出质疑或提起诉讼。如果没有利害关系人提出异议，这种违法行为则难以被发现纠正。这就需要检察机关作为公益代表人在职责过程中及时发现、监督行政机关、参与行政诉讼，以维护国家和公共利益，真正使得行政违法行为检察监督"好钢用在刀刃上"。

3. 重点监督关系群众切身利益领域的行政违法行为

行政违法检察应当践行以人民为中心的思想，立足于行政检察职能，将保障民生问题作为检察监督工作的首要出发点，把行政诉讼制度中疲弱、缺位的立案受阻、程序空转、被动撤案等问题作为行政诉讼检察的工作抓手，把行政执法中最容易侵害相对人权益的行政处罚和行政强制措施作为行政违法行为检察的改革出路，抓好典型性、引领性案件的监督，力求"做一件成一件，成一件影响一片"，逐步提升行政检察的影响力。例如，加大对民生领域，尤其是扶贫救助、食品药品、教育医疗、公共卫生、自然资源、生态环境、安全生产、劳动保障、城市管理、交通运输、金融服务、减税降费、治安处罚、违章建筑拆除等关系群众切身利益领域行政违法行为监督工作力度，推动解决人民群众"急难愁盼"问题，提升人民群众的获得感、幸福感和安全感。围绕司法为民开展行政违法行为监督，还要将限制或剥夺公民合法人身财产权利的行政行为列为检察机关重点督查范围。根据检察机关行政执法监督的传统和实践，借鉴行政诉讼范围设置的立法经验，检察机关对违法行政行为监督的范围可以考虑在行业领域之外，从行政行为类型角度增加"违法行使或者不行使行政处罚、行政强制、行政许可等职权的行为"的规定。其中，鉴于《警察法》《治安管理处罚法》已经赋予检察机关对公安机关行政执法进行监督的职能，且当前社会对于警察权行使与监督较为关注，治安类行政处罚与强制措施数量较多、对公民权益影响较大，当前行政违法行为检察监督可以先选择从此入手，然后发挥"两法衔接"多年积累的经验和优势，逐步延伸到其他行政活动领域。[1]

具体涵盖三个方面：（1）涉及限制或剥夺公民人身和财产权利的行政强制行为；（2）涉及与民生资源分配相关的行政许可行为；（3）较强程度的行政处罚行为。之所以将这三个方面的行政行为作为重点监督领域，是因为行政强制、行政许可、行政处罚行为与广大民众的切身利益息息相关，社会高度关注。同时，行政机关实施这些行政行为具有主动性和调整范围的广泛性，自由裁量权较大，正当程序保障欠缺，若不加以有效的监督和制约，将极易被滥用而侵犯公民的合法权利，造成严重后果。在国际社会，主要是通过权力制约和正当程序将这些行政行为纳入法治化轨道。在我国行政程序相对缺失、行政权力制约机制不完善的背景下，通过强化行政执法检察监督保障行政权合法、合理地行使，是最现实的选择。

4. 重点围绕法治监督体系建设和社会治理开展行政违法行为检察监督

一方面，围绕法治监督体系建设开展行政违法行为监督。强化系统观念，充分发挥检察监督在国家法治监督体系中的独特优势，结合当地党委及其政法委开展的执法监督、人大常委会开展的执法检查，以及政府行政执法监督，开展行政违法行为监督，形成监督合力，增强监督实效。另一方面，围绕社会治理开展行政违法行为监督。根据当地实际情况，有针对性地瞄准当地社会治理中的难点、堵点，组织开展行政违法行为专项监督活动，防范和化解社会风险，达到办理一案、治理一片、惠及一方的效果。

（二）合法性监督为主，合理性监督为辅

在行政诉讼中，"几乎所有的著作和教材都将对被诉行政行为的合法性审

---

〔1〕 参见梁春程：《行政违法检察监督的范围研究》，载《广西政法管理干部学院学报》2018 年第 4 期。

查原则作为行政诉讼最主要的基本原则或者特有原则。"[1]同理，定位为法律监督机关和司法机关的人民检察院，在实施行政违法行为检察监督时，应当坚持依法全面审查的原则，对行政违法行为监督案件的事实认定和法律适用进行审查，重点也应该放在监督行政机关是否依法适用和执行法律。但行政法理论评价一个行政执法行为有两项标准，一是合法性，二是合理性。检察机关开展行政违法行为监督，是否仅限于对行政执法行为的合法性审查，而对行政行为的合理性一律不列入检察监督的范围，这就涉及行政裁量权的监督界限的问题。

行政裁量权是行政主体根据法律法规及规章确定的目的、原则、范围，并基于个案情形的差异性而确定法律规范效果的一种选择。[2]鉴于行政法律法规规定过于抽象，而行政执法事项纷繁复杂，行政机关因长期处理行政事务具有专门经验，能够合理考虑相关因素作出恰如其分的决定，为实现个案正义，关注个案差异，根据立法目的和原则，执法者拥有一定的选择的空间，在裁量权的范围内作出最恰当的选择，使个案处理更加公正。因此，一般理解行政裁量权是行政机关依法享有的专属权限，对其行使的合理性一般情况下行政权以外的公权力不得干涉。如果没有表明滥用裁量权，这种行为或不行为不能被推翻。因此，检察机关在实施法律监督时，应当对行政权保持一定的尊重，主要对履行职责过程中发现的违法行政行为依法督促纠正，而不应过多、过深干涉行政权。

然而，行政裁量是一把双刃剑，它为个案的公正处理提供了条件，也为行政权的滥用创造了时机。为防范执法者突破道德戒律、偏离法律设计的运行目标，一方面，应当尽可能通过预设的制度性装置，如行政裁量基准、行政政策、行政惯例等制度防止行政裁量权的滥用[3]；另一方面，随着社会经济的发展，行政权不断扩张，如何规范行政裁量权，确保其在社会经济发展中发挥应有的功能，除了需要发挥立法审查、行政复议、行政诉讼等监督制度的作用外，行政违法行为检察制度有其用武之地。

首先，法治"意味着正常的法律保有绝对的至高无上或压倒一切的地位，

---

〔1〕　江必新、梁凤云：《行政诉讼法理论与实务（上卷）》，北京大学出版社 2011 年版，第 34 页。

〔2〕　参见章剑生：《现代行政法基本理论》，法律出版社 2008 年版，第 19 页。

〔3〕　参见章志远：《行政法学总论》，北京大学出版社 2014 年版，第 288-327 页。

与专制权力的影响相对立，并且排斥专制的存在、特权的存在、乃至政府之自由裁量权的存在。"[1]《全面推进依法治国的决定》指出：完善行政执法程序，规范行政自由裁量权，加强对行政执法的监督，做到严格规范公正文明执法。可见，拓展检察权对行政裁量权的监督，也是现代法治的应有之义。

其次，合理性也是合法性的内在要求。合法性与合理性只是程度上的区别，严重不合理就是"违法"，将合法性与合理性视为对立起来的两个概念本身就不是科学的，法与理从来就没有成为非此即彼的关系。比如"滥用职权"，虽然属于法定"违法"情形，但其实质是严重的不合理行为，只是其危害程度已经与违法程度相当，需要接受司法机关的监督。实际上，我国越来越多的法律法规除了规定合法原则之外，还将比例原则或者合理性原则作为行政行为的法定标准。如《行政强制法》第5条规定："行政强制的设定和实施，应当适当。采用非强制手段可以达到行政管理目的的，不得设定和实施行政强制。"《普通高等学校学生管理规定》第54条规定："学校给予学生处分，应当坚持教育与惩戒相结合，与学生违法、违纪行为的性质和过错的严重程度相适应"。随着我国依法治国进程的深入推进，对行政主体的行政行为不能只停留在"合法"的低标准上，而应该以是否合乎立法精神、立法目的的更高要求来约束行政行为。因此，对于明显不当的行政行为，有必要纳入法律监督的范畴。

最后，检察机关对于裁量权的监督具有实践经验。以刑事诉讼领域为例，人民法院享有的量刑裁量权是审判权的内在属性，但针对"同案不同判"或者法院畸轻畸重的量刑等情况，检察机关有权通过诉讼监督纠正法院的不公裁判。同样，行政主体固然有裁量权，但这种裁量权不应是完全自由或者可以滥用的，其作出行政行为时应当遵循比例原则，在类似的情况下，应当对不同的行政相对人类似对待。例如，我国《行政诉讼法》第77条第1款规定："行政处罚明显不当，或者其他行政行为涉及对款额的确定、认定确有错误的，人民法院可以判决变更。"这是法律规定的司法权对行政裁量权的有限审查。基于诉讼监督的职责，检察机关同样可以对明显不当的行政违法行为进行检察监督，促使行政主体的裁量行为所要达到的行政目的与行政手段之

---

[1] [英] 戴维·米勒、韦农·波格丹诺编，邓正来主编：《布莱克维尔政治学百科全书》，中国政法大学出版社1992年版，第676页。

间保持适当的比例。[1]因此，虽然行政检察监督主要针对行政行为的合法性
而非合理性问题，但是和《行政诉讼法》保持一致，检察机关对行政处罚明
显不当等不合理行政行为有限地介入监督，既符合法律监督的要求，也是依
法治国的需要。

(三) 严格遵循监督线索履职中发现的要求

线索来源是开展监督工作的首要问题，决定了检察机关对行政违法行为
监督的范围大小。检察机关自身的有限资源和行政行为数量庞大之间的矛盾
也决定了检察机关只能是有限监督。"不能否认，权力具有一种侵犯性质，应
该通过给它规定的限度在实际上加以限制。"[2]坚持在履职中发现原则符合当
前司法实践，有利于推动行政违法检察监督工作稳步前行。

为了避免历史上检察机关一般监督时期"检察全能""监督一切"等过
于理想化而不切实际的误区，《全面推进依法治国的决定》在提出行政违法行
为检察监督改革任务时，附加了"履行职责中发现"这一特殊要求，对行政
违法检察监督的线索来源进行了限制。也就是说，检察机关对在履行"四大
检察"法律监督职责中，发现行政机关违法行使职权或者不行使职权的，应
当进行监督，并依职权启动监督程序。对此，最高人民检察院《人民检察院
提起公益诉讼试点工作实施办法》第1条第2款规定："人民检察院履行职责
包括履行职务犯罪侦查、批准或者决定逮捕、审查起诉、控告检察、诉讼监
督等职责。"采用了"列举加等"的方式对职责进行解释。笔者认为，从过往
经验看，检察机关在履行职务犯罪举报、渎职侵权案件侦查、非法转让土地
使用权案件审查、行政诉讼案件监督等职责时，确实比较容易发现行政违法
线索。《人民检察院提起公益诉讼试点工作实施办法》从诉讼阶段角度列举
"职务犯罪侦查、批准逮捕、审查起诉、控告检察、诉讼监督"等主要检察机
关职责，既是对检察机关行政执法监督活动的经验总结，也反映了要求检察
机关立足法律监督职能实施监督的指导思想。

从试点实践看，各地检察机关基本都是依托刑事案件侦查、逮捕、起诉
等环节获取监督线索，但个别检察机关也通过政府反映、群众举报等方式获

---

〔1〕　参见胡建淼主编：《行政法与行政诉讼法》，中国法制出版社2010年版，第47页。
〔2〕　陈力铭：《违宪审查与权力制衡》，人民法院出版社2005年版，第89页。

取行政违法监督线索。[1]最高人民检察院第七检察厅下发的《关于人民检察院开展行政违法行为监督工作的指导意见（征求意见稿）》对案件来源进行规定，行政违法行为监督要积极主动发现线索、扩大案源。其案件来源渠道包括：（1）检察机关在办理行政裁判结果监督案件、行政审判人员违法行为监督案件或执行监督案件中发现；（2）检察机关在服务大局、走访调研中发现；（3）检察机关受理当事人申请或控告；（4）检察机关在参与社会治理中，通过参加社会治理专项活动、参与多元矛盾纠纷化解过程中发现；（5）刑事检察、民事检察、公益诉讼检察或其他部门移送线索；（6）检察机关在与行政机关建立和运用信息共享、案件移送等机制中发现，如与12345市民服务平台建立投诉举报线索定期移送、数据共享、情况通报等协作机制；（7）检察机关主动运用"两法"衔接平台中发现；（8）国家机关、社会团体和人大代表、政协委员等转交的；（9）新闻媒体、社会舆论等反映的；（10）其他履职中发现的。那么如何理解"履行职责中发现"？检察机关可以通过何种方式获得行政违法监督线索？

有观点认为，行政违法行为检察监督的线索是按法律规定从检察系统内部移交来的线索，属于闭门监督。[2]但也有意见认为，检察机关"在履行职责中发现"的情形不限于自行发现，还包括群众举报、人大代表反映、媒体报道、有关机关转交、上级院交办等情形。[3]笔者认为，首先，从字面意义理解，"检察机关在履行职责中发现"里的"职责"应当是指法定的检察职责，参与社会治安综合治理、加强"两法衔接"、加强和创新社会管理等任务需要通过立法才能成为检察机关的法定职责。其次，这里的"职责"应当是指所有的法定检察职责。既包括《人民检察院组织法》《检察官法》《刑法》《刑事诉讼法》《民事诉讼法》《行政诉讼法》等法律规定的控告申诉、职务

---

〔1〕 例如贵州省六盘水市六枝特区检察院诉安顺市镇宁县丁旗镇政府怠于履职案，监督线索来自开展"生态·环境保护"专项行动中六枝特区木岗镇政府反映；广东省广州市花都区人民检察院起诉花都区国土资源局怠于履职案，监督线索来自群众举报违法开发瓷土；贵州省铜仁市检察院诉铜仁市国土资源局怠于履职案，监督线索来自群众举报砂石厂违法开采建筑砂石。

〔2〕 参见刘艺：《构建行政检察监督机制的意义、方法和重点》，载《人民检察》2016年第16期。

〔3〕 参见李旻：《检察机关提起行政公益诉讼的案件来源发现》，载《中国检察官》2016年第5期；山西省人民检察院课题组：《诉讼外行政检察监督论析》，载《湖南科技大学学报（社会科学版）》2016年第3期；黎治潭：《行政违法行为检察监督的困境及对策》，载《长春师范大学学报》2016年第9期。

犯罪侦查、审查逮捕起诉、诉讼活动监督等对外行使的法律监督职权。控告申诉、刑事执行部门、刑事检察部门等部门在履行检察职责过程中，发现行政机关违法行使职权或者不行使职权需要依法纠正或提起公益诉讼的，应当移送违法行政行为线索给行政检察部门。行政违法行为线索发现和移送要遵循检察一体化、分工负责、加强协作、归口办理和双向移送的原则。

同时，相关法律规定检察机关向人大负责并报告工作、接受上级检察院工作领导、提交立法和法律解释的提案、制定司法解释、对引渡请求进行审查并批准等与其职能相适应的其他工作职责。[1]因此，除了上述五项职责外，国家权力机关移送的、政府法制部门移送的、行政执法机关移送的、行政执法信息共享平台发现的、新闻媒体披露的、其他途径发现的案件线索依法转化后也可以作为检察机关"在履行职责中发现"的监督线索。这也有利于发挥"两法衔接"信息共享平台作用，应对反贪、反渎和预防转隶到监察委员会后办案渠道削弱等问题。

至于人民群众单纯向检察机关举报行政违法行为的，检察机关能否作为监督线索直接受理。笔者认为，控告检察集信访、举报、纠错、赔偿、救助于一体，是检察机关依靠群众实施法律监督的重要体现，也是具有中国特色的检察职能。2014年我国正式启动涉法涉诉信访改革，根据中央政法委《关于建立涉法涉诉信访事项导入法律程序工作机制的意见》、最高人民检察院《人民检察院受理控告申诉依法导入法律程序实施办法》等文件规定，检察机关确立了诉访分离、统一受理、分类导入的控申机制，将涉法涉诉信访事项与普通信访分离开来。《全面推进依法治国的决定》中作此限制主要为了提高检察监督的实效性，否则相对人可以随意就行政机关违法行使职权或者不行使职权向检察机关提出检察监督申请，以检察机关现有的办案力量、条件将无法胜任该项工作。因此，为避免信访程序再度混同交叉，削弱涉法涉诉信访的改革效果，在目前所有信访不能完全导入司法程序的情况下，行政相对人向检察机关单纯申请对行政行为的监督，不宜作为案件来源途径。[2]当然，

---

〔1〕　参见《人民检察院组织法》第6条、第10条、《立法法》第17条、《全国人民代表大会常务委员会关于加强法律解释工作的决议》和《中华人民共和国引渡法》第19条。

〔2〕　参见天津市津南区人民检察院课题组：《检察机关督促纠正行政违法行为机制研究》，载《山西省政法管理干部学院学报》2016年第1期；杨承志等：《行政执法检察监督权的边界》，载《人民检察》2016年第24期。

涉法涉诉信访改革排除检察机关直接受理行政违法行为的举报控告，并不排除检察机关依靠群众实施法律监督。对于人民群众提供、媒体报道曝光的行政违法线索，检察机关虽然无法直接办理，但应当及时将相关的举报、信访线索转交给行政相关职能部门处理。[1]待各项条件成熟后，再依法受理，有利于推动行政违法行为检察监督工作稳步前进。

五、行政违法行为检察的办案程序

完善行政违法行为检察制度需要从规范行政检察权行使的角度思考，法律监督事项案件化办理为规范行政检察监督活动提供了思路。如果说检察机关具有司法机关和法律监督机关的双重属性，那么法律监督事项案件化办理则是这两种属性的有机结合。检察机关办理行政违法行为检察监督案件应建立案件线索移送、受理审查、调查核实、提出建议、监督回复、跟踪回访等一系列机制，把握好权力边界，防止行政检察权滥用。

行政违法行为检察的办理程序具体包括：（1）对当事人举报、申请或者检察机关依职权发现的案件线索进行初查，听取当事人意见，收集相关线索材料；（2）对符合条件的行政监督事项进行立案，并移送相关材料至行政检察部门，完善和规范案件受理以及线索移送流程；（3）对需要调查核实的事实和证据，依法询问、传讯行政相对人、相关执法人员，调阅有关行政执法记录，收集相关证据和证人证言等；（4）根据案情需要，开展案件公开审查活动，邀请人大代表、人民监督员、特邀检察员、相关专家学者等参加听证、评议；（5）根据调查核实、审查确定的事实和证据，依法作出监督决定，采取监督措施；（6）对于经审查不符合监督条件的案件，依法作出不支持监督申请决定，并做好释法说理工作。

（一）案件受理以职权监督为主，相对人申请为辅

行政违法行为监督指向违法行政行为，通过检察建议督促行政机关主动履职或纠违，属于公权力对公权力的监督，无论当事人是否存在需要救济的权利均可进行。在案件受理程序上，由于行政检察的主要功能在于监督行政，

---

〔1〕 参见刘艺：《构建行政检察监督机制的意义、方法和重点》，载《人民检察》2016 年第 16 期。

辅之以公民权利救济，对于公民提出的救济事项，在案件受理阶段，应该根据具体要求不同而决定是否受理。但当事人已经启动行政复议或行政诉讼程序的，检察机关不宜开展监督。

一方面，人民检察院行政检察部门在履行行政检察监督职责中，发现行政机关存在违法行使职权或者不行使职权需要督促纠正的，直接办理。人民检察院其他业务部门在履行法律监督职责中，发现行政机关存在违法行使职权或者不行使职权需要督促纠正，由行政检察部门办理更为适宜的，可以将有关材料移送本院或者有管辖权的人民检察院行政检察部门办理。经审查，符合监督条件的，到案管部门登记。行政检察部门应当在一个月内作出审查决定，符合监督条件的，报请检察长批准决定立案。有特殊情况需要延长的，报请检察长批准。人民检察院对行政违法行为进行监督，由违法行使职权或者不行使职权的行政机关的同级人民检察院管辖。违法行使职权或者不行使职权的行政机关是市、县级人民政府的，由上一级人民检察院管辖。上级人民检察院可以办理下级人民检察院管辖的重大、疑难、复杂或者有重大社会影响的案件，也可以指定其他人民检察院或者跨行政区划人民检察院管辖。

另一方面，当前检察机关内设的控告申诉部门专司信访接待，受理公民的申诉、控告和举报，其中包括相当数量针对行政主体违法行为的申诉、控告和检举。当前，当事人申请监督是目前检察机关获取案源的重要渠道。因行政权力滥用或者违法行政而损害公民人身财产等合法权益的信访案件约占检察机关信访总量的60%以上，是信访的重中之重。"检察权以国家公权力为后盾，依法介入行政诉讼，对其进行直接监督，为行政诉讼中处于弱势、权利易于受侵害的行政相对人提供保护和救济，以实现对行政诉讼的制约和平衡。"[1]当事人认为行政执法行为违法，侵犯其合法权益的，可以向检察机关申请监督。[2]检察机关在上述公民申诉案件中，发现因行政违法行为侵害公民权利而无法通过行政复议、行政诉讼进行救济的，可以受理，但在监督时应当尊重行政相对人的选择和处分权。

例如2008年6月甘肃省嘉峪关市人民检察院在审查蒋某与苗某借款纠纷

---

[1] 孙建国：《论检察监督在行政诉讼中的功能》，载《河南大学学报（社会科学版）》2006年第1期。

[2] 参见姜明安主编：《行政法与行政诉讼法》，北京大学出版社、高等教育出版社2015年版，第301页。

申诉一案中，发现市房管局在 2004 年 4 月 8 日办理李某房产抵押登记时，在抵押人李某既不知情又未到场也未委托代理人、蒋某未委托代理人也未到场的情况下，由苗某代写"房屋他项权利登记申请表"和"房屋权属及使用表"，房屋共有人一栏中共有人名字出现明显错误，市房管局却为苗某办理了房产抵押他项权登记，并从某银行贷款 40000 元的事实后，嘉峪关市人民检察院向市房管局发出了依法履行职责的检察建议，市房管局撤销错误登记，保障了李某的合法权利。再如，20 世纪 80、90 年代，山东的一些村集体为减轻村民"三提五统"负担，将长期不在本村居住的人员户口另册管理，90 年代末公安机关采用微机管理户籍时未能及时发现，导致有些人的户籍被漏录。李某于 20 世纪 80 年代离家"闯关东"，后定居吉林省，其户口一直未迁出，却不知已被公安机关注销多年。现李某的一代身份证失效、二代身份证无法办理，李某年近 60 岁，却无法维护切身利益。其向派出所申请恢复户籍，被告知需本人亲自到场办理，或由现居住地派出所出具无犯罪记录证明。由于其现居吉林省，没有身份证无法购票，其申请当地派出所出具无犯罪记录证明，又被以不是本辖区人员为由拒绝，因而陷入困境。检察机关针对此案向公安机关发出检察建议后，公安机关进行了认真调查和核实确认，依法对李某的户籍进行了补录，并专门研究部署整改办法，承诺对此类历史遗留问题发现一起、及时纠正一起。

（二）案件审查以事后监督为主，事中监督为辅

行政执法面对的情况错综复杂，往往涉及行政相对人和利害关系人的各种权益，多数情况下需要行政机关及时审查处理，尽早向相对人作出并送达处理决定。对行政相对人而言，法律要求其在行政强制措施现场首先要服从和配合，如有争议和纠纷，之后方可寻求救济。检察机关的宪法定位是法律监督机关，而非法律执行机关，对涉及专业性、技术性的行政执法问题难以把握。[1] 特别是行政强制措施基本上都适用于紧急情况，要求行政机关即时作出反应，这就是行政强制法赋予行政机关等执法主体适用行政强制权力的理由。一般而言，检察机关应当尊重行政主体的执法行为，应充分考量行政行为的公定力和行政效率，做到"参与不干预、引导不主导"，不宜过度参与

---

〔1〕 参见傅国云：《行政检察监督研究：从历史变迁到制度架构》，法律出版社 2014 年版，第 111 页。

具体行政行为的作出过程，更不参与或干涉行政机关的正常执法活动。哪怕行政执法行为中有可能发生违法情形，检察机关一般也不宜在事中进行监督，不轻易向有关行政主体发出监督意见，而应在该具体行政行为做出后及时介入，提出纠正意见。当然事后监督也不是绝对的，对于可能严重损害公民人身、财产权益造成不可逆影响后果的行政强制措施，或者即时行政执法行为可能存在严重损害国家利益、社会公共利益、引发群体性事件等严重后果的特殊情形时，检察机关可以进行事中监督。具体来说：

1. 日常流程监督机制

行政权产生的基础是对平等市场主体所享有产权的限制与让渡，其实质是对市场主体经济权利、市场交易机会的剥夺。在经济干预的过程中，"程序不是次要的事情，随着政府权力持续不断地急剧增长，只有依靠程序公正，权力才可能变得让人容忍"。[1]行政程序的独立价值不仅体现在向市场主体展示行政主体公正、公开地行使权力，而且体现在缓解当事人对抗行政权的情绪，促使其自愿接受行政干预的被动结果。检察机关可以通过健全行政执法与行政检察相衔接平台、行政执法与刑事司法相衔接信息共享平台，将行政主体的所有执法案件录入信息共享平台，检察机关可以利用该信息共享平台开展电子巡查，随机选取案件进行日常检察监督，利用平台大数据功能进行功能分析，方便检察机关开展流程监督。例如，检察机关可以以行政行为法定程序中的关键环节如调查制度、听证制度、告知制度、回避制度、公开制度、合议制度、时效制度、抗辩制度、案卷制度等是否落实为监督重点。[2]检察机关对正在进行的行政执法行为的程序进行持续监督，可以起到事中监督、监控的效果，如果发现该行政执法行为有程序上的瑕疵，检察机关就可以检察建议的形式，督促行政机关纠正，这样既避免了事后监督的麻烦，也可以在一定程度上降低违法行政行为可能造成的危害。

2. 介入调查监督机制

介入调查监督机制主要借鉴检察机关在侦查监督工作的监督方法，它对于充分发挥检察机关的法律监督职能，及时查清事实，掌握证据，提质量增

[1]　[英]威廉·韦德：《行政法》，徐炳、楚建译，中国大百科全书出版社1997年版，第94页。

[2]　参见王学成、曾翀：《我国检察权制约行政权的制度构建》，载《行政法研究》2007年第4期。

效量等方面具有十分重要的作用。众所周知，公安机关的侦查阶段相对封闭，一般情况下检察机关也是在公安机关报捕后才能获悉案件信息，公安机关侦查阶段的封闭性、独立性，导致了检察机关与公安机关对于部分案件的信息存在严重不对称，检察机关对于公安机关侦办的很多重特大、新类型案件并不知情，而公安机关并不直接参与庭审活动，对于何种证据、如何取证、对检察活动起到何种作用并不十分清晰，而侦查取证具有不可逆转性，绝大部分的关键证据必须在第一时间提取，因此需要检察机关提起介入指导。目前，我国检察机关提前介入主要有以下两种模式：

第一，通过会签文件在一定范围内明确检察机关与公安机关办理刑事案件的协作配合。如黑龙江省检察院与省公安厅会签《关于在刑事诉讼活动中加强协作配合、监督制约的若干意见》，强化检察机关、侦查机关在办理重大疑难案件中的沟通配合和监督制约，实现了对可能判处无期徒刑、死刑的案件、重大、疑难复杂案件及暴力致人伤亡案件介入率为100%。

第二，以介入重大刑事案件为主，检察机关与公安机关会签《重大案件公安机关听取检察机关意见实施办法》，目前有江苏、湖南、福建、重庆等省市借鉴这种模式，在全省、直辖市全面推广。行政检察中的介入调查，是指对于行政机关实施的涉及人身自由的处罚、行政强制措施和重大安全事故等案件，在行政主体或行政相对人提出申请时，检察机关可以介入执法现场，列席执法过程。[1] 例如，各行政执法机关在开展重大执法检查活动时，可以邀请检察机关派员参加。行政执法机关，特别是公安机关，在重大执法争议案件调查阶段可以邀请检察机关介入参与。这种介入调查监督机制，不仅有利于推动行政执法行为的规范化，也可增加行政执法过程的透明度，增强行政执法监督的公信力。[2]

3. 事中监督需要防止三个问题

第一，检察机关对行政行为的事中监督必须遵循"成熟原则"。"成熟原则"是行政诉讼法中的重要原则，它是指不成熟的行政行为，或者说处于中间阶段的行政行为不受司法审查。《最高人民法院关于执行〈中华人民共和国

---

〔1〕 参见葛晓燕：《我国行政检察监督的检讨与重构：兼及〈行政诉讼法〉的修改》，载《南京社会科学》2014 年第 6 期。

〔2〕 参见魏琼、梁春程：《双重改革背景下警察执法监督的新模式——兼论检察监督与监察监督的协调衔接》，载《比较法研究》2018 年第 1 期。

行政诉讼法〉若干问题的解释》表达了"成熟原则"，"对公民、法人或者其他组织权利义务不产生实际影响的行为"还处在形成之中，不属于行政诉讼受案范围。无论是理论界还是实务界，在未成熟行政行为不监督这一点上存在共识。因为在这个阶段进行审查，既妨碍行政程序的正常发展，也无法评价行政行为最终决定的合法性。在国家权力框架下，权力之间的制约与平衡是非常重要的，检察机关对行政违法行为的检察监督需要监督制约与协作配合，需要做到"参与不干预、引导不主导、监督不失职、配合不越位"，检察机关不能代替行政主体进行社会管理。当然，未成熟行为不监督不是说我们就不要未成熟行为的违法线索。因为中间行为的违法性可能传递给最终的行政决定，导致决定行为违法。程序性的违法则既可能传递给行政决定，导致行政决定违法，也可能作为行政违法的单独表现形式。所以，对于未成熟行政行为违法性线索，我们不能忽略，可以进行流程提醒，让行政机关做到事前发现，尽早纠正，防止社会公共利益和行政相对人的合法权益受损，同时也减轻了后续司法监督的成本。

第二，行政活动具有其自身独立性，检察监督不能以监督的名义直接开展行政执法检查活动。从习近平总书记《关于〈中共中央关于全面推进依法治国若干重大问题的决定〉的说明》看，行政违法行为检察监督的切入点和落脚点应当是检察机关在执法办案过程中发现的行政机关及其工作人员违法但尚未构成犯罪的乱作为、不作为。检察机关对违法行为的监督主要是通过履职附带发现纠正行政违法行为，方式上具有被动性、事后性、预防性等特点，目的是防止行政违法演变为职务犯罪。因此，为防止检察机关代行或干预行政权，检察机关不宜通过行政执法检察活动方式开展违法行政行为检察监督。

第三，检察机关也不宜参与行政机关的联合执法活动。实践中不少地方政府为了增强行政执法的权威和效率，通过成立工作小组、项目指挥部等方式，要求检察机关参与房屋拆迁、土地征收、计划生育、文明创建等联合执法工作。对此，有检察院以相关工作超出检察机关法定职责为由予以拒绝。[1]笔者深以为然。检察机关法律监督的范围具有法定性和有限性，必须恪守权力界限。

---

[1]　参见马超：《徐州检察院拒绝安排检察官上街执勤 徐州市委：支持》，载《法制日报》2016年8月29日，第3版。

表面上看，检察机关参与联合执法可以通过指导监督执法工作促进依法行政，实际上却有悖于检察机关客观中立的监督义务，也容易引起被执行对象"制约多于配合""权力帮凶"的合法性疑问。对此，2016 年中共中央办公厅、国务院办公厅《保护司法人员依法履行法定职责规定》、2017 年最高人民法院《人民法院落实〈保护司法人员依法履行法定职责规定〉的实施办法》均予以明确规定。[1]因此，从司法人员依法履行法定职责角度出发，检察机关不宜以通过参与联合执法的方式提前介入具体行政管理活动的方式实施检察监督。

（三）案件调查中的核实和听证机制

1. 调查核实机制

与其他检察活动一样，检察机关在受理行政违法行为监督案件后，对一些有疑问的证据需要进行复核及重新调查取证，其目的不是向行政机关或者是法院提供新的证据，而是通过对案件证据的真实性、合法性进行了解，审查行政机关的行政行为是否建立在证据充分的基础上，行政活动是否违反法定程序，执法人员在执法过程中是否有钓鱼执法、权力寻租、粗暴执法等事实，以充分了解行政活动的合法性。目前《人民检察院组织法》已经规定，检察机关行使法律监督职权时具有调查核实权，但工作方式和途径上缺乏具体和完善的措施和规范。为了使检察机关能够及时、准确、合法地收集和固定好各种证据，在立法上应当明确检察机关因履行法律监督职责需要享有的调查核实权，即检察机关在行使行政监督权时，可以调查收集行政机关违法行使职权或者不行使职权的相关证据。具体来说，可以调阅、复制有关行政执法机关相关材料，如行政执法卷宗材料。行政执法机关应当向检察机关如实全面及时地提供相关材料。检察机关对一些有疑问的证据可以进行复核及

---

〔1〕《保护司法人员依法履行法定职责规定》第 3 条规定："任何单位或者个人不得要求法官、检察官从事超出法定职责范围的事务。人民法院、人民检察院有权拒绝任何单位或者个人安排法官、检察官从事超出法定职责范围事务的要求。"《人民法院落实〈保护司法人员依法履行法定职责规定〉的实施办法》第 2 条规定："对于任何单位、个人安排法官从事招商引资、行政执法、治安巡逻、交通疏导、卫生整治、行风评议等超出法定职责范围事务的要求，人民法院应当拒绝，并不得以任何名义安排法官从事上述活动。严禁人民法院工作人员参与地方招商、联合执法、严禁提前介入土地征收、房屋拆迁等具体行政管理活动，杜绝参加地方牵头组织的各类'拆迁领导小组''项目指挥部'等临时机构。"

重新调查取证，收集书证、物证、视听资料、调查笔录等证据，相关知情人员有义务配合检察机关的调查核实。询问行政机关相关人员以及行政相对人、证人，应制作笔录，询问人和调查人员都应该在询问笔录上签字。此外，检察机关对于某些需要专业技术机构方能认定的事实，如环境污染案件中的环境污染事实存在与否、污染程度、对人体的损害等，可以指派、聘请相关机构或者专业人员进行鉴定，对现场进行勘验，并依据鉴定报告认定事实。但需要注意的是，行为违法行为检察的调查核实，不得采取限制人身自由以及查封、扣押、冻结财产等措施。人民检察院对于无正当理由拒绝协助调查和接受监督的单位和个人，可以建议监察机关或者该单位的上级主管机关依法依规处理。

2. 公开听证机制

听证最早产生于英国，源自普通法的"自然公正原则"。该原则包括两项基本内容：第一，任何人不能成为与自己有关的案件的法官；第二，任何人都有为自己辩护和防卫的权利。[1]听证机制最初适用于司法领域，后因行政权力的扩张，为限制公权力对私权利的过度干预，听证制度被引入行政领域，从而确立了行政听证制度。20世纪80年代开始，听证制度被引入我国的行政、立法领域，1996年通过的《行政处罚法》首次规定了听证制度，紧随其后的《中华人民共和国价格法》、《立法法》、《行政法规制定程序条例》以及《规章制定程序条例》分别加以了规定，从法律层面对听证制度予以肯定。行政检察作为一项司法活动，探索设立听证制度具有必要性。具体分析如下：

第一，检察机关开展听证活动具有一定的立法和实践基础。随着检务公开得到日益关注，早在1999年5月最高人民检察院在民事行政检察领域就制定过公开审查的相关规定，初步设立听证制度。[2]在这一阶段各地纷纷尝试在案件审查中引入听证程序，不过很快《人民检察院办理民事行政控诉案件公开审查程序试行规则》即被2001年最高人民检察院制定的《人民检察院民事行政抗诉案件办案规则》所取代，此办案规则中则未提及公开审查程序。直到最近最高人民检察院出台的《人民检察院行政诉讼监督规则》才正式将听证程序写入监督规则，并设立专节规定听证的具体程序，这将使检察机关

---

〔1〕 参见王名扬：《英国行政法》，中国政法大学出版社1987年版，第152页。
〔2〕 参见《人民检察院办理民事行政抗诉案件公开审查程序试行规则》。

在民事案件审查中引入听证程序具有明确的依据，在与普通百姓利益密切联系的民事行政检察领域引入听证制度，不仅使当事人有更多的机会参与案件审查过程，切身体验检务公开，感受司法公正，同时也能提升检察工作的公信度。

第二，听证制度还符合正当程序的要求。"正义不仅应得到实现，而且要以人们看得见的方式实现。"美国学者坎贝莱特提出程序正义由无偏见的法官审判、平等防御以及程序公开等程序要求组成，被称为程序公正的最低标准。[1]行政检察听证制度使得当事人能够平等、有效地参与到案件审查过程中，通过公开陈述意见、反驳和抗辩对方的意见和主张、提交相关证据等方式参与案件的办理，从而对审查的结果发挥有效的影响和作用，彰显程序正义，此外实行公开听证，使听证的程序、结果公开，接受当事人和社会的监督，有利于确保听证过程的公正。

第三，行政检察听证制度有利于促进司法公正，维护司法权威。通过听证程序，当事人围绕申请监督的事项进行陈述、抗辩，通过提供的证据来支持自己的主张，通过质证来反驳对方的主张，有利于检察机关发现真相，查明案件事实，提高检察监督的质量。对当事人而言，通过参与程序，对案件事实及法律适用有了更准确的认识，通过有效参与案件办理过程，其对检察机关的案件审查活动有更深入的了解，对审查的结论有一定的预见，对处理结果更易于接受，因而有利于维护检察机关的司法权威。对于听证参加人员及旁听人员而言，公开听证可以使其直接感受检察机关的审查活动，亲历办案流程，消除认知的隔阂，从而认同法律精神，维护司法权威。此外，检察机关还可以邀请与行政监督案件没有利害关系的人大代表、政协委员、人民监督员、特约检察员等其他社会人士担任特邀听证员参与公开听证程序，提高案件处理的社会认可度。对于适用法律错误的案件，还可以邀请法学专家、学者等法律人士参加听证，以确保听证的专业水准和监督成效。

（四）案件结果公开

他山之石，可以攻玉。俄罗斯检察机关的一般监督制度，我国台湾地区的"监察院"制度都有监督活动公开的规定，每年向议会提交年度报告和特

---

〔1〕 参见肖建国：《民事诉讼程序价值论》，中国人民大学出版社2000年版，第175页。

别报告也是绝大多数西方国家议会监察专员的普遍做法，这使他们的意见被行政机关充分尊重。监督结果的公开化，必将引发新闻媒体、社会公众等各类监督力量的关注，从而增强监督实效。

对于行政违法行为检察案件，检察机关可以将纠正违法检察建议书抄送被建议行政机关本级的人大常委会、人民政府及监察机关或者上一级行政机关。对未回复、未整改、回复情况与实际不符的，可提请上一级检察院监督，或者向行政机关本级的党委、政府、人大常委会及监察机关和上一级行政机关通报。对于一段时期内行政违法行为检察监督的结果可以通过行政执法监督联席会议定期通报、向人大及其常委会就有关事项作专项报告、提请人大及其常委会启动对有关行政机关问责机制等方式在国家机关内部公开。在保守国家秘密、商业秘密和个人隐私的前提下，检察机关还可以自主决定以公报、网站等方式向社会公布检察监督的结果。例如 2018 年 12 月 2 日，山东省检察院组织开展全省检察机关公开送达检察建议活动，在该省 17 个市级院和 87 个基层院同步开展，三级院通过视频系统全程观摩，推动构建党委领导、人大支持、政府重视、社会舆论关注的工作格局。[1]

六、行政违法行为检察的办案方式

行政违法行为检察的方式与效力应当与被监督行政违法行为的违法程度保持一致。在监督处理的层次上要分层综合使用多种措施，并赋予其不同的效力。第一个层次，行政行为违法造成行政管理领域利益受损的，并且可以通过行政机关自身的行政措施、提起诉讼纠正或者挽回损失的，在指出违法行为的同时，使用检察建议的方式督促履职。对于一类行政违法行为还可以向行政机关制发一类问题通报。第二个层次，前述情形不能奏效的，向上级行政机关制发诉前令状，在指出违法行为的同时，通过督促上级行政机关要求原行政机关依法履职；第三个层次，诉前令状不奏效的，检察机关提起行政诉讼，这种诉讼不限于国有资产保护、国有土地使用权出让、生态环境和资源保护等行政公益诉讼的范围，不要求有具体公共利益的损害，主要着眼于法律监督，推进法治政府建设。第四个层次，对具体违法人员通过监察意见书移交监察委员会进行党政纪处理。对于行政违法情节严重，后果严重，

---

〔1〕　参见匡雪：《共同推动检察建议生根开花》，载《检察日报》2018 年 12 月 10 日，第 6 版。

触犯刑事法律，依法移交监察委员会立案侦查调查。

（一）行政执法监督检察建议

检察建议是检察机关履行法律监督职责的一种重要形式，作为一种监督方式，检察建议已经在《人民检察院组织法》、《民事诉讼法》和《行政诉讼法》中得到确认，要求检察机关结合现有工作开展对行政执法的监督，并确立了以检察建议为主的监督方式。[1]检察建议作为一种柔性监督方式，更容易被行政机关所接受，且适用范围较广，有利于发挥检察机关的法律监督作用。根据检察建议实现的检察职能不同，可以分为行政执法监督检察建议、诉讼监督检察建议、社会综合管理类检察建议。[2]其中行政执法监督检察建议应当成为未来检察机关监督依法行政的主要手段。

所谓行政执法监督检察建议，是指人民检察院为促进行政法律统一正确实施，督促行政机关依法行政、及时履行职责的建议。主要有以下五种情形：第一，行政决定作出后，行政相对人逾期不履行且未申请行政复议或提起行政诉讼，没有行政强制权的行政机关在申请强制执行法定期限届满前，仍未向人民法院申请强制执行的；第二，行政决定作出后，行政相对人逾期不履行且未申请行政复议或提起行政诉讼，有强制执行权的行政机关不依法强制执行的；第三，行政机关或其工作人员在行政执法过程中，与行政相对人恶意串通或者怠于履行职责，损害国家利益、社会公共利益的；第四，负有监管职责的行政机关不依法履行职责，导致或可能导致环境污染、生态破坏、行业垄断、食品药品安全事故发生，严重影响民生或社会公共利益的；第五，负有国家或社会公共利益监管职责的有关监管部门或国有单位不履行或怠于履行职责，案件可通过民事诉讼获得司法救济的。行政执法监督检察建议与《行政诉讼法》规定的公益诉讼诉前程序检察建议有所重合，但不局限于行政公益诉讼的范围，其主要是出于提醒行政机关自行纠正的目的，不必然产生诉前程序的效力。

（二）纠正违法检察建议

所谓纠正违法检察建议，也可以称之为纠正违法通知书，是指检察机关

---

[1] 目前在俄罗斯，检察建议制度就是检察机关监督行政违法行为的最常用手段。参见［俄］Ю. Е. 维诺库罗夫主编：《检察监督》，刘向文译，中国检察出版社 2009 年版，第 156 页。

[2] 参见崔建科：《论行政执法检察监督制度的构建》，载《法学论坛》2014 年第 4 期。

在履行法律监督职责中，发现行政机关的行政行为违法的，建议行政机关予以纠正的建议。《人民检察院组织法》、《刑事诉讼法》、《民事诉讼法》和《行政诉讼法》是检察机关作出纠正违法意见行为的主要法律依据，但后三部法律把纠正违法意见主要限定在诉讼程序之中。[1]随着司法改革的深入，最高人民检察院已经将纠正违法意见的监督方式运用到了民事和行政检察实践之中，对立案、侦查、审判、执行等活动中发生的具体违法行为提出纠正意见。[2]督促有关行政机关纠正错误决定的检察建议主要有以下七种情形：第一，违反法律法规作出行政执法决定的；第二，已作为行政诉讼被告的行政执法机关，经法院传唤无正当理由拒不到庭，或者未经法庭许可中途退庭，人民法院确认违法的；第三，依据非法手段取得的证据而作出行政执法决定的；第四，伪造、隐藏、毁灭证据，指使、胁迫他人作伪证或者威胁、阻止证人作证，妨碍检察机关检察监督的；第五，隐藏、转移、变卖、毁损已查封、扣押、冻结的财产，造成严重后果的；第六，行政执法赔偿、补偿案件生效调解书损害国家利益、社会公共利益的；第七，其他符合纠正行政执法错误情形的。这种检察建议主要针对行政乱作为的情形，但主要限于行政诉讼的范围。

（三）一类问题通报

一类问题通报主要是指检察机关发现行政执法机关存在一类违法问题时向其制发的、督促有关行政机关统一适用法律的检察建议。主要有以下两种情形：第一，行政机关在行政执法中对同类问题适用法律不一致的；第二，行政机关在多次行政执法中适用法律存在同类错误或者有相同违法行为的。一直以来，行政检察监督基本上表现为个案监督，也就是对具体的特定个案实施监督，这是检察监督在案件类型上的常态表现。所谓类案监督，指的是检察机关对行政执法或者行政机关办理同种类案件所实施的法律监督。与个案监督相比，类案监督具有全局性、规模性和效率性。通过类案监督，不仅可以发现在个案监督领域所能够发现的问题，从而加以纠正，同时还可以发

---

〔1〕 参见《人民检察院组织法》第 21 条、《刑事诉讼法》第 57 条、第 209 条、第 274 条及《民事诉讼法》第 14 条、《行政诉讼法》第 11 条等。

〔2〕 参见陈国庆：《〈人民检察院检察建议工作规定（试行）〉解读》，载《人民检察》2010 年第 1 期。

现行政机关在办理同种类案件中所产生的诸如同案不同处理等问题，能够在更高层面上对行政活动提出监督意见，引导行政机关强化类案办理意识，推进行政机关公正廉洁执法，而不仅仅是就案论案。[1]

（四）检察意见书

检察意见书为人民检察院向有关主管机关提出对被不起诉人给予行政处罚、行政处分或向其他有关单位提出纠正意见及其他检察意见时使用，其发送对象一般为侦查机关及其他行政执法机关。检察意见书的制作依据为《刑事诉讼法》第 177 条第 3 款和其他有关法律规定。《人民检察院检察建议工作规定》第 12 条规定："对执法、司法机关在诉讼活动中的违法情形，以及需要对被不起诉人给予行政处罚、处分或者需要没收其违法所得，法律、司法解释和其他有关规范性文件明确规定应当发出纠正违法通知书、检察意见书的，依照相关规定执行。"实践中，检察意见书的适用范围主要包括：（1）人民检察院决定不起诉的案件，应当同时对侦查中扣押、冻结的财物解除扣押、冻结。对被不起诉人需要给予行政处罚、行政处分或者需要没收其违法所得的，人民检察院应当提出检察意见，移送有关主管机关处理；（2）对于行政执法机关移送的涉嫌犯罪案件，人民检察院经审查，认为不符合立案条件的，可以作出不立案决定；对于需要给予有关责任人员行政处分、行政处罚或者没收违法所得的，可以提出检察意见，移送有关主管部门处理，并通知移送的行政执法机关；（3）各级人民检察院对行政执法机关不移送涉嫌犯罪案件，具有下列情形之一的，可以提出检察意见：①检察机关发现行政执法机关应当移送的涉嫌犯罪案件而不移送的；②有关单位和个人举报的行政执法机关应当移送的涉嫌犯罪案件而不移送的；③隐匿、销毁涉案物品或者私分涉案财物的；④以行政处罚代替刑事追究而不移送的；（4）各级人民检察院对公安机关不接受行政执法机关移送的涉嫌犯罪案件，或者逾期不作出立案或者不予立案决定，在检察机关依法实施立案监督后，仍不接受或者不作出决定的，可以向公安机关提出检察意见；（5）其他需要提出检察意见的。可见，检察意见书中的建议处罚、处分等功能主要是用于"两法衔接"监督领域。

---

〔1〕 参见汤维建：《论中国民事行政检察监督制度的发展规律》，载《政治与法律》2010 年第 4 期。

（五）诉前令状

诉前令状，也可以称之为诉前程序检察建议，是指检察机关在制发前述行政监督检察建议和纠正违法检察建议后，行政机关未回复或者回复未纠正的，应当向其上级行政机关发出诉前令状要求其在一定期限内纠正，否则可以依法提起诉讼。这里的诉讼不限于行政公益诉讼，而是追求法秩序统一的完全意义上的客观之诉。例如 2017 年郑州市铁路运输检察院在开展"推动解决铁路线下安全隐患专项活动"和"涉铁领域生态环保"专项检察监督活动中发现，华阴市南场机砖厂多年来持续在郑西高铁上行侧路堑地段（K945+896-k946+202）网外高铁安全保护区内取土制砖，违法取土行为严重影响了铁路路基面稳定，危及郑西高铁运营安全，而华阴市国土资源局存在疏于监管、怠于履行职责的情形，遂于 2017 年 6 月 5 日向华阴市国土资源局发出督促履行职责检察建议书，要求该单位根据相关法律法规，认真履行法律规定职责，加大履行职责力度，依法查处华阴市南场机砖厂违法采矿行为，立即消除安全隐患。华阴市国土资源局虽然收到督促履行职责检察建议书且对该建议书进行了回复，但是并没有完全按照检察建议回复内容对华阴市南场机砖厂进行整治，隐患仍未消除，郑州市铁路运输检察院于 2017 年 8 月 7 日向陕西省华阴市人民政府发出行政公益诉讼诉前检察建议，要求该地政府依据相关法律法规，责成国土资源、安全生产监督管理、环境保护等部门积极履行法定职责，立即消除重大安全隐患，确保高铁行车安全，确保国家利益和社会公共利益不受侵犯。华阴市人民政府收到诉前检察建议书后高度重视，立即安排主管副市长亲自带领市国土局和相关部门对检察建议所反映的问题调查整改，2017 年 9 月 20 日华阴市人民政府向郑州铁检分院回函，并按照检察机关检察建议依法查处华阴市南场机砖厂无证开采违法行为，该砖厂电力设备和制砖设施设备已全部拆除。同时当地政府还表示，下一步将对原采土区域进行综合治理，及时复耕，并将复耕土地及时交还农民，加强当地粘土砖厂专项整治工作。

由此可见，作为一种柔性监督措施，检察建议固然容易被行政机关所接受，但如行政机关不履行法定职责的，检察机关应当通过诉前令状的方式督促其履行职责，相比建议，令状明显含有强制的意思，对于行政机关来说，诉前令状也较督促履行职责检察建议书具有更大的威慑力。

（六）禁止令

禁止令制度在我国环境污染保护领域早有设置，在检察公益诉讼实施过程中，有学者提出，现行检察行政公益诉讼制度属于事后救济类型，难以达到对公益全面救济的目的，需要构建"预防性"行政公益诉讼制度进行事前救济。[1]也有人大代表建议在民事诉讼法和行政诉讼法中增加"禁止令"制度，即检察机关在办理生态环境公益诉讼案件过程中，发现正在发生的、不立即制止将产生不可逆的严重后果，损害社会公共利益的环境违法行为，可向法院申请环境保护禁止令，法院审查后作出裁定，责令违法行为人立即停止违法行为。违法行为人不履行裁定的，法院可给予司法拘留或罚款。[2]

鉴于此，笔者认为可以在行政违法行为监督中增设禁止令制度，主要是针对行政违法行为可能造成损害或者初步造成损害，不及时制止可能造成损害进一步扩大无法挽回的情形。例如，行政机关在房屋拆迁、土地征收等领域行使行政强制措施对公民权利造成损害的时候，检察机关可以向行政机关制发禁止令，暂停行政执行。不过，检察机关对此是直接发布禁止令，还是经过法院审查后由法院制发禁止令，需要考量。笔者认为，检察机关作为法律监督机关，当然可以认定行政机关是否违法，但检察机关对行政违法没有最终的判断权，根据司法终局的原则，检察机关应向法院提交"禁止令"的申请，由法院审查后向行政机关制发"禁止令"更为妥当。

（七）向法院提起行政公益诉讼或者支持公民起诉

针对检察机关提起行政公益诉讼的客观诉讼属性，有观点认为，我国行政诉讼法具有保护公民、法人和其他组织的合法权益，监督行政机关依法行使职权的这两大宗旨，其中后者具有独立的价值，并不依附于保护私权益而存在。行政公益诉讼的可诉对象具有双重性，公益保护的范围应从保护受损的具体公益拓展至保护既定的制度公益。行政公益诉讼的功能不仅在于督促行政机关依法履职实现具体的公益救济，而且还可以对行政规范性文件的合

---

〔1〕 参见王春业：《论检察机关提起"预防性"行政公益诉讼制度》，载《浙江社会科学》2018年第11期。

〔2〕 参见谢文英：《贺恒扬代表：建立环境检察公益诉讼禁止令制度》，载《检察日报》2019年3月7日，第6版。

法性一并进行审查，维护国家法制统一。[1]对此，笔者认为，检察机关提起行政公益诉讼的核心目标在于保护公益，完善健全公益保护的法律制度体系。[2]而行政违法行为检察监督保障促进国家宪法和法律在现代行政，特别是公共行政层面的正确统一实施，二者核心价值追求不同。目前行政公益诉讼诉前程序检察建议虽然体现了行政违法行为监督的特点，但其适用范围、法律后果、制度功能与行政违法行为检察的监督范围是有差异的。检察机关只有明确区分行政违法行为检察和行政公益诉讼两种制度的差异，才能避免角色冲突和权限争执。

当然，理论上作为行政违法行为检察方式的行政诉讼应该是以追求法秩序统一为目的的完全意义上的客观之诉。但行政检察权对行政权监督则基于行政法规范。行政法规范主要调整行政主体与相对人之间的权力义务关系，法规范本身兼顾公共利益与个人利益，维护自由、民主和人权保障的法的秩序。"行政法的强制性就是以公共利益为其存在前提的。"公权力对私权利的干涉是基于国家保护社会秩序的需要，因此，倘若我们因为现实中存在行政权滥用的情形，就赋予检察权通过诉讼专门抗衡行政权的运行，也不免有失偏颇。

与英美环境程序所具有的回应型的政府和协作型的权力组织机构不同，中国的程序环境呈现一种能动型的政府和一套科层式的权力组织机制，其法律程序是围绕官方调查这一核心概念而组织起来的。[3]检察监督权不能简单地定位为针对行政执法活动的一般监督权。作为同属于能动型、政策实施型的权力组织，检察机关发现行政执法出现偏轨时，通过对行政法规范进行程序性审查，发现执法违法情形后，就应当及时给出一种制约型的提醒，建议或者要求行政机关予以纠正，继而对行政法规范中的利益予以救济与维护，最终实现维护国家利益和社会公共利益以及法治追求下的社会公平正义，体

---

〔1〕　参见郑春燕：《论民众诉讼》，载《法学》2001年第4期；刘艺：《构建行政公益诉讼的客观诉讼机制》，载《法学研究》2018年第3期；田凯：《行政公诉论》，中国检察出版社2009年版，第162~165页。

〔2〕　参见曹建明：《关于〈中华人民共和国行政诉讼法修正案（草案）〉和〈中华人民共和国民事诉讼法修正案（草案）〉的说明——2017年6月22日在第十二届全国人民代表大会常务委员会第二十八次会议上》，载《中华人民共和国全国人民代表大会常务委员会公报》2017年第4期。

〔3〕　参见［美］米尔伊安·R·达玛什卡：《司法和国家权力的多种面孔——比较视野中的法律程序》，郑戈译，中国政法大学出版社2015年版，第18~19页、第191页。

现的是一元权力政治结构下的协作配合。

最高人民检察院对于行政违法行为监督的理念是监督与支持并重，实现案结事了政和。一方面，人民检察院对行政机关违法行使职权或者不行使职权的违法问题，要敢于监督，善于监督。另一方面，对于行政机关合法行政行为，人民检察院要充分运用法律监督手段依法予以支持，促进行政机关依法行政。坚持恢复性司法理念，以"事要解决"为目标，实质性修复受到损害的行政法律关系，使行政争议得到彻底、有效、妥善化解，实现对公民、法人和其他组织正当诉求的有效保护。鉴于此，检察机关对行政活动的监督，除了属于行政公益诉讼领域的行政违法行为外，主要应该以"机关对机关"内部协商的方式直接展开，不必、也不适宜借助行政诉讼这一平台公开对抗。但如果行政违法行为侵害到行政相对人的合法权益的，检察机关可以支持诉讼。

（八）建议追责检察建议

建议追责检察建议来源于社会综合管理类检察建议，是指与行使检察职权或履行检察职责密切相关，并能够产生一定法律效果的检察行为。检察建议的主要作用是配合、辅助和补充所对应的职权行为实现检察目的的需要，强调检察建议非检察机关履行法律职能本身，而是履行法律监督职能的一种补充。[1]这种观点产生的基础是《人民检察院检察建议工作规定（试行）》，该规定直接将检察建议定义为"人民检察院为促进法律正确实施、促进社会和谐稳定，在履行法律监督职能过程中，结合执法办案，建议有关单位完善制度，加强内部制约、监督，正确实施法律法规，完善社会管理、服务，预防和减少违法犯罪的一种重要方式"，这种定义实质上否定了检察建议的法律监督属性，和人民法院司法建议并无不同。[2]

在检察实践中，社会综合管理类检察建议的用途主要体现在参与社会管理方面，即检察机关在执法过程中发现有关单位存在执法不规范、管理漏洞、

---

〔1〕 参见郭艳萍、张昌明：《试论检察建议在参与社会管理创新中的完善》，载《犯罪研究》2012 年第 2 期。

〔2〕 从最高人民法院《关于加强司法建议工作的意见》中可以看出，司法建议并非审判程序或者审判活动一部分，而是"充分发挥审判职能作用的重要方式""延伸审判职能的重要途径""提升司法能力和司法公信力的重要手段"。

制度不健全等问题，向发案单位或者涉案单位及其主管部门提出的综合管理类检察建议。2019 年《人民检察院检察建议工作规定》第 11 条第 5 项规定，人民检察院在办理案件中发现需要给予有关涉案人员、责任人员或者组织行政处罚、政务处分、行业惩戒，或者需要追究有关责任人员的司法责任的，可以向有关单位和部门提出改进工作、完善治理的检察建议。笔者认为，检察机关在办理行政检察案件过程中，对于行政机关负责人或者工作人员不依法履行职责，违法行为情节严重的，应向有关部门提出停止实施违法行为、更换行政执法工作人员、移送涉嫌犯罪案件等建议。相关责任人员涉嫌违纪违法的，建议将案件线索移送纪委监委，对有关人员或行为给予行政处分、追究刑事责任。

七、行政违法行为检察的效力

（一）行政违法行为检察具有程序性效力

在立法、行政和司法三权相互制衡的政体中，立法权通过法律保留原则对行政权进行前端限制，司法权通过司法审查对行政权进行后道监督，除此之外，行政行为具有公定力、确定力、拘束力和执行力。从我国宪法规定的国家权力配置原理看，人大是国家的权力机关和立法机关，检察机关系人大产生的国家法律监督机关，检察权虽然也被视为司法权，但大多为程序性权力。检察机关可以向其他国家机关提出法律建议，也可以启动相关的诉讼或者监督程序，但无法直接改变行政行为或者裁判结论。检察权最主要的特征就是程序性，其启动或者终结特定的程序，但没有实体处分的权力。在刑事、民事、行政诉讼中，检察机关提起公诉或者提出抗诉只是强制性地启动诉讼程序，如何审理和判决最终由法院决定。行政检察监督亦是如此，其本质应是检察机关通过调查发现违法情形，然后将检控结果提请相应有决定权的机关惩处，故确定检察机关检控结果提请对象应以何种机关有惩处决定权为依据。

以行政违法行为检察最主要的监督方式检察建议为例，其不同于法院的生效判决，被建议的行政机关如果认为自身不存在检察建议所提及的违法行为的，可以回复不执行；经过审理或者审查，行政机关不存在检察建议或者诉讼所指向的违法行为的，法院或者其他行政监督机关可以驳回。即使是公益诉讼诉前程序检察建议给行政机关设定的回复义务，仍然是程序性义务而非实体履行检察建议内容的法定义务。如果检察建议回复期满后，行政机关没有回复，国家利益或者社会公共利益持续处于受侵害的状态，检察机关可以依法提起行政公益诉讼。可见，行政检察监督要发挥实效，需要依赖行政机关行政自制，或者依托其他的监督制度，由有权机关作出实体的决定而实现。

当然，行政违法行为检察的效力不具有终局性是指在实体上，行政违法行为检察程序上会施加相关监督对象强制性的义务，相关行政主体不论在实体上是否接受监督，但在程序上必须依法予以回应。例如，《人民检察院组织法》第21条第1款规定："人民检察院行使本法第二十条规定的法律监督职权，可以进行调查核实，并依法提出抗诉、纠正意见、检察建议。有关单位应当予以配合，并及时将采纳纠正意见、检察建议的情况书面回复人民检察院。"如果行政机关没有回复、迟延回复，检察机关可以通过口头纠正、检察建议、纠正违法通知或者移送上级行政机关等方式追究违法责任。

（二）行政违法行为检察对象的义务和责任

行政违法行为检察的效力取决于行政主体接受检察监督的法定义务以及在检察监督中应承担的具体法律责任。"假如一条法律仅规定行为模式，而不规定法律后果，那么这条规定就会因缺少震撼力而显得苍白无力。"既然赋予了检察机关调查的权力，必然会对被调查取证人产生相应的义务，倘若缺少惩罚措施，对于无正当理由拒不履行义务的单位和个人不能加以制裁，法律就失去了威慑力。因此，对于检察建议，相关行政机关在规定时间内未予以回复，检察机关可以要求其说明不采纳建议的理由，并限其在一定时间内给予答复，以便检察机关重新审查监督意见是否正确，以决定是否采取跟进监督措施。行政机关无正当理由未按规定时限回复或回复不予采纳的，及时启动跟进监督措施，发函督促行政机关办理或向其上级主管部门反映。

对于行政执法行为明显违法，造成损害或者影响的案件，行政机关拒不采纳检察建议的，可向党委、人大、监察机关或者其上一级行政机关提出报告或者意见，要求予以督查处理。必要时参照《行政诉讼法》关于行政机关负责人不出庭妨害司法的规定，设置检察拘留、经济制裁等制裁措施。对于违法行政行为中存在个人渎职行为，但尚未达到刑事责任的情形下，检察机关可以向人事部门发出处罚建议，追究其行政、党政责任。由此，才能提高检察建议的刚性执行效力，消除行政部门及其工作人员对检察监督的对立情绪，增强接受监督、配合监督的自觉性和主动性，保证行政违法行为检察监督工作的顺利开展。

八、行政违法行为检察的保障和监督

（一）行政违法行为检察的立法保障

第一，建议修改《人民检察院组织法》，明确行政检察制度的合法性和正当性。"只有检察院组织法才能作为整合各单行法授予检察机关职权的法律平台。"[1]当前行政违法行为检察监督的最大困难和问题就是法律依据不足，因此要全面而科学地推进行政检察监督，需要人民检察院组织法将检察机关对行政违法的监督职权吸收采纳并予以明确规定。在我国，检察权和行政权是分属于人民代表大会制度下的不同国家权力，检察机关对行政违法行为监督涉及不同国家权力之间的职权配置，关系到检察法律监督体系的扩充完善，在《全面推进依法治国的决定》为检察机关督促行政机关纠正行政违法行为提供政策依据的前提下，还需要在宪法、法律层面对检察机关进行明确授权。我国宪法规定检察机关法律监督机关的地位，《人民检察院组织法》属于宪法性法律，在其中明确行政检察监督的依据、边界、方式和效力，即可解决检察机关监督无据、泛化监督的困境。因此，建议今后在《人民检察院组织法》中明确规定"检察机关在履行职责中发现行政机关违法行使职权或者不行使职权的行为，应该督促其纠正"，以便深入推进该项工作。

第二，制定"行政程序法"，将行政违法行为检察制度作为行政监督制度予以统一规定。"行政程序法"主要是作为规范行政机关和其他行政主体实施行政行为的程序，保证行政公开、公正、公平，保护行政相对人的合法权益，提高行政效率的法律规范。建议在其中"法律责任"或者"监督救济"章节纳入检察机关对行政程序的法律监督，这将对行政检察工作的发展产生巨大的推动作用。

---

〔1〕　张建升等：《人民检察院组织法修改的理论前瞻与现实路径》，载《人民检察》2012 年第 17 期。

第三，通过立法解释、修改法律，将《行政处罚法》《行政许可法》《行政强制法》等部门法中的"有关机关"、"相关部门"明确为"人民检察院"。此外，对于检察机关参与"两法衔接"工作的合法化问题，可以借鉴《治安管理处罚法》制定方法，将国务院制定的《行政执法机关移送涉嫌犯罪案件的规定》升格为法律，提高法律位阶，明确检察机关对"两法衔接"工作负有监督职责，有权建议行政执法机关将查处的涉嫌犯罪案件及时移送公安机关。

第四，修改《行政复议法》《行政诉讼法》《监察法》等法律，明确行政检察与行政复议、行政诉讼、国家监察的制度连接点。以《监察法》为例，该法对于原《中华人民共和国行政监察法》规定的内容吸收不够，在今后修法时，可以明确检察机关与监察委对行政违法监督的案件移送、反馈制度，借助监察委员会的力量，提升行政违法行为检察监督的强制力。

第五，以《人民检察院民事诉讼监督规则》和《人民检察院行政诉讼监督规则》为蓝本，制定"人民检察院行政违法行为监督规则"，修改《人民检察院检察建议工作规定》或者制定专门的"检察建议法"，对检察机关以检察建议开展法律监督的性质、范围、方式、程序、效力等作出明确规定。对于行政检察监督原则、管辖范围、回避、案件受理、职权职责、案件管理、机构设置、运行机制、队伍建设、保障机制等进行进一步细化规定。

最后，为稳步推进、提高制度的合理性，可以探索与公益试点一样，对行政检察工作实行试点，以社会高度关注、人民群众反映强烈的突出问题为重点开展监督，逐步推行，应在取得经验、建立工作机制后再逐步全面开展，确保制度更优化。

（二）行政违法行为检察的考核激励

法律难以有效实施的根本原因在于缺少推行法治的动力。如何推动法治发展，为法治建设注入强大的动力？仅凭公众日益高涨的维权热情显然不够，必须从我国实际出发，抓住行政主导社会经济发展的特点，以全新的政绩观为突破口，把法治引入政府官员的政绩考核体系，从而激发起各级政府推动法治建设的热情，使法治的推行由被动转为主动。[1]

---

〔1〕 马怀德：《法律事实有赖于"法治 GDP"的建立》，载《人民论坛》2011 年第 29 期。

以行政公益诉讼的推行为例，不少省市均将公益诉讼情况纳入党风廉政建设主体责任检查内容和绩效考核范畴。其一，对领导干部干预、插手公益诉讼的情况，纳入党风廉政建设主体责任检查内容和党政领导班子实绩考核评价指标体系。其二，应当和行政诉讼一样，要求行政机关负责人出庭，把行政机关应诉表现、诉讼结果、对法院生效裁判履行情况纳入对政府及政府部门的年度综合目标管理绩效考核，通过考核奖惩机制，督促行政机关不断提高依法行政水平。其三，重视诉前检察建议，要求行政机关对照建议内容自查，主动依法履职，及时纠正违法或不当行政行为，不得以各种理由推脱、延迟落实和反馈，对整改落实情况在相关绩效和法治考核中予以体现。

因此，推动行政违法行为检察工作，可以依托政府管理权，将行政执法与行政检察衔接机制建设纳入两级考核。由各级政府法制办牵头，在强化对行政执法机关及行政执法活动监督的基础上，根据法律法规规定和地方实际，制定同级行政执法与行政检察衔接机制建设目标管理考核细则，充分发挥考评考核指挥棒作用，修改完善工作考评和业绩考核办法，增加行政违法行为监督工作的考评项目和分值。具体由省级政府法制办牵头制定省级和对下考核细则及市、县两级考核工作指导意见，再由市、县两级政府法制办，根据上级指导意见、参照省级考核细则、结合当地实际，制定具体考核细则，进一步细化标准和内容。在考核工作中，实行两级考核机制，即省级政府法制办负责考核同级和市级行政执法机关行政执法与行政检察衔接机制建设工作，市级政府法制办负责考核同级和县级行政执法机关行政执法与行政检察衔接机制建设工作，对行政执法机关的考核，要重点听取同级检察机关、审判机关和公安机关的鉴定意见，作出最终考核结果，切实增强考核工作的针对性、实效性和公信力。

（三）行政违法行为检察的监督和救济

检察官不是上帝或天使在人间的化身，而是和法官、警官一样的血肉之躯，同样会有滥权的问题。显然，以"滥"易"滥"，以检察官之"恣意"易警官（行政执法者）之"恣意"绝非检察官制度设立之初衷。[1]检察权属于国家公权力，具有一般公权力的基本属性，即扩张性与滥用性。尽管检察

---

〔1〕 参见林钰雄：《检察官论》，法律出版社 2008 年版，第 134 页。

权没有实体决定权，但如果不对检察权进行有效的监督和制约，检察权也会脱离运行轨道甚至走向滥用，在当前反腐倡廉、强化权力监督的大背景之下，"谁来监督监督者"是一个现实问题和法律问题。"检察权所要求的公信力决定了检察活动必须接受监督和制约。检察权作为一种监督性权力，只有在其本身具有良好的公信力的前提下，所作出的监督行为和决定才能让监督对象接受和信服。"[1]要进一步规范司法行为，强化对检察权运行的即时性、过程性、系统性监管。建立常态化司法办案质量和效果评估机制，深入开展案件评查、业务考评、办案分析等工作，实事求是评价办案质量和效果，督促和引导办案人员依法规范办案。检察权在实际的运行中因缺乏应有的监督约束机制，也存在着滥用权力的现象。[2]因此，建立对行政检察监督权的有效约束机制，也是制度建设的重要一环。具体来说：

第一，应当加强人大对检察权的监督和支持，完善工作报告、选举任免等制度。对于检察机关行政检察工作，各级人大常委会可以通过专项检查或者听取专项报告等方式进行监督。第二，要加强检察系统内部的监督，实现"内部机构分工明晰，上下级监督有力"的新局面。合理的分工能够达到制约权力，防止权力滥用的效果。"检察一体化"既有利于加强检察权对其他权力的监督，也有利于检察系统内部上级检察机关对下级检察机关的约束。第三，完善人民监督员制度，保障检察权的正确行使。改进人民监督员的选任方式、完善监督工作程序、扩大监督范围以及加强工作保障等。第四，探索建立行政违法行为检察监督公开制度，合理引导公民和舆论监督，让行政违法行为检察权在阳光下运行。第五，告知救济权利。检察机关依法作出审查监督决定后，行政执法机关或行政管理相对人若认为检察机关的监督行为不正确，或认为检察机关工作人员在行使监督的过程中有违法乱纪行为，可以向有关部门提出申诉或控告，也可提请上级检察机关进行申诉复核，以保证检察机关依法监督，防止滥用行政监督权。经审查不存在行政机关违法行使职权或者不行使职权情形，或者在案件办理期间，行政机关自行纠正行政违法行为或者履行法定职责的，检察机关应当终结审查。

---

〔1〕 朱孝清、张智辉主编：《检察学》，中国检察出版社 2010 年版，第 495 页。
〔2〕 参见郭立新、张红梅：《检察权的外部监督制约机制研究》，载《河北法学》2007 年第 2 期。

九、行政违法行为检察的优化内外部衔接

行政违法行为检察监督的行使应当注意与其他监督方式的衔接，规范行政违法行为检察监督的范围、方式、流程、机制等，建构内强协作、外聚合力的多维度的配套机制和规范流程，形成具有系统性、全局性和全面性特点的行政检察监督新机制。

（一）行政违法行为检察与其他检察监督的衔接

行政违法行为检察监督具有专门性和程序性特点，该项监督又是一项综合工程，在检察机关内部涉及民事、刑事、行政、公益诉讼、控申等多个部门，需要检察机关内部加强线索移送、调查核实等方面的协作配合。必要时还应加强上下级检察院、不同地区检察院之间的协作配合。具体来说：

一是案件线索移送机制。行政检察部门与其他业务部门间建立案件线索互动机制，相互交换刑事犯罪线索和行政执法检察监督线索，及时发现和预防渎职侵权行为，及时移送刑事案件，有力提升行政效能。例如实践中，检察机关内部承担"两法衔接"具体工作的是侦查监督部门，其在此方面的主要工作是对行政机关是否依法将涉嫌犯罪的案件移交公安机关、公安机关是否依法对移送的犯罪线索予以立案等。但从行政检察部门的职能来看，对不涉嫌犯罪的行政执法活动进行日常法律监督，正是行政违法行为检察监督权。从这个意义上讲，行政违法行为检察权是行政执法与刑事司法之间的桥梁。目前，检察机关内部的行政检察部门正在进行此方面的探索和尝试，加强行政执法和刑事司法双向衔接工作。对于那些一般行政违法行为，由行政检察部门以督促起诉、督促履行职责、纠正违法、检察建议等方式进行纠正；对于涉及行政执法过程中查处的犯罪线索移送问题，则由刑事检察部门负责，相关刑事检察部门按照管辖案件类别分别办理。刑事检察部门经审查，认为行政执法机关对涉嫌犯罪案件应当移送公安机关立案侦查而不移送的，应当建议行政执法机关及时向公安机关移送案件。对于公安机关可能存在应当立案而不立案情形的，应当依法开展立案监督。其他办案部门在履行检察职能过程中，发现行政违法涉嫌犯罪线索的，应当及时移送刑事检察部门。检察机关决定不起诉的案件，承办刑事检察部门应当在作出不起诉决定后，提出是否需要对被不起诉人给予行政处罚的意见，并移送行政检察部门审查。行

政检察部门审查后，认为需要给予行政处罚的，提出检察意见，移送行政主管机关处理。通过合理的检察机关内部机构职能分工，最大程度地发挥行政违法行为检察的监督效果。

二是联席会议机制。检察机关建立内部协调机制的，由行政检察部门牵头，定期召开由相关业务部门组成的联席会议，交流行政违法行为检察监督的形势，通报行政违法行为监督工作情况，研究解决协作中出现的问题，研究确定阶段性工作重点，结合具体案情，分析不当行政执法行为发生的原因、特点、手段和变化趋势，提出对策措施等。

三是案件协查机制。行政检察部门根据办理案件的需要，可与移送案件线索的部门协同调查。人民检察院对行政违法行为进行监督，由违法行使职权或者不行使职权的行政机关的同级人民检察院管辖。违法行使职权或者不行使职权的行政机关是市、县级人民政府的，由上一级人民检察院管辖。如上海市某基层院民事行政检察部门在办理某街道涉诉案件时，发现可能存在国有资产流失的情形，及时向职务犯罪侦查部门移送案件线索，通过技术手段查证部分证据材料后，民事行政检察部门据此督促有关行政部门履职。

四是设立跨行政区划检察院。《全面推进依法治国的决定》提出："探索设立跨行政区划的人民法院和人民检察院，办理跨地区案件。"这是依法治国的重大战略部署，也是保障检察权依法公正高效运行的重大举措。当前我国检察机关设置上，采取与行政区划相对应的体制。受属地因素、人情社会等制约，开展行政检察监督极易受到干扰。跨行政区划检察院的设立，能够在一定程度上避免同级政府对检察院的干扰，进一步保障检察权的依法公开独立行使，保证国家法律统一正确实施。从世界范围来看，跨行政区划司法机关是一种比较成熟的司法制度。从我国北京、上海试点地区情况来看，自2014年12月开展跨行政区划检察院改革试点工作以来，一些跨地区案件和特殊类型案件由跨行政区划检察院办理，效果良好。因此可以借鉴此项改革措施经验，先授予铁路运输等跨行政区划检察机关开展行政检察试点工作，规定除了上级人民检察院可以办理下级人民检察院管辖的重大、疑难、复杂或者有重大社会影响的案件外，也可以指定其他人民检察院或者跨行政区划人民检察院管辖。此外，还要发挥上下级检察院一体化办案优势，通过案件繁简分流和审查方式创新，实行简案快审、繁案精办、类案深挖的办案模式。[1]针对行政监督案件管辖办理中存在的上下级"倒三角"分布的问题，可以通过建立下级院辅助上级院办案的工作机制，帮助缓解上级院的办案压力。对于上级院而言，需要跟进、指导基层院开展行政违法行为检察工作，尤其是要重点关注未取得监督效果的一类案件，及时做到跟进监督、归纳问题，通过统一协调而形成监督合力。

五是落实数字检察战略。坚持"业务主导、数据整合、技术支撑、重在应用"的数字检察工作模式，依托信息共享平台，充分挖掘运用"两法衔接"和行政违法行为监督数据资源，加强顶层设计、整体统筹，注重办案模型的研发、应用与推广。检察机关各业务部门应当根据办案需要，会同检察技术信息部门持续拓展细化分领域、分类别法律监督模型开发和应用，并及时反馈平台使用问题，协助做好平台完善工作。在检察业务应用系统中开发"两法衔接"和行政违法行为监督案件模块，细化案件办理流程、移送标准等内容，实现相关案件网上移送、线上监督。

（二）行政违法行为检察与党委、人大和政府的衔接

行政违法行为检察监督是一项系统化的工作，非检察机关单独能够完成，没有党委、政府的统筹协调，没有行政执法机关的配合，是无法取得应有实效的。当前，我国的检察机关实行双重领导体制，即根据行政区划的不同设置相应级别的检察院，地方各级检察院既受上级检察院的领导，又受同级党委的领导和同级人大的监督，同时还要注重协调好与同级政府、法院的关系。上下级检察院之间侧重于工作上的领导，而地方党委、人大侧重于对检察院的人事任免、综合领导等。即便是司法改革后，基层院的人、财、物实行由省院统一管理，也难以彻底消除地方的影响。检察机关往往在人员编制和经费等方面对地方党委、政府存在依附关系，检察机关为了自身发展需要，不得不协调处理好与相关行政部门的关系，由于存在这些体制方面的客观制约，自然会影响检察机关对行政权的监督效果。当然，换个角度看，司法的地方化或者说双重领导体制，实践中也是有好处的，就是可以两头借力、两头推脱来排除不当办案干扰。检察机关与行政机关之间监督与配合的关系能否协调处理，关系到行政违法行为检察制度是否具有生命力。因此充分发挥行政

---

〔1〕　参见梁春程：《区分不同"案型"提升行政检察监督质效》，载《检察日报》2019年9月17日，第3版。

违法行为检察监督职能，需要全社会特别是党委、人大对行政检察工作的理解、重视和支持，这是行政检察工作进一步发展的重要条件。具体来说：

第一，要主动汇报工作，积极争取各级党委、人大对行政检察监督工作的支持和帮助，努力营造良好工作环境，积极主动加强与相关行政机关和部门的沟通配合，减少干扰阻力，争取理解支持，形成行政违法行为检察的监督工作合力。必要时，检察机关可以向同级人大常委会予以专门请示报告，向其汇报对行政违法行为的监督进展情况以及行政机关的态度，获得人大的支持，保障检察监督工作的有效开展。例如，近期江苏省镇江市人大常委会通过的《关于加强行政执法检察监督工作的决议》，一方面，要求检察机关逐步建立行政执法检察建议和检察建议落实情况报送该市人大常委会相关工作机构备案制度，提高检察建议的公信力和执行力；另一方面，该市人大常委会将对行政执法机关接受与落实检察建议的情况依法进行监督。

第二，在党委的领导下，建立检察机关与行政执法机关的沟通协调、监督配合机制。一方面，党委政府要做好思想宣传工作，要求行政执法机关与检察机关统一思想，深化认识行政违法行为检察监督的重要性，从促进依法行政、推进依法治国的重要举措角度，正确理解检察机关对行政违法行为进行监督的目的，消除抵制情绪，积极地参与其中，主动接受监督。另一方面，一味强调斗争性和以权力制约为理论基础的监督制度，在实践中会出现各种权力体系相互排斥乃至敌对的现象。检察机关与行政执法机关应当强化沟通协调，互通有无，坦诚相待，共同制定出具体的、操作性强的执行规则。检察机关在行政违法行为监督工作中，可以借鉴长期以来与公安机关在刑事诉讼领域中相互配合、相互制约的经验。具体而言，检察机关应当与行政执法机关共同协商确定执法信息共享的范围和方式，确定检察机关与行政执法机关的对接联系机制，确定检察机关对行政违法行为的具体监督程序等，实现监督和支持的共存并举。

第三，争取政府的支持，与其建立信息联系机制，构筑与行政执法机关的沟通平台，以便及时地发现相关案件线索，争取行政机关的配合。要强化行政违法行为检察监督的实际效果，就必须赋予检察机关对行政机关行政行为的知情权。检察机关对行政执法活动中主要涉及的行政处罚、行政强制等行政案件信息的获悉权也称检察机关对行政执法行为的"知情权"，是检察机关介入行政执法行为并对其进行监督的基础。因此，检察机关应当注重与行政机关的沟通、协调与协同，积极向政府争取构建检察机关与行政机关的协作机制，联网共享平台信息，以保障检察机关知情权。在原有的"两法衔接"平台基础上，建立整合、统一的"行政执法事项信息库"，各行政执法部门应当及时、全面、准确地录入其所作出的执法行为的具体信息。同时建立"社会监督与投诉平台"，由行政相对人或人民群众对其接受或知悉的行政机关的不当执法行为进行网络投诉与曝光。检察机关通过这两个信息平台，及时掌握、了解行政执法行为性质、程序、结果等动态信息，对在其中发现的行政机关不作为、乱作为等违法行为，及时进行检察监督，拉长对行政机关违法行为的前后监督线，做到对行政机关具体行政行为的全程监督，这有助于将一些违法行政行为扼杀在萌芽之中，从总体上提高检察机关的监督效力，推动个案监督、类案整改、源头治理，推进法治国家、法治政府、法治社会一体建设。

（三）行政违法行为检察与监察监督的衔接

尽管国家监察体制改革旨在实现对所有行使公权力的公职人员监察全覆盖，但并不当然排斥行政违法行为检察的发展。比较两种监督可以发现，国家监察机关是对所有行使公权力的公职人员的监督，监督的对象是自然人而非组织，而行政违法行为检察的监督对象是国家机关，包括司法机关和行政机关，可以说前者系对人权，后者系对事权。这就为行政违法行为检察的发展留下了余地，也为行政违法行为检察工作的发展提供了这样一种可能，即借力国家监察机关，强化行政检察监督。具体来说：

第一，建立案件线索共享机制。行政违法行为产生的原因有其多样性，除因执法能力和水平限制导致的违法之外，另外还有行政不作为、乱作为，甚至以权谋私、徇私枉法、权钱交易等，其背后往往隐藏着贪污受贿、渎职侵权等职务犯罪线索。监察机关和检察机关在开展调查时，掌握的往往是第一手材料，其对违法行为产生的原因、损害后果也具有明确的判断，监察机关把办案中发现的适于行政违法行为检察的监督线索通报检察机关，检察机关将行政违法行为检察中发现的公职人员违纪违法线索通报国家监察机关，也可以经调查核实，向监察机关提出惩戒建议，由监察机关依法依纪处理，实现职能互补，对行政权的监督做到人、事全覆盖。

第二，借力国家监察机关对公职人员的全面监督，保障行政违法行为检察的监督实效。行政违法行为检察的监督刚性不足是实践中面临的一个难题，但检察权作为一种程序性的权力，不宜对监督方式直接赋予强制力。如行政抗诉中，审判权始终在法院，不能因为检察机关履行监督职能就影响法院独立行使审判权。检察建议更是如此，其终究是一种建议，本不应当具备强制力。因此，行政违法行为检察的监督强制力只能靠"借力"。以前借检察机关内部职务犯罪侦查部门的力，现在就要借国家监察机关的力。可以考虑在检察机关提出监督意见后抄送国家监察机关，监督对象的回复同样抄送国家监察机关，对未回复、未整改、回复情况与实际不符的，可提请监察机关通报。相关责任人员涉嫌违纪违法的，将案件线索移送纪委监委，以此来保证监督意见的落实。

第三，借力国家监察机关的办案力量。行政违法行为检察监督虽然侧重于对事的监督，但并不排斥对人的监督。例如，行政诉讼监督中，对审判人员违法行为的监督即是直接对人的监督，但这样的监督目前并未打开局面，原因在于相关办案力量和经验的缺乏。监察机关和检察机关都是监督行政权力的重要力量，在具体监督个案或者专项监督活动中，检察机关可以借力国家监察机关的办案力量，与国家监察机关联合办案，突破相关领域监督瓶颈。

（四）行政违法行为检察与审判监督的衔接

检察权要与司法权形成合力，共同对付行政权，而不是相互间的内耗。[1]要立足于宪法确立的国家根本制度、政权组织体系、一府两院体制，在人民代表大会制度框架内，推进一府两院体制创新发展，进一步明确法院、检察院功能定位，突出法院裁决行政纠纷的职能作用，强化检察机关对行政违法行为监督的职能作用，形成法院、检察院对政府及其部门的有效制约机制，通过法院、检察院依法独立公正司法推进政府及其部门依法行政，逐步实现"府院"关系正常化、制度化、规范化、程序化。这是全面推进依法治国、深入推进依法行政，全面建设法治国家、加快建设法治政府的重大制度性选择。[2]

来自行政系统以外、具有适用法律的公正权威特质和相对专业的监督队

---

[1] 参见王春业、马群：《论以行政检察监督制约行政权》，载《湖北行政学院学报》2014年第1期。

[2] 参见肖金明：《法治中国建设从宪法出发》，载《法学论坛》2016年第3期。

伍，是制衡行政权最有效的制度设计之一。审判监督具有决断性，可以改变行政权的实践运行，但消极、中立的定位决定其监督需要信息来源和其他监督力量的配合；人事、财政受制于行政机关的处境又决定其独立面对行政权明显监督乏力。检察监督具有法律授权的监督手段和相对专业的从业队伍，同时可以积极能动地实施监督手段，实现对行政行为和行政公务人员的双重监督，为审判监督提供体制内的信息来源；虽然在人事、财政方面同样受制于行政机关，但上下级检察院领导与被领导的关系使得行政检察比审判监督相对超脱。同时，检察权并没有实体上的处分权，单纯依靠检察权来制约行政权的行使，似乎难以取得应有的效果。因此在被动、中立的审判监督独立面对强大的行政权存在监督乏力的情况下，加强和完善行政检察职能，使得行政检察和审判监督相结合，构成完整的行政权司法监督制度，两者联手制衡行政权，是通过法律途径推动依法行政的现实需要，也是党和国家在新时期打造现代化治理体系对检察机关提出的时代要求，有利于为被侵害的社会公共利益和公民权益提供合法的救济途径，在法律框架内解决社会矛盾。

检察权与审判权的衔接过程中不能越俎代庖而替代法院审判，也不能掣肘摩擦而干扰法院审判，而是要保障法院裁判所确立的权利义务转化为客观现实，维护法律统一正确实施，实现立法意旨。[1]法院监督与检察监督是互补的关系，但也不可避免存在冲突，此时应当遵循以诉讼解决纠纷为主，检察监督次之的原则。法院监督是由当事人起诉并通过诉讼的方式对违法行政行为进行纠正的监督方式，检察监督是通过当事人申请或者在履行检察职责中发现线索从而对违法行政行为进行纠正的监督方式，两种监督的受案方式、受案范围、监督效力存在差别，二者有一定的互补性。通常而言，严重的行政违法行为由法院通过诉讼的方式予以纠正，检察监督只针对一般行政违法行为进行纠正。但是在二者都能监督的范围之内，例如当事人对行政强制措施不服的，当事人选择行政诉讼的途径来维权，那么检察机关则不能主动对该违法行政强制措施进行纠正，否则就会与法院的监督发生冲突。如果检察监督已经启动，当事人诉讼维权在后，那么也应当优先法院监督纠正，检察监督遵循谦抑性原则自动终止。此外，检察权与审判权在我国虽同属司法权，

---

〔1〕参见张雪樵：《经济行政权的法律监督：利益衡平的视角》，北京大学出版社 2012 年版，第 170 页。

但两者在权力运行等方面存在明显的区别，检察机关依职权监督违法行政行为，可以有效发挥行政行为背后的"法律之眼"和"有效控权"职能，防止违法行政行为侵权，具有纠偏和预防作用。因此检察机关一方面对法院审判活动进行监督，另一方面需要重点对行政机关干扰公正审理的行为，以及行政机关不正确履行行政诉讼义务影响行政诉讼依法进行等问题进行监督，帮助人民法院抵御不良干预，促进公正审判和依法行政。

（五）行政违法行为检察与行政复议监督的衔接

党的十九大报告指出，全面依法治国是国家治理的一场深刻革命，必须坚持厉行法治，推进科学立法、严格执法、公正司法、全民守法。目前，国家成立中央全面依法治国领导小组，加强对法治中国建设的统一领导。各省市也相应成立由检察机关与当地党委纪检部门、审判机关、政府法制、司法行政、监察及审计等有关部门组成的相对固定的依法治省、依法治市、依法治区领导机构，其中依法治区委员会或者领导小组的办公室一般设在司法行政部门作为监督保障协调机构，政府法制部门归并于司法行政部门后，后者即负有统筹规划、综合协调、督促指导辖区内依法行政工作的职责，并具体负责行政复议制度的实施，与行政检察在监督行政违法行为上具有高度统一性。同时，作为负责内部监督的行政机关，其享有掌握信息及时、全面、便捷等优势，对行政机关威慑力较大，检察机关应与之加强协作，建立行政执法、行政复议与行政检察的衔接机制，争取取得更理想的监督效果。具体来说：

第一，应充分发挥检察机关与司法行政部门均为领导小组成员的便利，加强经常性工作联系，分别指定联络员，负责日常工作的联系和沟通。建立联席会议制度，定期相互通报行政执法监督工作开展情况，分析工作中存在的问题，研究提出进一步加强工作协作配合、建立健全长效工作机制的对策措施。例如，2018 年 4 月，浙江省建设法治政府（依法行政）工作领导小组办公室发布《行政执法监督规范化建设试点方案》，决定至 2019 年 9 月在乐清市、台州市黄岩区、长兴县三地开展行政执法监督规范化建设试点工作。在试点过程中，各地检察机关积极创建联合监督协作机制。如乐清市人民检察院与市司法局、市监察委等部门相互呼应，联合印发《乐清市行政执法政府法制监督、检察监督与行政监察协作实施方案》，建立"三位一体"行政执法监督协作、联席会议、监督信息互通、专家顾问等机制，采取"七段式"监督流程开展"点穴式"行政执法监督活动，集中解决了一批群众反映强烈的行政执法问题，及时消解了行政矛盾。

第二，检察机关在行政工作中发现行政违法行为属于行政复议事项和行政诉讼、行政赔偿、行政处罚等法律法规实施以及行政执法中带有普遍性问题的，应移送政府法制机构处理。例如，2019 年 5 月，浙江省长兴县建设法治政府（依法行政）工作领导小组办公室、长兴县人民法院、长兴县人民检察院联合印发《关于进一步推进行政争议实质性化解工作实施办法》，共同组建调解网络，确定专人负责行政调解工作，引导当事人将行政复议、行政诉讼以及尚未复议诉讼的行政争议提交调解，通过释明诉讼风险和协调化解，促成争议各方达成调解或和解。2019 年 10 月，浙江省余姚市人民检察院作为牵头部门，与余姚市司法局联合出台《关于在行政复议中共同推进行政争议实质性化解的工作意见》，建立行政复议案件审理过程检察参与机制、案件信息共享机制、释法说理机制和行政复议与公益诉讼检察衔接机制。

第三，建立信息资源共享和案件通报制度，对重大、复杂、敏感或社会反应强烈的行政执法监督案件，以及履职中发现的具有倾向性、普遍性的行政执法问题、社会矛盾化解等事项交流意见、商讨对策、凝聚共识，确保监督工作可持续性。例如，2019 年长兴县人民检察院联合县政府法制办对长兴县道路运输管理局的行政处罚案件进行评查，发现 22 件行政处罚案件存在明显程序违法，从处罚前告知到处罚决定送达，再到申请强制执行催告，行政机关违法适用公告送达损害了相对人陈述、申辩、复议、诉讼等重要程序性权利。法院对明显违法的行政行为未严格审查即作出准予执行裁定。2019 年 10 月 24 日，长兴县人民检察院依法向法院、道路运输管理局发出检察建议，建议单位及时回复，并联合开展专项整改。

第四，加强与司法行政机构的协作配合，利用组织开展定期或不定期的行政执法专项监督活动，分别对各行政机关行政执法行为是否存在滥用职权、违反法定程序等情形开展检查，对各行政机关行政审批、行政处罚等执法档案进行调阅、抽查，对其中程序不合法、执法手续不规范、实体处理违法或明显失当的执法案件，提出监督纠正建议。此外，还可以建立备案督促、跟踪反馈等衔接机制，形成监督合力，实现行政执法内部监督与外部监督有效衔接。

（六）行政违法行为检察与社会舆论监督的衔接

检察权与社会权的关系，关系到检察机关在社会公共关系中的定位。司法改革背景下做好检察工作，必须要坚持以人民为中心，营造良好的检察社会公共关系。例如，近年来检察机关开展的公益诉讼工作以及指导办理下的"昆山龙哥反杀案""赵宇案"等一系列正当防卫案例，在社会上引起广泛关注，获得社会公众的认同，体现了检察工作以人民为中心的先进理念。检察机关监督行政机关依法行政，既是为了保护行政相对人合法权益，也是依靠人民群众，以人民的名义行使法律监督权。在我国，国家一切权力属于人民，人民有权管理国家事务、监督公职人员。[1]我国宪法规定，公民对于任何国家机关和国家工作人员，有提出批评和建议的权利；对于任何国家机关和国家工作人员的违法失职行为，有向有关国家机关提出申诉、控告或者检举的权利，但是不得捏造或者歪曲事实进行诬告陷害。对于公民的申诉、控告或者检举，有关国家机关必须查清事实，负责处理，任何人不得压制和打击报复。检察机关监督行政机关依法行政，是保护行政相对人合法权益的重要途径，检察机关应积极受理公民、组织的申请，尊重和保障行政相对人的申诉、控告和举报权利。

以我国检察行政公益诉讼制度为例，法律规定行政公益诉讼只能由检察机关作为公益代表人提出，但从国外经验看，行政公益诉讼的提起主体应不限于检察机关。针对遭受损害的国有资产或者社会公共利益，行政执法部门不行使或者怠于行使监管职责，公民、法人或者其他组织应该也可以督促行政机关依法履职，保护国有资产安全和维护社会公共利益。针对公民、法人或者其他组织为原告、行政机关为被告的公益诉讼，参照民事公益诉讼中的支持起诉的诉前程序，检察机关在今后也应该及时介入，支持起诉。[2]此外，在行政诉讼中，原告与被告处于地位极度不对等状态，原告不愿、不能、不敢提起诉讼的情况并不少见，检察机关对原告支持起诉也符合支持起诉的立法精神。同时，检察机关对原告支持起诉，可以通过增强原告的力量，与人民法院形成合力来监督行政机关。当然，基于对原告诉权的基本尊重，通常情况下，检察机关支持起诉应基于原告的申请启动。但是，对于社会关注度

---

〔1〕 参见张步洪：《行政检察基本体系初论》，载《国家检察官学院学报》2011 年第 2 期。

〔2〕 参见张福坤、蒋毅：《支持起诉应适用于行政诉讼》，载《检察日报》2015 年 4 月 29 日，第 3 版。

高、有一定社会影响力或者损害国家利益、社会公共利益的行政违法行为，检察机关可以依职权启动支持起诉。

另外，当前媒体监督特别是网络自媒体监督已成为社会监督力量的重要方式，行政相对人、第三人敢于利用媒体渠道、社会力量曝光行政违法行为。检察机关应加强网络舆情检测，可以对媒体曝光的有社会影响的、人民群众关注度高的事件及时介入进行监督，拓展行政检察的线索来源。以检察行政公益诉讼为例，内蒙古腾格里沙漠污染案、太湖垃圾倾倒案、上海保护建筑拆迁案等一系列有重大影响的案件线索，都是检察机关通过网络舆情检测而进入检察环节予以挂牌督办。例如，2014 年 9 月 6 日，媒体报道内蒙古腾格里沙漠腹地部分地区出现排污池。据当地牧民反映，当地企业将未经处理的废水排入排污池，让其自然蒸发，然后将黏稠的沉淀物，用铲车铲出，直接埋在沙漠里面。通过网络舆情检测，最高人民检察院对进入检察环节的腾格里沙漠污染事件予以挂牌督办。[1]

因此，在推进行政违法行为检察工作时，应注重改进宣传方式，利用官方网站、"两微一端"等信息平台以及"举报宣传周""法制宣传日""检察开放日"等活动，加大行政违法行为检察职能宣传，提高社会各界对行政检察工作的认知度；突出对行政违法行为检察职能和监督效果的宣传，要把宣传工作与畅通申请监督渠道、引导群众依照法律程序正确申请监督等工作科学结合，在各级政务中心大厅宣传行政执法检察监督职责及监督范围，公布监督电话，解决行政执法监督案源问题，争取社会各界对行政违法行为检察工作的认知、认同和支持。推动与律师协会建立联络沟通制度，通过联席会议、座谈会等多种形式，向律师宣传行政检察的有关情况，通过律师代理申诉等制度提高行政检察的公众知晓度。聘请行政法以及各行政管理专业领域的咨询专家或者任命为具体案件汇总的特别检察官助理，协助检察官办理行政违法行为检察案件，提供智力支持和保障。

---

〔1〕　参见《最高检挂牌督办 4 起腾格里沙漠污染环境案》，载 http://www.spp.gov.cn/ztk/2015/sthj/dxal/201506/t20150616_99520.shtml，最后访问日期：2024 年 9 月 1 日。

结　语

　　行政违法行为检察，是指检察机关对行政主体在公共行政活动中存在的违法行为予以督促纠正的法律监督活动，其兼具法律监督、行政法制监督和司法监督的属性，以维护宪法法律统一正确实施为根本目标，以权力监督和权利保障为主要目的。行政违法行为检察的监督对象为行政主体实施的公共行政活动，监督范围聚焦于行政处罚、行政许可、行政强制等与社会大局、公共利益、公民权利密切相关的领域，以具体行政行为为主、抽象行政行为为辅，合法性为主，合理性为辅，恪守"履职中发现"的启动原则。行政违法行为检察体系包括行政执法检察、行政强制措施检察、抽象行政行为检察、正反双向"两法衔接"机制和行政公益诉讼等具体制度。

　　新时代司法改革的三大目标是强化优化党的领导、构建协调高效的司法体系、建立健全高效权威的社会主义司法制度。新时代中国检察制度的主要目的是补齐短板、补强弱项，全面提升办案质效、提升司法能力，推动"四大检察"全面协调充分发展。行政违法行为检察具有坚实的政策支撑、实定法依据、法理基础和丰富的实践经验。在当前深化司法改革的背景下探索完善行政违法行为检察制度，不仅有利于填补和整合行政法制监督体系，促进行政机关依法行政、严格执法，保护国家和社会公共利益，保障公民基本权利，也有利于巩固检察机关作为国家法律监督机关的重要地位，优化司法职权配置，完善法律监督体系，更有利于激发创新国家治理的主体和方式，完善国家治理体系，实现国家治理的齐抓共管、共赢多赢。

　　本书立足于当前司法改革的背景之下，在对行政违法行为检察的历史发展、语义演变、法理依据、实践探索进行研究的基础上，在职务犯罪侦查和行政诉讼检察之外，重新阐述和解读行政违法行为检察的概念和体系，对其在实践中存在的诸多问题进行了剖析，提出应从权力决断能力和权力规训能力角度强化行政检察的权力配置，遵循职权法定、公益优位、司法谦抑、检察一体、程序正当等原则。在立法上，应当以《人民检察院组织法》为中心，以"行政程序法"为支撑，以《警察法》《行政处罚法》《行政强制法》等部门法为着力点，以《监察法》、《行政诉讼法》、《行政复议法》为连接，以"人民检察院行政违法行为检察监督规则"为操作细则，构建多层次、系统化的制度设计和法律规范。监督程序方式应采用司法化、案件化的办理形式，建立案件线索移送、受理审查、调查核实、建议处理、监督复核等一系列工作程序，并进一步探讨了针对不同程度和类型下的行政违法行为，检察机关应当如何选择行政检察方式及其效力的问题，提出检察机关在履行行政法制监督职责时，应主动向党委、人大报告并接受监督，在恪守权力界分的基础上，做好行政检察与立法监督、监察监督、诉讼监督、复议监督、社会监督、舆论监督的衔接，积极配合国家建构内外结合、上下配套、纵横交错的行政法制监督体系。

　　当然，新时代我国行政法治领域的进步和发展是巨大的，以"放管服"和国家机构改革为代表的政府管理和行政执法体制改革力度空前，以国家监察体制改革和《行政诉讼法》修改为背景的各项行政法制监督制度也不断完善。本书虽然为行政违法行为检察"鼓与呼"，但并不欲过于夸大其作用功能。客观地讲，该项制度最终能否确立以及运行效果如何，需要完备的顶层设计与立法支撑，需要社会公众、政府及其他国家机构的支持配合，还需要检察系统以外更多的法学研究力量的参与。"小荷才露尖尖角，早有蜻蜓立上头。"相信不久的将来，行政违法新检察制度也会如检察行政公益诉讼制度一样，落地、生根、发芽、成长！

参考文献

一、著作及译著类

1. 中共中央文献研究室编:《习近平关于全面依法治国论述摘编》,中央文献出版社 2015 年版。

2. 习近平:《论坚持全面依法治国》,中央文献出版社 2020 年版。

3. 《邓小平文集(一九四九——一九七四年)》(中卷),人民出版社 2014 年版。

4. 《彭真传》编写组编:《彭真传》,中央文献出版社 2012 年版。

5. 刘复之:《刘复之回忆录》,中央文献出版社 2010 年版。

6. 费孝通:《乡土中国 生育制度》,北京大学出版社 1998 年版。

7. 王桂五:《敬业求是集——载笔检察四十年》,中国政法大学出版社 1992 年版。

8. 王桂五:《人民检察制度概论》,法律出版社 1982 年版。

9. 王桂五:《王桂五论检察》,中国检察出版社 2008 年版。

10. 王名扬:《英国行政法》,中国政法大学出版社 1987 年版。

11. 罗豪才主编:《行政审判问题研究》,北京大学出版社 1990 年版。

12. 张文显:《法哲学范畴研究》(修订版),中国政法大学出版社 2001 年版。

13. 周永坤:《法理学》,法律出版社 2004 年版。

14. 王人博:《法的中国性》,广西师范大学出版社 2014 年版。

15. 季卫东:《法治秩序的建构》,中国政法大学出版社 1999 年版。

16. 陈力铭:《违宪审查与权力制衡》,人民法院出版社 2005 年版。

17. 高兆明:《制度公正论:变革时期道德失范研究》,上海文艺出版社 2001 年版。

18. 胡建淼主编:《公权力研究——立法权·行政权·司法权》,浙江大学出版社 2005 年版。

19. 蔡定剑:《国家监督制度》,中国法制出版社 1991 年版。

20. 叶必丰：《行政法的人文精神》，北京大学出版社 2005 年版。

21. 章剑生：《行政监督研究》，人民出版社 2001 年版。

22. 章剑生：《现代行政法基本理论》，法律出版社 2008 年版。

23. 章剑生：《现代行政法总论》，法律出版社 2014 年版。

24. 章志远：《行政法学总论》，北京大学出版社 2014 年版。

25. 杨小君：《我国行政复议制度研究》，法律出版社 2002 年版。

26. 何海波：《行政诉讼法》，法律出版社 2016 年版。

27. 田凯：《行政公诉论》，中国检察出版社 2009 年版。

28. 张步洪：《行政检察制度论》，中国检察出版社 2013 年版。

29. 傅国云：《行政检察监督研究：从历史变迁到制度架构》，法律出版社 2014 年版。

30. 谢鹏程选编：《前苏联检察制度》，中国检察出版社 2008 年版。

31. 谢鹏程等：《行政执法检察监督论》，中国检察出版社 2016 年版。

32. 韩成军：《依法治国视野下行政权的检察监督》，中国检察出版社 2015 年版。

33. 谢佑平等：《中国检察监督的政治性与司法性研究》，中国检察出版社 2010 年版。

34. 王戬：《不同权力结构模式下的检察权研究》，法律出版社 2011 年版。

35. 查庆九：《现代行政法理念——以可持续发展为背景》，法律出版社 2012 年版。

36. 张雪樵：《经济行政权的法律监督：利益衡平的视角》，北京大学出版社 2012 年版。

37. 刘方：《检察制度史纲要》，法律出版社 2007 年版。

38. 孔繁华：《行政诉讼性质研究》，人民出版社 2011 年版。

39. 侯志山、侯志光：《行政监督与制约研究》，北京大学出版社 2013 年版。

40. 程荣斌主编：《检察制度的理论与实践》，中国人民大学出版社 1990 年版。

41. 伍劲松：《行政解释研究——以行政执法与适用为视角》，人民出版社 2010 年版。

42. 肖建国：《民事诉讼程序价值论》，中国人民大学出版社 2000 年版。

43. 陈宏彩：《行政监察专员制度比较研究》，学林出版社 2009 年版。

44. 王波：《执法过程的性质：法律在一个城市工商所的现实运作》，法律出版社 2011 年版。

45. 江必新、梁凤云：《行政诉讼法理论与实务》（上卷），北京大学出版社 2011 年版。

46. 最高人民检察院行政检察研究基地、武汉大学行政检察研究中心编：《《中国行政检察发展报告（2020 年）》，中国检察出版社 2021 年版。

47. 沈岿：《行政法理论基础：传统与革新》，清华大学出版社 2022 年版。

48. 陈新民：《公法学札记》，中国政法大学出版社 2001 年版。

49. 林钰雄：《检察官论》，法律出版社 2008 年版。

50. 叶俊荣：《环境政策与法律》，中国政法大学出版社 2003 年版。

51. 陈清秀：《行政诉讼法》，法律出版社 2016 年版。

52. ［法］卢梭：《社会契约论》，何兆武译，商务印书馆 2003 年版。

53. ［法］孟德斯鸠：《论法的精神》，严复译，上海三联书店 2009 年版。

54. ［法］莱昂·狄骥：《公法的变迁·法律与国家》，郑戈、冷静译，辽海出版社、春风文艺出版社 1999 年版。

55. ［法］雷蒙·阿隆：《社会学主要思潮》，葛志强等译，华夏出版社 2000 年版。

56. ［德］哈特穆特·毛雷尔：《行政法学总论》，高家伟译，法律出版社 2000 年版。

57. ［法］卡斯东·斯特法尼等：《法国刑事诉讼法精义》（上），罗结珍译，中国政法大学出版社 1999 年版。

58. ［英］威廉·韦德：《行政法》，徐炳等译，中国大百科全书出版社 1997 年版。

59. ［美］汉密尔顿等：《联邦党人文集》，程逢如等译，商务印书馆 1980 年版。

60. ［英］阿克顿：《自由与权力——阿克顿勋爵论说文集》，侯健、范亚峰译，商务印书馆 2001 年版。

61. ［美］E·博登海默：《法理学：法律哲学与法律方法》，邓正来译，中国政法大学出版社 2004 年版。

62. ［美］米尔伊安·R. 达玛什卡：《司法和国家权力的多种面孔——比较视野中的法律程序》，郑戈译，中国政法大学出版社 2015 年版。

63. ［俄］IO. E. 维诺库罗夫主编：《检察监督》，刘向文译，中国检察出版社 2009 年版。

64. ［瑞典］本特·维斯兰德尔：《瑞典的议会监察专员》，程洁译，清华大学出版社 2001 年版。

65. ［英］罗伯特·鲍德温等编：《牛津规制手册》，宋华琳等译，上海三联书店 2017 年版。

二、编著类

1. 张思卿主编：《检察大辞典》，上海辞书出版社 1996 年版。

2. 张文显主编：《法理学》，高等教育出版社、北京大学出版社 2007 年版。

3. 周叶中主编：《宪法》，高等教育出版社、北京大学出版社 2005 年版。

4. 罗豪才主编：《中国司法审查制度》，北京大学出版社 1993 年版。

5. 罗豪才主编：《行政法学》，中国政法大学出版社 1999 年版。

6. 姜明安主编：《行政法与行政诉讼法》，北京大学出版社、高等教育出版社 2015 年版。

7. 朱孝清、张智辉主编：《检察学》，中国检察出版社 2010 年版。

8. 闵钐编：《中国检察史资料选编》，中国检察出版社 2008 年版。

9. 马怀德主编：《行政法前沿问题研究：中国特色社会主义法治政府论要》，中国政法大学出版社 2018 年版。

10. 信春鹰主编：《中华人民共和国行政诉讼法释义》，法律出版社 2014 年版。

11. 樊崇义主编：《检察制度原理》，法律出版社 2009 年版。

12. 刘远、王大海主编：《行政执法与刑事执法衔接机制论要》，中国检察出版社 2006 年版。

13. 江必新、邵长茂：《新行政诉讼法修改条文理解与适用》，中国法制出版社 2015 年版。

14. 王松苗主编：《共和国检察人物》，中国检察出版社 2009 年版。

15. 最高人民检察院行政检察厅、中国法学会行政法学研究会编：《2020 年度十大行政检察典型案例》，中国检察出版社 2021 年版。

16. 最高人民检察院行政检察厅、中国法学会行政法学研究会编：《2021 年度十大行政检察典型案例》，中国检察出版社 2022 年版。

17. 翁岳生编：《行政法》（上），中国法制出版社 2002 年版。

18. ［英］戴维·米勒、韦农·波格丹诺编，邓正来主编：《布莱克维尔政治学百科全书》，中国政法大学出版社 1992 年版。

三、杂志类

1. 王桂五：《检察制度与行政诉讼》，载《中国法学》1987 年第 2 期。

2. 孙谦：《设置行政公诉的价值目标与制度构想》，载《中国社会科学》2011 年第 1 期。

3. 孙谦：《论建立行政公诉制度的必要性与可行性》，载《法学家》2006 年第 3 期。

4. 孙谦：《中国的检察改革》，载《法学研究》2003 年第 6 期。

5. 朱孝清：《中国检察制度的几个问题》，载《中国法学》2007 年第 2 期。

6. 张雪樵：《违法行政检察监督机制的谱系化》，载《人民检察》2016 年第 11 期。

7. 江必新：《〈行政诉讼法〉与抽象行政行为》，载《行政法学研究》2009 年第 3 期。

8. 杨立新：《新中国民事行政检察发展前瞻》，载《河南省政法管理干部学院学报》1999 年第 2 期。

9. 杨立新、张步洪：《行政公诉制度初探》，载《行政法学研究》1999 年第 4 期。

10. 胡卫列：《检察机关提起行政公诉简论》，载《人民检察》2001 年第 5 期。

11. 胡卫列：《行政诉讼检察监督论要》，载《国家检察官学院学报》2000 年第 3 期。

12. 胡卫列、田凯：《检察机关提起行政公益诉讼试点情况研究》，载《行政法学研究》2017 年第 2 期。

13. 胡卫列、迟晓燕：《从试点情况看行政公益诉讼诉前程序》，载《国家检察官学院学报》2017 年第 2 期。

14. 刘艺：《构建行政检察监督机制的意义、方法和重点》，载《人民检察》2016 年第 16 期。

15. 刘艺：《检察公益诉讼的司法实践与理论探索》，载《国家检察官学院学报》2017 年第 2 期。

16. 刘艺：《构建行政公益诉讼的客观诉讼机制》，载《法学研究》2018 年第 3 期。

17. 田凯：《论国外行政公诉的产生与发展》，载《西南政法大学学报》2008 年第 3 期。

18. 田凯：《论行政公诉制度的法理基础》，载《河南社会科学》2010 年第 5 期。

19. 田凯：《行政检察制度初论》，载《人民检察》2014 年第 11 期。

20. 傅国云：《行政公诉的法理与制度建构——一个法律监督的视角》，载《浙江大学学报（人文社会科学版）》2007 年第 2 期。

21. 傅国云：《行政检察监督的特性、原则与立法完善》，载《人民检察》2014 年第 13 期。

22. 傅国云：《行政执法检察机制改革的几点设想》，载《法治研究》2016 年第 3 期。

23. 傅国云：《行政检察构建多元化争议解决机制实现案结事了政和——以浙江检察为样本》，载《人民检察》2020 年第 8 期。

24. 傅国云：《论行政执法检察监督》，载《法治研究》2017 年第 4 期。

25. 刘向文、王圭宇：《俄罗斯联邦检察机关的"一般监督"职能及其对我国的启示》，载《行政法学研究》2012 年第 1 期。

26. 韩成军：《行政权检察监督的若干思考》，载《河南社会科学》2014 年第 8 期。

27. 韩成军：《人民代表大会制度下检察机关一般监督权的配置》，载《当代法学》2012 年第 6 期。

28. 韩成军：《苏联、俄罗斯行政执法检察监督对我国的启示》，载《河南社会科学》2015 年第 11 期。

29. 韩成军：《英、美行政执法检察监督对我国的启示》，载《河北法学》2015 年第 12 期。

30. 韩成军：《法德日行政执法检察监督机制对我国的启示》，载《江西社会科学》2015 年第 11 期。

31. 王建国：《列宁的检察权思想理论及其对当代中国的影响》，载《湖北社会科学》2009 年第 6 期。

32. 蔡定剑：《司法改革中检察职能的转变》，载《政治与法律》1999 年第 1 期。

33. 蒋德海：《法律监督还是诉讼监督》，载《华东政法大学学报》2009 年第 3 期。

34. 张智辉：《"法律监督"辨析》，载《人民检察》2000 年第 5 期。

35. 张智辉、谢鹏程：《现代检察制度的法理基础——关于当前检察理论研究学术动态的对话》，载《国家检察官学院学报》2002 年第 4 期。

36. 谢鹏程：《行政处罚法律监督制度简论》，载《人民检察》2013 年第 15 期。

37. 邓思清：《我国检察机关行政公诉权的程序构建——兼论对我国〈行政诉讼法〉的修改》，载《国家检察官学院学报》2011 年第 4 期。

38. 闵钐：《检察权配置的历史变迁与反思》，载《国家检察官学院学报》2010 年第 5 期。

39. 王玄玮：《论检察权对行政权的法律监督》，载《国家检察官学院学报》2011 年第 3 期。

40. 吕涛：《行政检察新论》，载《人民检察》2015 年第 2 期。

41. 肖中扬：《诉讼外行政检察监督顶层设计刍议——以"宁夏经验"为基点推动制度机制的构建》，载《人民检察》2015 年第 6 期。

42. 肖中扬、杨静：《论"三农"行政检察》，载《中国刑事法杂志》2017 年第 2 期。

43. 肖中扬：《论知识产权行政检察》，载《知识产权》2017 年第 6 期。

44. 肖中扬：《论新时代行政检察》，载《法学评论》2019 年第 1 期。

45. 张步洪、孟鸿志：《检察机关对公共行政的监督》，载《人民检察》2001 年第 9 期。

46. 张步洪：《行政检察基本体系初论》，载《国家检察官学院学报》2011 年第 2 期。

47. 张步洪：《行政诉讼检察监督规则的设计与适用》，载《人民法治》2016 年第 7 期。

48. 肖金明：《论检察权能及其转型》，载《法学论坛》2009 年第 6 期。

49. 肖金明：《法治中国建设从宪法出发》，载《法学论坛》2016 年第 3 期。

50. 胡玉鸿：《"以权利制约权力"辨》，载《法学》2000 年第 9 期。

51. 陈卫东：《我国检察权的反思与重构——以公诉权为核心的分析》，载《法学研究》2002 年第 2 期。

52. 袁曙宏：《论加强对行政权力的制约和监督》，载《法学论坛》2003 年第 2 期。

53. 梁上上：《公共利益与利益衡量》，载《政法论坛》2016 年第 6 期。

54. 姚建宗：《法律的政治逻辑阐释》，载《政治学研究》2010 年第 2 期。

55. 张志铭、于浩：《国际检察官职业伦理评析》，载《国家检察官学院学报》2014 年第 1 期。

56. 陈金钊：《"法治中国"的意义阐释》，载《东方法学》2014 年第 4 期。

57. 信春鹰：《我国的行政强制法律制度》，载《中国人大》2005 年第 18 期。

58. 应松年等：《行政诉讼检察监督制度的改革与完善》，载《国家检察官学院学报》2015 年第 3 期。

59. 郑春燕：《论民众诉讼》，载《法学》2001 年第 4 期。

60. 王太高：《论行政公益诉讼》，载《法学研究》2002 年第 5 期。

61. 王太高：《诉的利益与行政公益诉讼》，载《甘肃政法学院学报》2007 年第 6 期。

62. 黄学贤：《行政公益诉讼若干热点问题探讨》，载《法学》2005 年第 10 期。

63. 黄学贤：《形式作为而实质不作为行政行为探讨——行政不作为的新视角》，载《中国法学》2009 年第 5 期。

64. 关保英：《行政公益诉讼的范畴研究》，载《法律科学（西北政法大学学报）》2009 年第 4 期。

65. 马怀德、吴华：《对我国行政诉讼类型的反思与重构》，载《政法论坛》2001 年第

5 期。

66. 马怀德：《再论国家监察立法的主要问题》，载《行政法学研究》2018 年第 1 期。

67. 刘莘：《行政刑罚——行政法与刑法的衔接》，载《法商研究——中南财经政法大学学报》1995 年第 6 期。

68. 杨建顺：《〈行政诉讼法〉的修改与行政公益诉讼》，载《法律适用》2012 年第 11 期。

69. 湛中乐：《三个层面构建科学的行政检察监督体系》，载《人民检察》2015 年第 2 期。

70. 解志勇：《行政检察：解决行政争议的第三条道路》，载《中国法学》2015 年第 1 期。

71. 章剑生：《行政诉讼履行法定职责判决论——基于〈行政诉讼法〉第 54 条第 3 项规定之展开》，载《中国法学》2011 年第 1 期。

72. 章剑生：《违反行政法义务的责任：在行政处罚与刑罚之间——基于〈行政处罚法〉第 7 条第 2 款之规定而展开的分析》，载《行政法学研究》2011 年第 2 期。

73. 章志远：《行政公益诉讼中的两大认识误区》，载《法学研究》2006 年第 6 期。

74. 章志远：《司法判决中的行政不作为》，载《法学研究》2010 年第 5 期。

75. 张旭勇：《公益保护、行政处罚与行政公益诉讼——杭州市药监局江干分局"撮合私了"案引发的思考》，载《行政法学研究》2012 年第 2 期。

76. 王国侠：《行政公益诉讼"入法"要适度》，载《上海政法学院学报》2014 年第 1 期。

77. 周佑勇、刘艳红：《论行政处罚与刑罚处罚的适用衔接》，载《法律科学》1997 年第 2 期。

78. 杨解君、周佑勇：《行政违法与行政犯罪的相异和衔接关系分析》，载《中国法学》1999 年第 1 期。

79. 元明：《行政执法与刑事司法相衔接的理论与实践》，载《人民检察》2011 年第 12 期。

80. 刘福谦：《行政执法与刑事司法衔接工作的几个问题》，载《国家检察官学院学报》2012 年第 1 期。

81. 谢治东：《行政执法与刑事司法衔接机制中若干问题理论探究》，载《浙江社会科学》2011 年第 4 期。

82. 练育强：《行政处罚与刑事制裁衔接研究之检视》，载《政治与法律》2013 年第 12 期。

83. 练育强：《"两法"衔接视野下检察权性质的定位》，载《探索与争鸣》2014 年第 2 期。

84. 练育强：《人民检察院在"两法"衔接中职责之反思》，载《政法论坛》2014 年第 6 期。

85. 练育强：《行刑衔接中的行政执法边界研究》，载《中国法学》2016 年第 2 期。

86. 练育强：《行刑衔接视野下的一事不再罚原则反思》，载《政治与法律》2017 年第 3 期。

87. 练育强：《行政执法与刑事司法衔接制度沿革分析》，载《政法论坛》2017 年第 5 期。

88. 练育强：《问题与对策：证券行政执法与刑事司法衔接实证分析》，载《上海政法学院学报（法治论丛）》2018 年第 4 期。

89. 黎蜀宁：《论法国民事行政检察监督制度》，载《法学杂志》2004 年第 3 期。

90. 时洪：《行政检察监督行政执法活动初探》，载《检察实践》2005 年第 4 期。

91. 陈骏业：《行政权力检察监督的探索与构想——兼论法治背景下检察制度的发展》，载《人民检察》2005 年第 11 期。

92. 杨书文：《检察建议基本问题研究》，载《人民检察》2005 年第 17 期。

93. 河南省检察院民行处：《河南省检察机关对行政执法行为开展法律监督的三种模式初探》，载《检察实践》2005 年第 6 期。

94. 宋英辉、何挺：《浙江永康行政执法检察备案机制评析》，载《国家检察官学院学报》2006 年第 2 期。

95. 乔耀强：《行政执法行为检察监督的实践与探索》，载《中国检察官》2006 年第 12 期。

96. 万毅、李小东：《权力的边界：检察建议的实证分析》，载《东方法学》2008 年第 1 期。

97. 王燕、李莹：《海检院检察建议工作调查报告》，载《国家检察官学院学报》2009 年第 1 期。

98. 乐绍光等：《浙江省检察建议适用情况的调查分析》，载《法治研究》2009 年第 11 期。

99. 姜伟、杨隽：《检察建议法制化的历史、现实和比较》，载《政治与法律》2010 年第 10 期。

100. 陈国庆：《〈人民检察院检察建议工作规定（试行）〉解读》，载《人民检察》2010 年第 1 期。

101. 甘雷、谢志强：《检察机关"一般监督权"的反思与重构》，载《河北法学》2010 年第 4 期。

102. 施鹏鹏、宰清林：《列宁检察监督思想下的中国检察监督制度——以历史演进为视角》，载《山东警察学院学报》2011 年第 2 期。

103. 童之伟：《法权中心主义要点及其法学应用》，载《东方法学》2011 年第 1 期。

104. 朱应平：《澳大利亚行政公益诉讼原告资格探析》，载《行政法学研究》2012 年第 3 期。

105. 雷小政：《往返流盼：检察机关一般监督权的考证与展望》，载《法律科学（西北政法大学学报）》2012 年第 2 期。

106. 黄辉明、桂万先：《我国检察权的职能拓展——基于宪法定位与现实落差的视角》，载《中共中央党校学报》2013 年第 3 期。

107. 葛晓燕：《我国行政检察监督的缺陷及立法完善》，载《人民检察》2013 年第 24 期。

108. 葛晓燕：《我国行政检察监督的检讨与重构——兼及〈行政诉讼法〉的修改》，载《南京社会科学》2014 年第 6 期。

109. 唐张：《行政执法检察监督的基层探索》，载《中国检察官》2013 年第 10 期。

110. 刘忠：《读解双规侦查技术视域内的反贪非正式程序》，载《中外法学》2014 年第 1 期。

111. 崔建科：《论行政执法检察监督制度的构建》，载《法学论坛》2014 年第 4 期。

112. 最高人民检察院民事行政检察厅：《行政检察工作的现状与发展》，载《国家检察官学院学报》2015 年第 5 期。

113. 陈承堂：《公益诉讼起诉资格研究》，载《当代法学》2015 年第 2 期。

114. 姜涛：《检察机关提起行政公益诉讼制度：一个中国问题的思考》，载《政法论坛》2015 年第 6 期。

115. 唐璨：《论行政行为检察监督及其制度优势》，载《江淮论坛》2015 年第 2 期。

116. 田野：《行政执法检察监督的发展与界限——行政执法与检察监督机制研究研讨会观点综述》，载《人民检察》2015 年第 16 期。

117. 李晓果：《行政执法检察监督热的再思考》，《学术论坛》2015 年第 2 期。

118. 季美君：《检察机关提起行政公益诉讼的路径》，载《中国法律评论》2015 年第 3 期。

119. 薛志远、王敬波：《行政公益诉讼制度的新发展》，载《法律适用》2016 年第 9 期。

120. 刘江宁、滕孝海：《行政权外部监督制度考察与借鉴——基于构建我国诉讼外行政检察监督制度的思考》，载《人民检察》2015 年第 15 期。

121. 王春业：《论行政强制措施的检察监督——以涉及公民人身、财产权益的行政强制措施为对象》，载《东方法学》2016 年第 2 期。

122. 王春业、马群：《论以行政检察监督制约行政权》，载《湖北行政学院学报》2014 年第 1 期。

123. 王春业：《论检察机关提起"预防性"行政公益诉讼制度》，载《浙江社会科学》2018 年第 11 期。

124. 张牧遥：《行政强制措施检察监督新论》，载《云南大学学报（法学版）》2016 年第 4 期。

125. 杨解君、李俊宏：《公益诉讼试点的若干重大实践问题探讨》，载《行政法学研究》2016 年第 4 期。

126. 范明志等：《〈人民法院审理人民检察院提起公益诉讼案件试点工作实施办法〉的理解与适用》，载《法律适用》2016 年第 5 期。

127. 山西省人民检察院课题组：《诉讼外行政检察监督论析》，载《湖南科技大学学报（社会科学版）》2016 年第 3 期。

128. 杨承志等：《行政执法检察监督权的边界》，载《人民检察》2016 年第 24 期。

129. 刘华英：《违法行政行为检察监督实践分析与机制构建》，载《暨南学报（哲学社会科学版）》2016 年第 8 期。

130. 刘畅、肖泽晟：《行政违法行为检察监督的边界》，载《行政法学研究》2017 年第

1 期。

131. 韩大元：《"法治中国"的宪法界限》，载《环球法律评论》2014 年第 1 期。

132. 韩大元：《论国家监察体制改革中的若干宪法问题》，载《法学评论》2017 年第 8 期。

133. 韩大元：《地方人大监督权与人民检察院法律监督权的合理界限——兼评北京市人大
     常委会〈决议〉》，载《国家检察官学院学报》2009 年第 3 期。

134. 韩大元：《论国家监察体制改革中的若干宪法问题》，载《法学评论》2017 年第 3 期。

135. 宋京霖：《我国行政检察监督研究热点与趋势》，载《人民检察》2017 年第 18 期。

136. 王胤元：《行政执法检察监督的案源问题》，载《中国检察官》2017 年第 5 期。

137. 王琛：《行政执法检察监督的方式》，载《中国检察官》2017 年第 5 期。

138. 祁菲：《行政执法检察监督的范围概览》，载《中国检察官》2017 年第 5 期。

139. 温泽彬：《人大特定问题调查制度之改革》，载《法学》2015 年第 1 期。

140. 沈福俊：《复议机关共同被告制度之检视》，载《法学》2016 年第 6 期。

141. 赵宏：《保护规范理论在举报投诉人原告资格中的适用》，载《北京航空航天大学学报
     （社会科学版）》2018 年第 5 期。

142. 应星、徐胤：《"立案政治学"与行政诉讼率的徘徊——华北两市基层法院的对比研
     究》，载《政法论坛》2009 年第 6 期。

143. 应星：《作为特殊行政救济的信访救济》，载《法学研究》2004 年第 3 期。

144. 林辉煌：《涉警上访与转型中国的法治困境》，载《法制与社会发展》2014 年第 2 期。

145. 蒋勇：《何以"内卷化"我国警察权控制格局的审视——一种政治社会的视角》，载
     《东方法学》2016 年第 5 期。

146. 强世功：《从行政法治国到政党法治国——党法和国法关系的法理学思考》，载《中国
     法律评论》2016 年第 3 期。

147. 周佑勇：《逻辑与进路：新发展理念如何引领法治中国建设》，载《法制与社会发展》
     2018 年第 3 期。

148. 童之伟：《将监察体制改革全程纳入法治轨道之方略》，载《法学》2016 年第 12 期。

149. 姜明安：《国家监察法立法的若干问题探讨》，载《法学杂志》2017 年第 3 期。

150. 翟国强：《设立监察委员会的三个宪法问题》，载《中国法律评论》2017 年第 2 期。

151. 王玄玮：《国家监察体制改革和检察机关的发展》，载《人民法治》2017 年第 2 期。

152. 胡勇：《监察体制改革背景下检察机关的再定位与职能调整》，载《法治研究》2017
     年第 3 期。

153. 夏金莱：《论监察体制改革背景下的监察权与检察权》，载《政治与法律》2017 年第
     8 期。

154. 刘峰铭：《国家监察体制改革背景下行政监察制度的转型》，载《湖北社会科学》2017
     年第 7 期。

155. 秦前红：《检察机关参与行政公益诉讼理论与实践的若干问题探讨》，载《政治与法律》2016 年第 11 期。

156. 秦前红：《两种"法律监督"的概念分野与行政检察监督之归位》，载《东方法学》2018 年第 1 期。

157. 魏琼：《我国监察机关的法理解读》，载《山东社会科学》2018 年第 7 期。

158. 沈岿：《检察机关在行政公益诉讼中的请求权和政治责任》，载《中国法律评论》2017 年第 5 期。

159. 姚建龙：《监察委员会的设置与检察制度改革》，载《求索》2018 年第 4 期。

160. 胡斌：《私人规制的行政法治逻辑：理念与路径》，载《法制与社会发展》2017 年第 1 期。

161. 高家伟：《检察行政公益诉讼的理论基础》，载《国家检察官学院学报》2017 年第 2 期。

162. 秦鹏、何建祥：《检察环境行政公益诉讼受案范围的实证分析》，载《浙江工商大学学报》2018 年第 4 期。

163. 杨志弘：《公益诉讼主体扩张的制度反思——以检察机关作为公益诉讼原告为切入点》，载《青海社会科学》2018 年第 4 期。

164. 余彦、黄金梓：《对检察机关垄断行政公益诉讼起诉资格之质疑及正位——以环境行政公益诉讼为分析重点》，载《常州大学学报（社会科学版）》2018 年第 1 期。

165. 甘力、张旭东：《环境民事公益诉讼程序定位及立法模式选择研究》，载《重庆大学学报（社会科学版）》2018 年第 4 期。

166. 黄忠顺：《论诉的利益理论在公益诉讼制度中的运用——兼评〈关于检察公益诉讼案件适用法律若干问题的解释〉第 19、21、24 条》，载《浙江工商大学学报》2018 年第 4 期。

167. 田夫：《检察院性质新解》，载《法制与社会发展》2018 年第 6 期。

168. 王万华：《完善检察机关提起行政公益诉讼制度的若干问题》，载《法学杂志》2018 年第 1 期。

169. 杨红、刘芳：《行政公益诉讼语境下的"公益"涵析》，载《西部法学评论》2018 年第 4 期。

170. 江利红：《行政监察职能在监察体制改革中的整合》，载《法学》2018 年第 3 期。

171. 陈瑞华：《论检察机关的法律职能》，载《政法论坛》2018 年第 1 期。

172. 王学成、曾翀：《我国检察权制约行政权的制度构建》，载《行政法学研究》2007 年第 4 期。

173. 姚天宇、王勇：《"钓鱼执法"的行政违法性及其规制》，载《政治与法律》2012 年第 6 期。

174. 郑锦春、乌兰：《行政执法检察监督的正当性及其机制探析》，载《中国检察官》2014年第 5 期。

175. 易亚东：《国家监察体制改革背景下的行政检察》，载《中国检察官》2018 年第 11 期。

176. 谭义斌、黄萍：《关于检察建议实施情况的调研报告》，载《人民检察》2016 年第 8 期。

177. 程相鹏：《行政执法检察监督制度的基本原则与内容》，载《人民检察》2010 年第 15 期。

178. 卢超：《从司法过程到组织激励：行政公益诉讼的中国试验》，载《法商研究》2018 年第 5 期。

179. 王敬波：《论我国抽象行政行为的司法监督》，载《行政法学研究》2001 年第 4 期。

180. 黎治潭：《行政违法行为检察监督的困境及对策》，载《长春师范大学学报》2016 年第 9 期。

181. 郭艳萍、张昌明：《试论检察建议在参与社会管理创新中的完善》，载《犯罪研究》2012 年第 2 期。

182. 姜明安：《论新时代中国特色行政检察》，载《国家检察官学院学报》2020 年第 4 期。

183. 黄明涛：《法律监督机关——宪法上人民检察院性质条款的规范意义》，载《清华法学》2020 年第 4 期。

184. 刘艺：《行政检察与法治政府的耦合发展》，载《国家检察官学院学报》2020 年第 3 期。

185. 秦前红、陈家勋：《打造适于直面行政权的检察监督》，载《探索》2020 年第 6 期。

186. 刘艺：《国家治理理念下法治政府建设的再思考——基于文本、理念和指标的三维分析》，载《法学评论》2021 年第 1 期。

187. 应松年：《以行政检察监督推进法治政府建设》，载《人民检察》2021 年第 16 期。

188. 杨春雷：《深入贯彻党中央全面深化行政检察监督新要求 探索推进行政违法行为监督》，载《人民检察》2021 年第 21-22 期。

189. 朱全宝：《法律监督机关的宪法内涵》，载《中国法学》2022 年第 1 期。

190. 高杰等：《行政违法行为法律监督的职能定位、类型与办案程序研究》，载《行政检察工作指导》2023 年第 1 期。

191. 江国华、王磊：《行政违法行为的检察监督》，载《财经法学》2022 年第 2 期。

192. 徐汉明：《行政检察客体之辩》，载《法学评论》2023 年第 4 期。

193. 张相军、马睿：《检察机关开展行政违法行为监督的理论与实践》，载《法学评论》2023 年第 6 期。

194. 章志远：《检察机关在行政争议实质性化解中的角色定位》，载《中共中央党校（国家行政学院）学报》2023 年第 2 期。

195. ［瑞典］Claes Eklundh、刘小楠：《瑞典议会监察专员对法院的监督》，载《华东政法学院学报》2004 年第 1 期。

四、文集类

1. 2015 年民事行政检察专业委员会第四届年会论文集。
2. 2016 年民事行政检察专业委员会第五届年会论文集。
3. 2017 年民事行政检察专业委员会第六届年会论文集。
4. 2018 年民事行政检察专业委员会第七届年会论文集。
5. 中国法学会行政法学研究会 2023 年年会论文集。

五、学位论文类

1. 吕涛：《检察建议法制化研究》，山东大学 2010 年博士学位论文。
2. 王永：《我国检察官职业伦理规范研究》，山东大学 2012 年博士学位论文。
3. 张彬：《我国行政检察制度研究》，武汉大学 2014 年博士学位论文。
4. 徐华坤：《论检察建议在行政检察监督中的应用》，苏州大学 2015 年硕士学位论文。

六、报纸类

1. 谢鹏程：《什么是检察一体化?》，载《检察日报》2006 年 4 月 18 日，第 3 版。
2. 张建伟：《技术侦查的程序规范和信息处理》，载《检察日报》2012 年 7 月 4 日，第 3 版。
3. 牛学理：《用好检察建议提升监督效能》，载《检察日报》2012 年 10 月 19 日，第 3 版。
4. 袁曙宏：《深化行政执法体制改革》，载《光明日报》2013 年 11 月 27 日，第 2 版。
5. 姜明安：《完善立法、推进检察机关对行政违法行为的监督》，载《检察日报》2016 年 3 月 7 日，第 3 版。
6. 姜明安：《检察机关提起公益诉讼应慎重选择诉讼类型》，载《检察日报》2017 年 2 月 22 日，第 3 版。
7. 傅国云：《行政检察监督能否适用比例原则》，载《检察日报》2014 年 5 月 26 日，第 3 版。
8. 章志远：《检察机关提起行政公益诉讼制度正式试水》，载《经济日报》2015 年 7 月 16 日，第 16 版。
9. 张福坤、蒋毅：《支持起诉适用于行政诉讼》，载《检察日报》2015 年 4 月 29 日，第

3 版。

10. 吕益军、朱全宝:《诉前程序:秉承谦抑理念彰显监督功能》,载《检察日报》2018 年
    11 月 22 日,第 3 版。

七、中译论文类

1. [匈] 阿蒂诺·劳茨:《匈牙利人民共和国检察院对行政机关的监督》,载《环球法律评
   论》1981 年第 6 期。

八、外文论文类

1. Glenn G. Morgan, "The 'Proposal' of the Soviet Procurator—— A Means for Rectifying Ad-
   ministrative Illegalities", *The International and Comparative Law Quarterly*, Vol. 9, No. 2.,
   1960, pp. 191-207.

博士在读期间发表的
学术论文与研究成果

一、著作类

1. 江利红、王凯主编：《亚洲类信访制度比较研究》，人民出版社 2016 年版，第三章撰稿。
2. 章志远主编：《行政法学基本范畴研究——基于经典案例的视角》，北京大学出版社 2018 年版，第一章撰稿。

二、论文类

1. 魏琼、梁春程：《双重改革背景下警察执法监督的新模式——兼论检察监督与监察监督的协调衔接》，载《比较法研究》2018 年第 1 期。
2. 梁春程：《行政违法行为法律监督的历史、困境和出路》，载《天津法学》2018 年第 3 期。
3. 梁春程：《行政违法检察监督的范围研究》，载《广西政法管理干部学院学报》2018 年第 4 期。
4. 梁春程：《检察公信力评估的问题检视与路径选择》，载《山西省政法管理干部学院学报》2018 年第 3 期。
5. 梁春程：《公法视角下未成年人国家监护制度研究》，载《理论月刊》2019 年第 3 期。
6. 梁春程：《涉案财物跨部门统一管理的理论与实践——以上海市 J 区公检法涉案财物共管平台为样本》，载《河南财经政法大学学报》2019 年第 2 期。
7. 魏琼、梁春程：《行政公益诉讼中"行政机关不依法履行职责"的认定》，载《人民检察》2019 年第 18 期。
8. 梁春程：《新时代"行政检察"概念论》，载《中国检察官》2019 年第 13 期。

后 记

"念念不忘，必有回响。"自 2010 年从苏州大学本科毕业，至今已十三年，终于有机会在自己的专著中记录下写作的心境。我还清楚地记得，当时在我曾任职的上海市嘉定区人民检察院挂职的张少林主任，到苏大法学院办好新入职人员政审，我陪同他在天赐庄校区散步时略带遗憾地倾诉，自己有一个学术的梦想，本不想就此结束学业参加工作。张主任微微一笑，鼓励我说，"参加工作后依然可以继续学习，在上海有很多机会的。"我听后半信半疑，但已经在心里种下一颗种子。后来才知道，张主任还是硕士研究生时就在《法学研究》上发表过文章，从事检察工作后在职读的博士，是上海知名的检察业务专家！

"与善人居，如入幽兰之室。"参加工作后，我从王幼君、王春丽、秦新承等曾经同在一个办公室共事过的博士检察官身上，汲取到榜样的能量，梦想开始酝酿。王幼君、林顺富博士伉俪，文理通贯，亦师亦友，在学习和生活上给予我很大的帮助。王春丽主任亲切如邻家大姐，其从护士到博士的传奇经历，以及对待学术研究认真勤奋的态度，让我这个 85 后倍感敬畏并自觉看齐。秦新承主任温文尔雅，由理入法的他，在派驻我院巡察期间仍不忘寻书撰文，让我真切感受到其对学术的痴迷。

"临渊羡鱼，不如退而织网。"梦想终归发芽是在 2015 年研究生毕业前夕。一次偶然的机会，我得知母校的章志远教授来华政工作。章师是行政法学界中青年学者的佼佼者，在本科阶段听过章师的讲座，从在母校读研的同学口中也得知章师为学为师要求甚严，令人钦慕。尽管检察工作与行政法相距甚远，但激情燃烧之下，我尝试给章师发了一封自荐的邮件。章师对我的经历和想法表达出好奇和喜悦，但对于读博，在鼓励和支持之余，也透露出"三思而后行"的谨慎建议。现在回想起来，如果没有足够的学术兴趣和明确的研究目标，短到三年长至六年的读博生活，真的是非常煎熬。

"落其实者思其树，饮其水者怀其源。"从正式迈入华政的校园，到提交上这份略显浅陋的博士论文，需要感谢的人真的是太多太多。感谢我的老东家上海市嘉定区人民检察院，尤其是曾经的老领导阮祝军检察长、郭箐检察长、王强副检察长、朱伟主任，以及曾任上海市嘉定区人民法院殷勇院长、张海主任，正是在他们真诚关怀和无私帮助下，2016年我才解决了多年的夫妻异地之困。没有他们的支持和帮助，我很难顺利考博，更难在工作、学习和生活中保持平衡，更难以实现求学深造的梦想。感谢共事多年的蒋吕明专委、王斌主任、金晓东主任、张争辉主任，感谢李鉴振、苏牧青、孙娟、彭曦、曹俊梅、刘诗楦、钟意、孙军、时钟晖等科室同事，正是在他们平时默默的帮助下，我才能在工作之余顺利完成学业。

感谢章志远教授，作为导师组负责人，章师在入门关严格遵守正当程序原则，不仅避免考前的单方面接触，更是在出现增补名额时对在职考生一视同仁，其风高矣。感谢我的导师魏琼教授和江利红教授，魏师和江师从入学之初就对我读博期间的学习精心指导和规划。三年间不仅通过电话、微信和邮件进行交流，而且开展和提供读书会、研讨会等机会让我能够与理论与实务界的专家进行交流，获益匪浅。魏师不仅操心我学业论文撰写发表的事宜，时时督促，次次关心，在博士论文提交前夕还帮我修改定稿然后快递寄给我，逐一章节，无微不至，有师如斯，何不幸哉。江师具有多学科和国际化视野，理论精湛，思维活跃，每次聆听江师的指导，都如沐春风、醍醐灌顶。感谢博士组导师沈福俊教授，沈师是沪上知名行政法教授，听沈老师授课，大脑必须时刻在理论与实务之间不停的跳跃，不停地自我追问和质疑。感谢童之伟、朱应平、刘松山等教授，让我在课堂上近距离领略到大家的风范，接触到理论的前沿。感谢书娟老师、张坤师兄、海建学姐以及马迅、雷庚、锦璐、仙凤、冰捷、梦豪等博士学友，大家在读博期间互相帮助、互相学习，还在章老师的指导下共同完成一部书稿，展示了我们华政行政法三期博士生的风采，也是我们同门友谊的最好见证。

感谢我现在任教的上海政法学院，资助本书出版列入上海政法学院建校四十周年系列丛书。感谢郑少华副校长、彭文华院长、姚善英书记、陈丽天副院长在我博士毕业多年后，不拘一格将我招录进学校，使我有机会作为刑事司法（纪检监察）学院的老师，登上大学讲台，实现为人师范的理想。感谢刘军处长、赵运锋处长、刘长秋副院长、吕小红博士、崔仕绣博士、吴何奇博士、王园博士等领导、同事的鼓励和支持，使我重新拾起学术的梦想，努力从经验事实中实现向理论阐述的"惊心动魄的跳跃"。

感谢中国政法大学出版社以及各位编辑老师的厚爱支持，魏星老师就书稿内容修改与我多次沟通讨论，当我看到密密麻麻修改符号和校对意义稿时，我一方面为编辑老师们严谨认真的工作所感，另一方面也为自己写作时对文章细节和学术规范要求不高，存在不少错漏，增加编辑老师的工作量而感到自责。本书系博士论文基础上修改成就，时隔五年不少法律规范和学术用语都已发生变化，有些资料由于我从检察机关离职，身边无法查到添加详细脚注，给读者带来不便敬请谅解。由于作者研究水平有限书中论述不当之处难免存在，敬请方家批评指导。

最后但是最为重要的，是感谢我的家人。感谢我的父母和岳父岳母，他们虽然都没有受过高等教育，但他们信守"几百年人家无非积善，第一等好事只是读书"的古训，对儿女的教育一直尽力支持，把我们培养成人成家后，还常年在沪协助我们抚养小孩，为我们操持家务，解决了我读博的后顾之忧。感谢我的妻子许雯雯，婚后她在常州生儿育子，之后又放弃了原有法官员额随我入沪重新考试入额，克服了工作、生活环境变化的诸多困难，替我承担起陪伴老人和子女的责任，在我论文困惑停滞之时，给予我宽慰和勇气，使我能够继续前行。还要感谢我可爱懂事的儿子梁时通小朋友，"还博士呢，这个问题都不知道"，每每听到他向我提问而我不能及时准确作答时的童言童语，我都心中暗想，要好好学习做论文，不要读一个假博士。当然，儿子除了严厉之外也有温情的一面，记得有一次临睡觉前，我看到床边的结婚照，感叹自己变老了，不想，他之后竟然在默默流泪，说不希望我们变老！还要感谢我美丽乖巧的女儿许时节小姑娘，虽然她还只有 13 个月，还处于懵懂呆萌的年纪，还不会喊一声爸爸，但每天见到她、抱着她、看她笑就足以让我抛掉一切烦恼，充满努力向上的力量！

"一切过往，皆成序章。"我曾说过博士论文提交，不表示博士真正毕业，更不代表学习生涯的结束，在本书增改过程中这种不足感受更加强烈。由于时间和能力的问题，相较于发展迅速、丰富多彩的行政违法行为检察实践，这本书可能在不少问题上还阐述不够详细，论证不够深入，引用的资料也不够前沿，还请读者朋友多多批评指正。我将虚心接受，并以此书的出版为开始，承担更大的工作和家庭责任，肩负更多的理论调研和学术研究使命，为行政与检察两大理论领域的交流融通，贡献出自己的力量！

2024 年 9 月 1 日星期日
记录于上海政法学院